SAÚDE MENTAL NA ESCOLA

S255   Saúde mental na escola : o que os educadores devem saber /
       Gustavo M. Estanislau, Rodrigo Affonseca Bressan
       (Organizadores). – Porto Alegre : Artmed, 2014.
       277 p. ; 25 cm.

       ISBN 978-85-8271-104-0

       1. Psicologia infantil. 2. Saúde mental I. Estanislau,
       Gustavo M. II. Bressan, Rodrigo Affonseca.

                                                    CDU 159.922.7

Catalogação na publicação: Poliana Sanchez de Araujo – CRB 10/2094

SAÚDE MENTAL NA ESCOLA

O QUE OS EDUCADORES DEVEM SABER

gustavo m.
ESTANISLAU

rodrigo
affonseca
BRESSAN

ORGANIZADORES

2014

© Artmed Editora Ltda, 2014

Gerente editorial
Letícia Bispo

Colaboraram nesta edição:

Coordenadora editorial
Cláudia Bittencourt

Assistente editorial
Jaqueline Fagundes Freitas

Capa
Márcio Monticelli

Imagem de capa
©shutterstock.com/GrandeDuc, Puzzle brain
©shutterstock.com/Carla Castagno, Brain sketchy doodles about the use of left and right

Preparação do original
Antonio Augusto da Roza

Leitura final
Camila W. Heck

Projeto gráfico e editoração eletrônica
Armazém Digital Editoração Eletrônica – Roberto Carlos Moreira Vieira

Reservados todos os direitos de publicação à
ARTMED EDITORA LTDA., uma empresa do GRUPO A EDUCAÇÃO S.A.
Av. Jerônimo de Ornelas, 670 – Santana
90040-340 Porto Alegre RS
Fone: (51) 3027-7000 – Fax: (51) 3027-7070
É proibida a duplicação ou reprodução deste volume, no todo ou em parte,
sob quaisquer formas ou por quaisquer meios (eletrônico, mecânico, gravação,
fotocópia, distribuição na Web e outros), sem permissão expressa da Editora.

SÃO PAULO
Av. Embaixador Macedo Soares, 10.735 – Pavilhão 5 Cond. Espace Center – Vila Anastácio
05095-035 São Paulo SP
Fone: (11) 3665-1100 – Fax: (11) 3667-1333

SAC 0800 703-3444 – www.grupoa.com.br

IMPRESSO NO BRASIL
PRINTED IN BRAZIL

Autores

Gustavo M. Estanislau: Psiquiatra. Especialista em Psiquiatria da Infância e da Adolescência pelo Hospital de Clínicas de Porto Alegre (HCPA), Universidade Federal do Rio Grande do Sul (UFRGS). Mestrando em Psiquiatria na Universidade Federal de São Paulo (Unifesp). Coordenador gestor do Projeto Cuca Legal/Unifesp. Pesquisador e supervisor clínico do Programa de Identificação e Intervenção para Indivíduos em Estados Mentais de Risco (Prisma), Unifesp.

Rodrigo Affonseca Bressan: Psiquiatra. Neurocientista. PhD pelo King's College, Londres. Professor adjunto livre-docente da Universidade Federal de São Paulo (Unifesp). Coordenador geral do Projeto Cuca Legal/Unifesp.

Adriana Fóz: Educadora. Especialista em Orientação Educacional pela Universidade de São Paulo (USP), em Psicopedagogia pelo Instituto Sedes Sapientae e em Neuropsicologia pelo Centro de Diagnóstico Neuropsicológico (CDN), Unifesp. Coordenadora gestora do Projeto Cuca Legal/Unifesp. Pesquisadora em Neurociências na Educação do CNPq.

Alessandra Gotuzo Seabra: Psicóloga. Mestra, Doutora e Pós-doutorada em Psicologia pela USP. Docente e pesquisadora do Programa de Pós-graduação em Distúrbios do Desenvolvimento da Universidade Presbiteriana Mackenzie (UPM). Bolsista de produtividade do CNPq. Presidente do Instituto Brasileiro da Avaliação Psicológica (IBAP).

Ana Rita Bruni: Pedagoga. Especialista em Psicopedagogia e em Educação por Projetos e Construtivismo pela Universidad Autonoma de Madrid e pela Facultad Latinoamericana de Ciencias Sociales (FLACSO). Docente no Curso de Especialização em Saúde Mental da Infância e Adolescência (Cesmia). Coordenadora do Grupo de Família na Psiquiatria Infantil, Unidade de Psiquiatria da Infância e Adolescência (UPIA), Unifesp.

Andrea P. Jackowski: Bióloga. Mestre em Neurociências e Doutora em Ciências Médicas pela UFRGS. Professora adjunta de Psiquiatria da Unifesp.

Angela Alfano: Psicóloga. Mestre e Doutora em Psicologia pela UFRJ. Professora adjunta da Universidade do Estado do Rio de Janeiro (UERJ).

Bacy Fleitlich-Bilyk: Médica. Doutora em Psiquiatria da Infância pela Universidade de Londres. Professora da Pós-graduação da Faculdade de Medicina da USP (FMUSP). Supervisora técnica do Programa de Assistência, Ensino e Pesquisa em Transtornos Alimentares do Instituto de Psiquiatria (IPq) da FMUSP. Pesquisadora do Instituto de Psiquiatria do Desenvolvimento da FMUSP.

Bruna Tonietti Trevisan: Psicóloga. Mestre e Doutoranda em Distúrbios do Desenvolvimento pela UPM. Professora convidada da Especialização em Psicopedagogia da UPM e da Especialização em Neuropsicologia da Universidade Cruzeiro do Sul (Unicsul). Pesquisadora do Laboratório de Neuropsicologia Infantil da UPM.

Bruno Sini Scarpato: Psicólogo. Especialista em Neuropsicologia, Psicologia da Saúde e Terapia Comportamental Cognitiva em Saúde Mental pela Unifesp. Mestre em Psicologia Médica pela Unifesp.

Bruno Zanotti Schneider: Psiquiatra. Especialista em Psiquiatria da Infância e Adolescência pelo Hospital das Clínicas da Faculdade de Medicina de Ribeirão Preto (HC-FMRP), USP.

Carolina Meneses Gaya: Psicóloga. Especialista em Psicanálise e Saúde Pública pela Universidade de Franca (Unifran). Doutora em Saúde Mental pela USP. Pós-doutoranda do Departamento de Psiquiatria e Psicologia Médica da Unifesp. Docente do Programa de Pós-graduação em Promoção de Saúde da Unifran.

Christian Kieling: Psiquiatra. Psiquiatra da Infância e da Adolescência pelo HCPA. Mestre e Doutor em Psiquiatria pela UFRGS.

Clarice Sandi Madruga: Pesquisadora. Mestre em Neurociências pela UFRGS e em Dependência Química pela Sussex University (UK). Doutora em Psiquiatria e Psicologia Médica pela Unifesp/King's College. Professora da Especialidade em Dependência Química da Unidade de Pesquisas em Álcool e Drogas (UNIAD)/Unifesp. Pesquisadora associada do Instituto Nacional de Ciência e Tecnologia para Políticas Públicas do Álcool e Outras Drogas (INPAD).

Cristiane Tacla: Psicóloga clínica. Mestre em Psicologia da Saúde pela Unifesp. Membro do Projeto Cuca Legal/Unifesp.

Cristiano Noto: Psiquiatra. Mestre em Psiquiatria e Psicologia Médica pela Unifesp. Pesquisador do Programa de Esquizofrenia (PROESQ) da Unifesp. Coordenador do Ambulatório de Primeiro Episódio Psicótico da Faculdade de Ciências Médicas da Santa Casa de São Paulo (FCMSCSP).

Daniela Bordini: Psiquiatra da Infância e Adolescência. Coordenadora do Ambulatório de Cognição Social Prof. Dr. Marcos Tomanik Mercadante da UPIA/Unifesp. Pós-graduanda no Departamento de Psiquiatria da Unifesp.

Daniela Ceron-Litvoc: Psiquiatra. Mestre em Ciências – Psiquiatria – pela Unifesp. Doutoranda em Ciências – Psiquiatria – na FCMSCSP. Supervisora do Grupo de Consultoria Escolar em Saúde Mental do Serviço de Psiquiatria da Infância e Adolescência do IPq-HCFMUSP. Membro fundador da Sociedade Brasileira de Psicopatologia Fenômeno-Estrutural (SBPFE).

Edyleine Bellini Peroni Benczik: Psicóloga. Neuropsicóloga. Mestre em Psicologia Escolar pela Pontifícia Universidade Católica de Campinas (PUC-Campinas). Doutora em Psicologia Escolar e do Desenvolvimento Humano pela USP. Professora da Pós-graduação em Neuroaprendizagem, Grupo Saber/Cultura – SP. Professora convidada da Pós-graduação em Psicomotricidade da Faculdade de Medicina do ABC.

Elisa Kijner Gutt: Psiquiatra. Mestre e Doutora em Ciências – Psiquiatria – pelo Departamento de Psiquiatria da FMUSP. Supervisora do Grupo de Consultoria Escolar em Saúde Mental do Serviço de Psiquiatria da Infância e Adolescência do IPq-HCFMUSP.

Érika Leonardo de Souza: Psicóloga. Mestre em Psicologia pelo IPUSP. Doutora em Ciências pela FMUSP. Pesquisadora do Prisma/Unifesp.

Flávia de Lima Osório: Psicóloga. Doutora em Saúde Mental pela FMRP-USP e Pós-doutora pela FMRP-USP e Instituto Nacional de Ciência e Tecnologia (INCT), Translacional Medicina – CNPq. Docente da Divisão de Psiquiatria do Departamento de Neurociências e Ciências do Comportamento da FMRP-USP.

Gizela Turkiewicz: Psiquiatra. Especialista em Psiquiatria da Infância e Adolescência pelo IPq- HCFMUSP. Mestre em Ciências pela FMUSP.

Graccielle Rodrigues da Cunha: Psiquiatria. Especialista em Psiquiatria da Infância e Adolescência pela UPIA/Unifesp. Colaboradora do Ambulatório de Cognição Social da UPIA/Unifesp e do Prisma/Unifesp.

Guilherme V. Polanczyk: Psiquiatra da Infância e Adolescência. Mestre e Doutor em Psiquiatria pela UFRGS. Pós-doutorado no Social, Genetic and Developmental Psychiatry Centre, Instituto de Psiquiatria de Londres, e na Duke University. Professor doutor de Psiquiatria da Infância e Adolescência do Departamento de Psiquiatria da FMUSP. Coordenador do Programa de Diagnóstico e Intervenções Precoces e da Unidade de Internação do Serviço de Psiquiatria da Infância e Adolescência do IPq-HCFMUSP. Coordenador do Núcleo de Pesquisa em Neurodesenvolvimento e Saúde Mental da USP.

Isabel A. Bordin: Psiquiatra da Infância e Adolescência. Pesquisadora no Departamento de Psiquiatria da Unifesp.

Jair de Jesus Mari: Psiquiatra. PhD pelo King's College, Instituto de Psiquiatria de Londres. Professor titular do Departamento de Psiquiatria da Unifesp. Pesquisador Sênior do CNPq.

João Paulo Machado de Sousa: Psicólogo. Mestre e Doutor em Saúde Mental pela FMRP-USP. Docente do Programa de Pós-graduação em Saúde Mental da FMRP-USP. Pesquisador do Laboratório de Neurociência Translacional (LABNET).

José Alexandre de Souza Crippa: Psiquiatra. Doutor em Saúde Mental pela FMRP-USP. Professor visitante do Instituto de Psiquiatria de Londres, King's College. Professor associado III do Departamento de Neurociências e Ciências do Comportamento da FMRP-USP.

Leandra de Souza Pereira Ferreira: Neuropsicóloga. Especialista em Saúde Mental da Infância e Adolescência pela Unifesp e em Atendimento Educacional Especializado pela Universidade Federal do Ceará (UFC). Membro do Projeto Cuca Legal/Unifesp.

Luciana Monteiro de Moura: Bióloga e professora. Mestre em Psicologia – Neurociências e Comportamento – pela USP. Doutoranda no Departamento de Psiquiatria da Unifesp.

Manoela Figueiredo: Nutricionista. Aprimorada em Transtornos Alimentares pelo IPq-FMUSP. Coordenadora da Equipe de Nutrição do Programa de Atendimento, Ensino e Pesquisa em Transtornos Alimentares na Infância e Adolescência (PROTAD), IPq-FMUSP. Coordenadora da Nutrição da Casa Viva Clínica de Tratamento de Transtornos Alimentares.

Maria Conceição do Rosário: Psiquiatra. Professora adjunta do Departamento de Psiquiatria da Unifesp. Coordenadora da UPIA/Unifesp.

Maria de Betânia Paes Norgren: Psicóloga. Especialista em Arteterapia pelo Instituto Sedes Sapientiae. Mestre e Doutora em Psicologia Clínica pela PUCSP. Professora e cocoordenadora acadêmica do Curso de Arteterapia do Instituto Sedes Sapientiae. Sócia do DaquiPraFrente, Assessoria em Qualidade de Vida e Desenvolvimento Humano.

Marlene A. Vieira: Psicóloga. Supervisora clínica. Mestre em Ciências pelo Departamento de Psiquiatria e Psicologia Médica da Unifesp.

Maura Regina Laureano: Fonoaudióloga. Mestre em Psicologia pela USP. Doutora em Ciências pela Unifesp. Pesquisadora na área de Neurociências.

Natália Martins Dias: Psicóloga. Mestre, Doutora e pós-doutoranda em Distúrbios do Desenvolvimento pela UPM. Professora convidada da Pós-graduação *lato sensu* em Psicopedagogia da UPM. Pesquisadora do Grupo de Neuropsicologia Infantil.

Patricia Manzolli: Psiquiatra. Especialista em Psiquiatria da Infância e Adolescência pelo HCPA. Mestre e Doutora em Epidemiologia pela UFRGS. Professora adjunta de Psiquiatria da Universidade Federal de Pelotas (UFPel-RS). Coordenadora do Ambulatório de Psiquiatria Infantil da UFPel.

Patricia Velloso: Psicóloga. Especialista em Terapia Comportamental Cognitiva em Saúde Mental pelo Programa Ansiedade (Amban) do IPq-HCFMUSP. Pós-graduanda da UPIA/Unifesp.

Patricia Zukauskas: Psicóloga. Especialista em Avaliação Psicológica e Neuropsicológica pelo Serviço de Psicologia do IPq-HCFMUSP. Doutora em Ciências pela USP.

Paulo Mattos: Psiquiatra. Mestre e Doutor em Psiquiatria pela UFRJ. Professor associado de Psiquiatria da UFRJ.

Pedro Mario Pan: Psiquiatra. Mestre em Ciências pelo Departamento de Psiquiatria da EPM/Unifesp. Pesquisador executante do Instituto Nacional de Psiquiatria do Desenvolvimento (INPD) – Projeto Prevenção.

Roberta Paula Schell Coelho: Psicóloga. Mestre em Psicologia – Cognição Humana – pela Pontifícia Universidade Católica do Rio Grande do Sul (PUCRS). Doutoranda em Psicologia na PUCRS. Estagiária doutoral na University of Texas/Health Science Center San Antonio. Pesquisadora no Grupo Neurociência Cognitiva do Desenvolvimento na PUCRS.

Rosana S. Mastrorosa: Psicóloga. Especialista em Terapia Cognitivo-comportamental. Colaboradora da Associação Brasileira de Síndrome de Tourette, Tiques e Transtorno Obsessivo-compulsivo (ASTOC).

Stan Kutcher: Psiquiatra. Especialista em Psiquiatria da Infância e da Adolescência. Professor de Psiquiatria do Departamento de Psiquiatria, Medical School of Dalhousie University, Canadá.

Tais S. Moriyama: Psiquiatra. Psiquiatra da Infância e da Adolescência. Mestre em Ciências pela Unifesp. Pós-graduanda no Programa de Pós-graduação em Saúde Mental do Departamento de Psiquiatria da Unifesp. Médica assistente do Serviço de Psiquiatria da Infância e Adolescência do IPq-HCFMUSP.

Tatiana Freire: Neurologista da Infância e da Adolescência. Médica colaboradora do Ambulatório dos Distúrbios do Aprendizado do Instituto da Criança (ICR), HCFMUSP.

Yifeng Wei: Pesquisadora. Mestre em Educação. Doutoranda em Literacia em Saúde Mental Escolar.

Apresentação

Hoje, a educação básica é obrigatória para todas as crianças e jovens. A escola tem, assim, uma função inclusiva, não excludente. O acesso a ela expressa um direito, uma conquista, bem como uma necessidade social.

O leitor pode-se perguntar: afinal, qual a conexão entre essa mudança radical da função da escola, antes restrita a poucos e agora para todos, e o presente livro? Bem, quando a escola se tornou um espaço para todos, problemas de saúde mental, assumidos de modo responsável e sereno, se tornaram, igualmente, uma questão escolar.

Apesar de, ainda hoje, muitos de nós terem uma visão dissociada entre o aprender o que se ensina e o comportar-se bem, conforme certas regras, em que aprender seria uma questão cognitiva, de inteligência, e comportar-se bem seria uma questão moral (agir certo) ou afetiva (gostar do que se faz, ser bem educado), este livro – Saúde mental na escola – apresenta uma forma de pensar alternativa e complementar: aprender e comportar-se são expressões de uma condição de saúde física e, sobretudo, mental. Ou seja, a saúde mental é o elo entre o aprender e o poder viver e conviver no âmbito escolar.

Não se pode falar em aprendizagem e comportamento socioemocional como instâncias separadas. De fato – se considerarmos a perspectiva das crianças e dos jovens na escola –, suas capacidades e interesses de aprendizagem, suas condutas sociais e reações emocionais, seus modos de se vincularem com as pessoas e as tarefas são indissociáveis, parte de um todo. E um todo que implica questões de saúde mental.

Quanto a essas questões, no entanto, o mais comum é nós, pais e educadores, termos, em geral, medo até das palavras doença ou transtorno mental, sobretudo se aplicadas a nossos filhos e alunos. Afinal, o que é isso? Quais são as diversas formas e expressões dos transtornos mentais? O que fazer com eles no contexto escolar? Dar medicamento ou não? Enfim, como a escola pode incluir em sua pauta a saúde mental de seus alunos de modo calmo, responsável, cuidadoso? Quais as relações e implicações entre aprender e se comportar bem na escola e, eventualmente, ter algum tipo de transtorno que afeta o comportamento, que perturba as possibilidades de ser ou se tornar um bom aluno?

Este livro responde a essas e muitas outras perguntas. E o faz de forma didática, mas muito bem fundamentada, sendo acessível a professores e gestores que enfrentam essas questões no dia a dia em suas escolas e não sabem o que fazer, o que observar, como intervir, como coordenar todos esses aspectos condensados no corpo e no comportamento de seus alunos. Entre outros temas, os autores abordam: a saúde mental na escola, a relação entre saúde e transtornos mentais, a promoção da saúde e a prevenção de transtornos, a aprendizagem socioemocional, a relação entre escola e família, o desenvolvimento normal no período escolar, os transtornos e problemas comportamentais mais comumente observados na escola, além de aspectos jurídicos relacionados. Apenas a leitura desses tópicos já permite rápido reconhecimento e identificação, por parte do professor ou gestor, do que é observado no cotidiano de sua sala de aula ou escola.

Assim, no contexto atual da educação para a inclusão, esta obra se apresenta como recurso fundamental, pois saúde mental, na prática, é o que fazemos, o como sentimos e expressamos nossas emoções, e é por meio de nossos comportamentos e atitudes, vínculos, possibilidades e limitações, sejam elas individuais ou coletivas, que aprendemos e interagimos em sociedade.

Lino de Macedo
Instituto de Psicologia da Universidade de São Paulo (USP),
Instituto Pensi (Hospital Infantil Sabará),
Academia Paulista de Psicologia

Sumário

1. **Saúde mental na escola** 13
   *Marlene A. Vieira, Gustavo M. Estanislau,
   Rodrigo Affonseca Bressan e Isabel A. Bordin*

2. **Saúde e transtornos mentais** 25
   *Bacy Fleitlich-Bilyk, Graccielle Rodrigues da Cunha,
   Gustavo M. Estanislau e Maria Conceição do Rosário*

3. **Promoção da saúde mental e prevenção
   de transtornos mentais no contexto escolar** 37
   *Rodrigo Affonseca Bressan, Christian Kieling,
   Gustavo M. Estanislau e Jair de Jesus Mari*

4. **Aprendizagem socioemocional na escola** 49
   *Cristiane Tacla, Maria de Betânia Paes Norgren, Leandra de Souza Pereira Ferreira,
   Gustavo M. Estanislau e Adriana Fóz*

5. **Educação em saúde mental: uma nova perspectiva** 63
   Stan Kutcher, Yifeng Wei e Gustavo M. Estanislau

6. **A escola e a família** 71
   Gustavo M. Estanislau

7. **Desenvolvimento normal no período escolar** 81
   *Andrea P. Jacowski, Maura Regina Laureano,
   Gustavo M. Estanislau e Luciana Monteiro de Moura*

8. **Transtornos de ansiedade (transtorno de ansiedade
   generalizada, ansiedade de separação e fobia social)** 101
   *João Paulo Machado de Sousa, Flávia de Lima Osório,
   Bruno Zanotti Schneider e José Alexandre de Souza Crippa*

9. **Transtorno obsessivo-compulsivo: como o professor pode ajudar** 119
   Maria Conceição do Rosário, Patricia Velloso e Rosana S. Mastrorosa

10. **Transtornos do humor – depressão e transtorno bipolar** 133
    *Stan Kutcher, Érika Leonardo de Souza, Pedro Mario Pan,
    Roberta Paula Schell Coelho e Gustavo M. Estanislau*

11. Transtorno de déficit de atenção/hiperatividade 153
    Gustavo M. Estanislau e Paulo Mattos

12. Manejo do transtorno de déficit de atenção/hiperatividade
    em sala de aula 165
    Angela Alfano, Bruno Sini Scarpato e Gustavo M. Estanislau

13. Comportamentos disruptivos na escola 177
    *Daniela Ceron-Litvoc, Elisa Kijner Gutt,
    Patricia Zukauskas e Guilherme V. Polanczyk*

14. Transtornos de aprendizagem 189
    *Alessandra Gotuzo Seabra, Natália Martins Dias,
    Gustavo M. Estanislau e Bruna Tonietti Trevisan*

15. Esquizofrenia 207
    *Tais S. Moriyama, Cristiano Noto,
    Rodrigo Affonseca Bressan e Gustavo M. Estanislau*

16. Transtornos do espectro autista 219
    Daniela Bordini e Ana Rita Bruni

17. Uso de drogas na escola 231
    *Carolina Meneses Gaya, Gustavo M. Estanislau,
    Patricia Manzolli e Clarice Sandi Madruga*

18. Transtornos alimentares 251
    Manoela Figueiredo, Gizela Turkiewicz e Bacy Fleitlich-Bilyk

19. Aspectos jurídicos no contexto escolar 263
    Tatiana Freire, Edyleine Bellini Peroni Benczik e Gustavo M. Estanislau

Saúde mental na escola

Marlene A. Vieira
Gustavo M. Estanislau
Rodrigo Affonseca Bressan
Isabel A. Bordin

PROBLEMAS DE SAÚDE MENTAL NAS ESCOLAS BRASILEIRAS

Contrariando a crença de que a infância é um período invariavelmente feliz, dados epidemiológicos brasileiros vêm alertando que 10 a 20% das crianças e adolescentes apresentam algum tipo de transtorno mental. Um desses estudos, envolvendo jovens de 7 a 14 anos vivendo na Região Sudeste do Brasil, constatou que 1 a cada 8 alunos matriculados na escola tem algum tipo de dificuldade que justifica a necessidade de atendimento especializado na área de saúde mental. Além da alta prevalência, o impacto dos transtornos psiquiátricos na vida do indivíduo – aferido pelo Índice de Incapacidade por Doença (Global Burden of Disease) – é considerado o mais prejudicial entre todos os problemas médicos na população dos 10 aos 24 anos. A situação no Brasil é particularmente alarmante se considerarmos a proporção continental do País e as enormes diferenças culturais e sociais entre suas regiões.

Os prejuízos causados pelos problemas mentais no sistema escolar também têm sido destacados. Jovens afetados por transtornos mentais apresentam com mais frequência rendimento acadêmico inferior, evasão escolar e envolvimento com problemas legais, e a demanda de alunos com algum tipo de problema emocional/comportamental vem preocupando educadores, que, nos últimos anos, passaram a demonstrar altos índices de afastamento do trabalho. Nesse contexto, a falta de informações confiáveis e de orientação especializada vem causando insegurança, que, por sua vez, é um fator relevante para a distorção do olhar do professor, que passa a considerar como transtorno mental o que não é, e vice-versa. O senso de impotência diante dos transtornos (reais ou não) acaba acarretando uma crescente dependência da figura médica, supostamente portadora de soluções rápidas, que culmina em grandes controvérsias, como a *medicalização*.

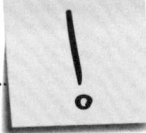

É possível que o fenômeno da medicalização tenha como origem a falta de informação confiável, e não sua presença. A informação leva ao desenvolvimento de autonomia, ao senso crítico e à democratização do conhecimento sobre saúde, o que deveria ser benéfico à comunidade. Em linha com esse parecer, pesquisas apontam que muitos encaminhamentos feitos ao sistema de saúde por escolas são equivocados, ocasionando sobrecarga aos já escassos recursos terapêuticos (no ano de 2007, havia 107 psiquiatras infantis registrados no País inteiro).

A EVOLUÇÃO DO CONCEITO DE SAÚDE

Confiar em um conceito exclusivamente biológico traz complicações por uma série de motivos, entre eles:

- trata-se de um conceito reducionista, que leva a definições de processos psíquicos como "só transtorno" ou "só saúde"
- ele gera distorções, como a ideia de "cura" para situações em que isso não se aplica
- ele é um modelo "tardio", que, ao negar o *continuum* entre saúde e doença, considera como foco de atuação apenas as pessoas que já sofrem com a doença instalada
- ele custa caro, pois "aguardar a doença" implica tratamentos e despesas inevitáveis

A figura do médico é importante, e em muitos casos fundamental, porém, existe uma generalização com tendências à supervalorização da doença que não traz benefícios a ninguém.

Nas últimas décadas, o paradigma da saúde mental evoluiu, ampliando-se, extrapolando conceitos puramente biológicos, passando a considerar sintomas como fenômenos resultantes da interação complexa entre fatores genéticos, biológicos (questões estruturais do cérebro, hormônios, etc.), psicológicos, sociais e culturais. Nele, o processo entre saúde e doença deve ser considerado como um *continuum*. Relacionado a isso, outro aspecto recentemente incorporado a esse paradigma é o enfoque nos estados mentais de risco e na identificação precoce, valiosos por possibilitarem o aprofundamento da compreensão sobre os transtornos na sua origem e favorecerem a instituição de intervenções em um momento em que os transtornos ainda não estão fortemente instalados, propiciando tratamentos mais bem-sucedidos.

> **"Novos" caminhos: promoção e prevenção**
>
> Partindo dessa nova concepção de saúde, cria-se uma abertura para ações descentralizadoras que contemplem o empoderamento do indivíduo e da comunidade, contrapondo-se ao caráter "inevitável" da doença. A própria Constituição de 1988 já salientava a necessidade de
>
>> [...] uma mudança progressiva dos serviços, passando de um modelo assistencial, centrado na doença e baseado no atendimento a quem procura, para um modelo de atenção integral à saúde, no qual haja incorporação progressiva de ações de promoção e de proteção, ao lado daquelas propriamente ditas de recuperação (Brasil, 1988).

PROMOÇÃO DE SAÚDE

O conceito de "promoção de saúde" foi apresentado oficialmente em 1984 pela Organização Mundial da Saúde (OMS). Está relacionado à concepção "ampla" de saúde e pressupõe um modelo que envolve os determinantes sociais da saúde, como educação, meio ambiente e acesso a serviços essenciais, por meio de ações coletivas, intersetoriais e fomentadoras de políticas públicas. Em 1998, a OMS definiu os sete princípios da promoção de saúde, quais sejam (World Health Organization, 1998):

- concepção holística
- intersetorialidade
- empoderamento
- participação social
- equidade
- ações multiestratégicas
- sustentabilidade

A capacitação de comunidades e indivíduos por meio da informação e do desenvolvimento de habilidades pessoais e sociais é exemplo de ação promotora de saúde. A informação é uma das bases para a tomada de decisão e leva à autonomia por meio do empoderamento, combatendo, assim, a impotência. Porém, é importante frisar que empoderamento é diferente de conscientização, pois está associado à proatividade em relação à saúde, a reais mudanças de atitude. Uma pesquisa realizada em nove países, inclusive no Brasil, demonstrou que uma campanha informativa pode modificar o conhecimento e as atitudes com relação a problemas de saúde mental.

Segundo os Parâmetros Curriculares Nacionais:

> A promoção da saúde ocorre [...] por meio da educação, da adoção de estilos de vida saudáveis, do desenvolvimento de aptidões e capacidades individuais, da produção de um ambiente saudável, da eficácia da sociedade na garantia de implantação de políticas públicas voltadas para a qualidade da vida e dos serviços de saúde. (Brasil, 1997)

PREVENÇÃO

A prevenção é a atividade relacionada ao controle dos fatores de risco que antecedem os transtornos. Ela atua em diferentes fases no *continuum* saúde-doença visando impedir a progressão desse processo em direção aos problemas de saúde (vide Capítulo 5 – Educação em saúde mental: uma nova perspectiva). Como exemplo, no caso das drogas, ela é conhecida como:

- **prevenção primária:** ações que visam evitar a ocorrência do consumo de drogas antes de ele acontecer
- **prevenção secundária:** ações que visam interromper o uso de substâncias nos casos em que a pessoa já as utiliza com alguma frequência e corre risco de piorar o padrão de uso
- **prevenção terciária:** quando, após a dependência instalada, se estabelecem ações que incentivam a busca ao tratamento e à recuperação

A prevenção será mais detalhadamente abordada no Capítulo 3 deste livro.

O PAPEL DA ESCOLA NA PROMOÇÃO DE SAÚDE E NA PREVENÇÃO

A literatura em saúde mental tem identificado o sistema escolar como um espaço estratégico e privilegiado na implementação de políticas de saúde pública para jovens, passando a destacá-lo como principal núcleo de promoção e prevenção de saúde mental para crianças e adolescentes, atuando no desenvolvimento de fatores de proteção e na redução de riscos ligados à saúde mental. Pesa, nesse sentido, o fato de a escola concentrar em um ambiente único a maior parte da população jovem do País, por boa parte do dia, desde a primeira infância, desenvolvendo um trabalho sistematizado e contínuo, passível de ser adaptado. Escolas também são mais acessíveis à população que os serviços de saúde mental e propiciam a realização de intervenções com menos estigma para alunos e familiares. Além disso, como parte atuante nesse processo, o professor encontra-se em posição nobre por diversos motivos, entre eles:

- ter experiência com diversas crianças de uma mesma faixa etária (permitindo uma observação mais crítica do comportamento de seus alunos)
- poder observar os alunos em diversos contextos (em tarefa, socializando, etc.) e por longos períodos de tempo
- poder utilizar-se da flexibilidade do currículo para abordar assuntos relacionados à promoção de saúde mental
- poder utilizar-se de seu papel de modelo como um "trunfo", ensinando criatividade e bom senso no dia a dia

Assim, um professor bem informado e sensível pode tanto promover saúde mental quanto atuar na prevenção de transtornos, por exemplo, identificando sinais que demandem encaminhamento para avaliação de equipe de saúde mental, contribuindo para uma intervenção precoce, que, via de regra, leva a resultados mais positivos. Segundo Puura e colaboradores (1998), o professor estaria na posição ideal para observar sinais como irritabilidade, isolamento social e queda no rendimento escolar, mas precisaria ser capacitado para identificar sinais precoces de problemas específicos, como, por exemplo, os sintomas de depressão, que poderiam ser facilmente interpretados como sinais de mau humor e preguiça.

AS INICIATIVAS DE PROMOÇÃO DE SAÚDE E PREVENÇÃO NAS ESCOLAS DO BRASIL E DO MUNDO

No Brasil (1996), a partir da Lei de Diretrizes e Bases da Educação Nacional (nº 9.394), e da construção dos Parâmetros Curriculares Nacionais, a abordagem do tema Saúde foi ganhando mais consistência nas escolas, passando a ser integrado como um tema transversal, permeando todo o currículo escolar e, assim, possibilitando uma abordagem mais ampla dos diversos aspectos vinculados ao processo de saúde individual e coletiva. Os Parâmetros Curriculares Nacionais estão em congruência com os princípios de promoção de saúde em escolas indicados pela OMS, ou seja, buscam a sustentação da saúde e do aprendizado, além de integrar profissionais de saúde, educação, pais, alunos e membros da comunidade, ajudando a transformar a escola em um lugar saudável e propício ao bem-estar, ao crescimento e ao desenvolvimento. Além dessas iniciativas, outras propostas têm reforçado a importância da escola na busca pelo desenvolvimento saudável de crianças e adolescentes no Brasil e no mundo.

PRINCÍPIOS DAS ESCOLAS PROMOTORAS DE SAÚDE

1. Ter visão ampla de todos os aspectos da escola, provendo um ambiente saudável e que favorece a aprendizagem.
2. Dar importância à estética da escola, assim como ao efeito psicológico direto que ela tem sobre professores e alunos.
3. Fundamentar-se em um modelo de saúde que inclua a interação dos aspectos físicos, psíquicos, socioculturais e ambientais.
4. Promover a participação ativa de alunos e alunas.
5. Reconhecer que os conteúdos de saúde devem ser necessariamente incluídos nas diferentes áreas curriculares.
6. Entender que o desenvolvimento da autoestima e da autonomia pessoal é fundamental para a promoção da saúde.
7. Valorizar a promoção da saúde na escola para todos.
8. Ter visão ampla dos serviços de saúde que tenham interface com a escola.
9. Reforçar o desenvolvimento de estilos saudáveis de vida que ofereçam opções viáveis e atraentes para a prática de ações que promovam a saúde.
10. Favorecer a participação ativa dos educadores na elaboração do projeto pedagógico da educação para a saúde.
11. Buscar estabelecer inter-relações na elaboração do projeto escolar.

Preocupada com os enormes prejuízos vinculados aos transtornos mentais, a comunidade internacional passou a exaltar, nos últimos anos, a necessidade de intervenções voltadas para esse assunto no ambiente escolar. Nesse sentido, a Comissão Europeia, em um importante pronunciamento chamado Pacto Europeu para a Saúde Mental e o Bem-estar (tradução livre de "European Pact for Mental Health and Well-being") (World Health Organization, 2008), definiu como urgente a inserção estratégica da saúde mental nas atividades curriculares e extracurriculares das escolas, além da sensibilização de profissionais da saúde (p. ex., pediatras e médicos de família) e da educação para o assunto. No Canadá, discussões sobre sentimentos, pensamentos e comportamentos sob a ótica da saúde da mente (e não exclusivamente de transtornos mentais) já são parte do currículo regular das escolas.

NOVAS PERSPECTIVAS VOLTADAS À SAÚDE MENTAL: INTERSETORIALIDADE

Em alguns países, a organização integrada dos sistemas públicos de saúde e de educação levou à implantação de serviços de saúde mental dentro das escolas. Nesses locais, a abordagem integrada entre educadores e profissionais da saúde mental tem beneficiado a comunidade com ambientes escolares promotores de saúde e com a resolução de problemas menos complicados dentro da própria escola, reduzindo a demanda por serviços especializados. Infelizmente, no Brasil, a intersetorialidade ainda é complicada por uma série de fatores, e a falta de diálogo tem sido pano de fundo para um número crescente de encaminhamentos precipitados para a rede de saúde de muitos jovens com problemas de aprendizagem. Ao mesmo tempo, existem várias pesquisas demonstrando que grande parte das pessoas que desenvolvem um transtorno mental é diagnosticada de forma tardia. Assim, programas de avaliação/detecção precoce poderiam modificar o curso desses quadros, evitando seu desenvolvimento ou amenizando sua intensidade após instalados. Nesse sentido, modelos de capacitação em saúde mental para educadores podem ser de grande valia.

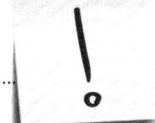

Um estudo de capacitação sobre saúde mental para professores de ensino fundamental (ciclo II) e médio, realizado em uma escola pública paulista por pesquisadores da Universidade Federal de São Paulo (UNIFESP), mostrou que a intervenção foi efetiva ao auxiliar educadores a identificar problemas emocionais e comportamentais, a fazer encaminhamentos mais assertivos, bem como a discriminar fenômenos da adolescência normal de problemas em que a avaliação seria necessária. Ao fim do estudo, a maioria dos professores referiu ter adquirido conhecimentos a respeito do tema (74,2%) e afirmou que recomendaria o modelo de capacitação adotado a professores de outras escolas (96,8%).

Uma colaboração mais estreita entre os setores da saúde e da educação poderia alavancar a promoção da saúde mental e do bem-estar de crianças e adolescentes, minimizar o fracasso na escola e a evasão escolar, diminuir o preconceito que afasta pessoas do seu tratamento e facilitar o acesso a serviços especializados. Além disso, a maior proximidade entre os setores de saúde e educação permitiria a democratização de saberes, fator ímpar para a saúde coletiva.

QUAL É O PAPEL DO EDUCADOR NO QUE TANGE À SAÚDE DE SEUS ALUNOS?

Os educadores têm a árdua – e compensadora – tarefa de atuar no desenvolvimento de seus alunos, não apenas acadêmico, mas também como indivíduos saudáveis. Portanto, se considerarmos o conceito de saúde descrito neste capítulo, os professores já atuam no processo "saúde-doença" de seus alunos de diversas maneiras, como, por exemplo, ao desenvolverem vínculos baseados na afetividade, na empatia, na escuta reflexiva e respeitosa, na consideração pelas qualidades do aluno visando ao fortalecimento de sua autoestima, etc. Os professores influenciam positivamente quando interagem de forma motivadora e criativa, informando e encorajando nas tomadas de decisão, fomentando a autonomia, sem recorrer a regras e dogmas preestabelecidos que possam defasar-se com o tempo. Um exemplo disso é o conselho "Não aceite nada de estranhos", que, embora ainda muito utilizado, se considerado sob o prisma do uso de drogas, está completamente ultrapassado, pois sabe-se hoje que as grandes fontes de drogas estão entre os amigos mais próximos.

Não se sugere aqui, portanto, que educadores tenham a responsabilidade de diagnosticar, ou mesmo sejam exigidos a aplicar qualquer tipo de conhecimento que não seja da área da educação. Porém, considerando que já atuam contemplando os aspectos emocionais, cognitivos e comportamentais de seus alunos, conhecimentos selecionados em saúde mental, baseados principalmente em aspectos de promoção e prevenção, podem ser de grande utilidade na prática educativa, ao empoderar a figura do educador.

ORIENTAÇÕES

1. Reconheça a responsabilidade de formar o aluno como cidadão.
2. Contribua para um clima escolar favorável, priorizando os vínculos.
3. Contribua, por meio do diálogo, com o combate ao estigma dos transtornos.
   Evite a segregação de "alunos problema".
4. Discuta abertamente o assunto "saúde mental" com os alunos.
5. Discuta casos de sua prática diária com os colegas, para que possa refletir sobre o que fazer diante de situações difíceis apresentadas pelos alunos que interferem na dinâmica em sala de aula, como isolamento social, comportamentos agressivos e violação de regras.
6. Estimule os alunos para que desenvolvam habilidades sociais, como fazer amigos e manter amizades.
7. Mantenha-se atento à identificação precoce de problemas para o devido encaminhamento dos alunos que necessitam de assistência nessas áreas.

(Continua)

(Continuação)

8. Construa parcerias com as famílias, para acompanhamento do desenvolvimento das crianças e adolescentes, tanto do ponto de vista emocional como da aprendizagem.
9. Adapte objetivos acadêmicos, conteúdos curriculares, método de ensino e outros assuntos educacionais às necessidades de cada aluno, visando a um maior rendimento escolar.
10. Solicite à diretoria de ensino cursos e material didático na área de saúde mental para complementar seu conhecimento nessa área.

CONSIDERAÇÕES FINAIS

Recentemente, a saúde mental de crianças e adolescentes tornou-se protagonista em pautas de escolas, formadores de políticas públicas e da comunidade científica devido a seu impacto socioeconômico alarmante. Sobretudo na educação, o assunto tem sido muito debatido, aumentando a lista de grandes desafios do setor.

Felizmente, nas últimas décadas, uma nova compreensão de saúde se desenvolveu, extrapolando conceitos puramente biológicos, passando a considerar sintomas como fenômenos resultantes da interação entre diversos fatores biopsicossociais e colocando o processo entre saúde e doença em um *continuum*. Essa visão mais ampla abriu espaço para novas perspectivas de abordagem à saúde, culminando na introdução do conceito de promoção de saúde, pela OMS, em 1984. A partir disso, o sistema escolar passou a ser destacado como o principal núcleo de promoção e prevenção de saúde mental (e geral) para crianças e adolescentes, atuando no desenvolvimento de fatores de proteção e na redução de fatores de risco ligados à saúde mental. Percebendo isso, diversos tipos de intervenções voltadas para a saúde mental em escolas vêm sendo desenvolvidos, variando de abordagens que vão da competência emocional (vide Capítulo 4) a capacitações para identificação precoce de jovens em necessidade de avaliação psiquiátrica. Porém, para que o panorama se modifique a contento, é fundamental a aproximação entre os setores da saúde e da educação, a fim de que, por meio do diálogo, se otimize o oferecimento dos dois serviços.

REFERÊNCIAS

BRASIL. Constituição da República Federativa do Brasil de 1988. *Diário Oficial [da] República Federativa do Brasil*, Brasília, 5 out. 1988. Disponível em: <http://www.planalto.gov.br/ccivil_03/constituicao/constituicao.htm>. Acesso em: 7 maio 2014.

BRASIL. Lei nº 9.394, de 20 de dezembro de 1996. Estabelece as diretrizes e bases da educação nacional. *Diário Oficial [da] República Federativa do Brasil*, Brasília, 20 dez. 1996.

BRASIL. Secretaria de Educação Fundamental. *Parâmetros curriculares nacionais:* introdução aos parâmetros curriculares nacionais. Brasília: SEF, 1997.

PUURA, K. et al. Children with symptoms of depression – what do the adults see? *J Child Psychol Psychiatry,* v. 39, n. 4, p. 577-585, 1998.

WORLD HEALTH ORGANIZATION. *European PACT for mental health and well-being:* EU high-level conference. Geneva: WHO, 2008. Disponível em: <http://ec.europa.eu/health/ph_determinants/life_style/mental/docs/pact_en.pdf>. Acesso em: 27 ago. 2011.

WORLD HEALTH ORGANIZATION. *Health Promotion Glossary.* Geneva: WHO, 1998.

LEITURAS RECOMENDADAS

ATKINS, M. S. et al. Toward the integration of education and mental health in schools. *Adm Policy Ment Health,* v. 37, n. 1-2, p. 40-47, 2010.

BORDINI, D. et al. Encaminhamento escolar de crianças e adolescentes para o CAPSi: o peso dos encaminhamentos incorretos. *Rev. Bras. Psiquiatr.,* v. 34, n. 4, p. 493-494, 2012.

BRASIL. Comissão de Constituição de Justiça e Cidadania. *Projeto de lei nº 8.035-B, de 2010.* Aprova o Plano Nacional de Educação - PNE e dá outras providências. Brasília, Câmara dos Deputados, 2010.

BRASIL. Lei nº 8.069, de 13 de julho de 1990. Estatuto da criança e do adolescente. *Diário Oficial [da] República Federativa do Brasil,* Brasília, 13 jul. 1990. Disponível em: <http://www.planalto.gov.br/ccivil_03/leis/l8069.htm>. Acesso em: 20 mar. 2014.

COUTO, M. C. V.; DUARTE, C. S.; DELGADO, P. G. A saúde mental infantil na saúde pública brasileira: situação atual e desafios. *Rev. Bras. Psiquiatria,* v. 30, n. 4, p. 390-398, 2008.

FLEITLICH-BILYK, B.; GOODMAN, R. Prevalence of child and adolescent psychiatric disorders in southeast Brazil. *J Am Acad Child Adolesc Psychiatry,* v. 43, n. 6, p. 727-34, 2004.

HOVEN, C. W. et al. Worldwide child and adolescent mental health begins with awareness: a preliminary assessment in nine countries. *Int Rev Psychiatry,* v. 20, n. 3, p. 261-270, 2008.

KNAPP, M. et al. Economic outcomes in adulthood and their associations with antisocial conduct, attention deficit and anxiety problems in childhood. *J Ment Health Policy Econ,* v. 14, n. 3, p. 137-147, 2011.

KNUDSEN, E. et al. Economic, neurobiological, and behavioral perspectives on building America's future workforce. *Proceedings of the National Academy of Sciences of the United States of America,* v. 103, n. 27, p. 10155-10162, 2006.

MORAES, C. Carta aos editores "força-tarefa brasileira de psiquiatras da infância e adolescência". *Rev Bras Psiquiat,* v. 30, n. 3, p. 290-301, 2008.

PATERNITE, C. E. School-based mental health programs and services: overview and introduction to the special issue. *Journal of Abnormal Child Psychology,* v. 33, n. 6, p. 657-663, 2005.

PAULA, C. S.; DUARTE, C. S.; BORDIN, I. A. Prevalence of mental health problems in children and adolescents from the outskirts of Sao Paulo city: treatment needs and service capacity evaluation. *Rev Bras Psiquiatria,* v. 29, n. 1, p. 11-17, 2007.

VIEIRA, M. A.; BRESSAN, R. A.; BORDIN, I. A. *Capacitação de professores de uma escola pública de São Paulo visando à identificação e encaminhamento de adolescentes com problemas de saúde mental.* São Paulo: [s.n.], 2012.

WEI, Y.; KUTCHER, S. International school mental health: global approaches, global challenges, and global opportunities. *Child Adolesc Psychiatr Clin N Am,* v. 21, n. 1, p. 11-27, 2012.

WEIST, M. D.; PATERNITE, C. E. Building an interconnected policy-training-practice--research agenda to advance school mental health. *Education and Treatment of Children,* v. 29, n. 2, p. 173-196, 2006.

WORLD HEALTH ORGANIZATION. *Improving school health programmes:* barriers and strategies. Geneva: WHO, 1996a.

WORLD HEALTH ORGANIZATION. *Research to improve implementation and effectiveness of school health programmes.* Geneva: WHO, 1996b.

WORLD HEALTH ORGANIZATION. *The European Health Report 2005:* public health action for healthier children and populations. Geneva: WHO, 2005.

2
Saúde e transtornos mentais

Bacy Fleitlich-Bilyk
Graccielle Rodrigues da Cunha
Gustavo M. Estanislau
Maria Conceição do Rosário

Ensinar é uma tarefa que, por si só, impõe desafios diários e variados ao educador. Ensinar uma criança com qualquer dificuldade ou problema, pessoal ou familiar, é ainda mais desafiador, pois as adversidades frequentemente afetam o processo de aprendizado. O inverso também é verdadeiro, já que uma criança com dificuldades de aprendizagem também pode passar a apresentar alterações em seu funcionamento pessoal ou familiar.

Considerando que o educador tem importante papel e real responsabilidade em relação ao processo de aprendizagem de seus alunos, torna-se extremamente importante que ele esteja atento para identificar o mais rápido possível qualquer problema que possa comprometer o aprendizado da criança.

Os professores têm uma condição privilegiada de observação do comportamento das crianças sob seus cuidados, pois as observam em uma grande variedade de situações, como atividades individuais dirigidas, atividades de trabalho grupal, atividades de lazer, durante a interação com outros adultos e com crianças de diversas idades. O fato de os professores terem experiência com um grande número de crianças possibilita a distinção entre os comportamentos esperados para uma faixa etária e comportamentos atípicos.

Como passam bastante tempo com as crianças, às vezes até mais do que os próprios pais (sobretudo na pré-escola e nas séries iniciais do ensino fundamental), os professores têm a oportunidade de identificar problemas precocemente, mesmo antes da família.

Essa possibilidade de identificar os sintomas de forma precoce e encaminhar a criança o mais rápido possível para a avaliação transforma não apenas os professores, mas toda a equipe técnica da escola, em figuras fundamentais no processo de diagnóstico e tratamento.

A seguir, apresentaremos alguns dos principais conceitos sobre saúde mental que podem ser importantes no contexto escolar.

COMO PODEMOS DEFINIR SAÚDE E DOENÇA?

Diferentemente do que se possa pensar, definir o que é saúde e o que é doença (física ou mental) não é uma tarefa fácil. Por um lado, se levamos em consideração a definição "Saúde é o estado de completo bem-estar físico, mental e social, e não apenas o estado de ausência de doença [...]", instituída pela Organização Mundial da Saúde a partir de 1948 (World Health Organization, 1948), nos deparamos com uma realidade praticamente inalcançável. Por outro, se pensamos em uma pessoa que sofre uma fratura (que caracterizaria um estado de "doença"), mas que ainda assim segue com bom funcionamento social, emocional e até acadêmico/laborativo, pode-se dizer que ela está doente?

Conclui-se que os conceitos de "saúde" e "doença" correspondem a paradigmas bastante complexos e dinâmicos devido a sobreposições e estados passageiros, por exemplo. Parece mais razoável compreender que os conceitos de saúde e doença não são absolutos e que nenhuma pessoa é 100% saudável ou 100% doente.

E QUANTO À SAÚDE MENTAL?

Em relação ao conceito de saúde mental, a complexidade é ainda maior. Do ponto de vista da **saúde mental**, em geral se acredita que crianças e adolescentes saudáveis são aqueles que apresentam desenvolvimento cognitivo, emocional e social satisfatórios para a idade, fatores esses que definem a capacidade de adaptação aos desafios da vida. No dia a dia, esses jovens são curiosos, aprendem, fazem vínculos, brincam, desenvolvem estratégias para resolver problemas e, de maneira geral, apresentam boa qualidade de vida. Eventualmente, situações cotidianas geram algum tipo de **tensão mental**. Essa tensão é um sinal de que algum tipo de adaptação é necessário, de maneira que ela faz parte do desenvolvimento de mecanismos de proteção.

Adultos que costumam evitar a exposição de crianças e adolescentes a estresses do dia a dia impedem que tais mecanismos se estruturem, fazendo esses jovens crescerem temendo situações novas ou desafiadoras, comprometendo sua autoestima, fundamental para que sejam bem-sucedidos ao longo de suas trajetórias. Na verdade, o que se observa é que, na maioria dos casos em que a tensão mental aparece, o auxílio dos adultos não é sequer necessário.

COMO DEFINIR PROBLEMAS OU TRANSTORNOS MENTAIS?

Cada pessoa reage a um evento estressor de maneira individual, e, dependendo de uma série de fatores, a resposta pode ser acompanhada, ou não, de um problema mental ou de um transtorno mental.

Problemas mentais (condições intermediárias, mais amenas do que transtornos mentais) podem surgir em dois tipos de ocasião. Primeiro, diante de situações em que a tensão mental é muito intensa e a adaptação se torna difícil (como em alguns casos de divórcio dos pais, perda de um ente querido ou rompimento de uma relação afetiva). Segundo, quando pequenas falhas no desenvolvimento psicológico, social ou cognitivo do jovem (podendo ou não ser acompanhadas por problemas comportamentais) acabam prejudicando sua capacidade adaptativa. Nesses casos, eventos corriqueiros (como fazer uma tarefa ou brincar com os amigos) podem se tornar grandes desafios. Nessas situações, passageiras e sem grande prejuízo, amigos, família e outras figuras de referência podem ajudar. Porém, nas situações em que os prejuízos são mais significativos, mais duradouros, bem como na falta de figuras de suporte, o acompanhamento de um profissional da saúde pode ser adequado.

Os **transtornos mentais** são condições muito variáveis. Por exemplo, algumas pessoas podem vivenciar um transtorno mental e mesmo assim continuar levando sua vida de maneira produtiva, como em casos de transtornos de ansiedade menos intensos ou em casos de transtorno de déficit de atenção/hiperatividade (TDAH) leves, nos quais a pessoa aprende ou é orientada a se adaptar aos sintomas. Além disso, a pessoa pode apresentar um transtorno de característica recorrente, atravessando períodos de ausência de sintomas entre crises. No entanto, há, também, alguns transtornos gravemente incapacitantes, que geram prejuízos enormes ao indivíduo, à família e à comunidade.

Os transtornos mentais ocorrem pela interação de fatores individuais (biológicos, genéticos, psicológicos), sociais (condições financeiras, de moradia, rede de suporte, cultura, etc.) e ambientais (influência dos pais, qualidade dos amigos e da escola, exposição a eventos estressores, etc.) e nem sempre precisam ser desencadeados por uma situação específica.

Muitas vezes, os problemas ou transtornos mentais surgem sem que exista nenhum evento estressor ou acontecimento traumático na vida da pessoa ou de sua família. Isso ocorre porque os transtornos mentais são causados por uma complexa interação de fatores.

Durante o curso de um transtorno mental, são observados sinais e sintomas que refletem diversas alterações no funcionamento do corpo, principalmente do cérebro. Entre elas, podemos citar:

- cognição (ou pensamento)
- sensopercepção (vinculada ao domínio dos cinco sentidos [audição, olfato, paladar, tato e visão])
- emoções (ou sentimentos)
- sinalização (vinculada ao modo como o cérebro reage ao ambiente)
- física (ou somática)
- comportamental

Os transtornos mentais ocasionam falhas adaptativas mais graves do que as citadas no que chamamos de problemas mentais, e por isso frequentemente são caracterizados por prejuízos maiores e mais graves no funcionamento da pessoa e de sua família. No caso dos jovens, é comum que o rendimento na escola sofra alterações, assim como o relacionamento com a família e os amigos. Os transtornos mentais tendem a ser duradouros, porém existem exceções. Nos casos em que um transtorno mental se desenvolve, é necessário um diagnóstico e, portanto, a intervenção profissional.

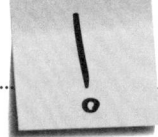

Nos últimos anos, principalmente por influência da publicação da *Classificação internacional de doenças e problemas relacionados à saúde* (CID-10) (1993), o termo "transtorno" tem sido utilizado em detrimento do termo "doença". Essa escolha reflete uma mudança do sistema classificatório que se concentrava mais nas causas das "doenças" e passou a concentrar-se mais na descrição dos "transtornos".

Os principais problemas percebidos na sala de aula são alterações de comportamento e dificuldade de aprendizagem. É importante lembrar que essas duas situações se relacionam, já que uma criança que não consegue acompanhar o conteúdo tem maior tendência a ficar dispersa e está mais propensa a desenvolver comportamentos inadequados. O inverso também ocorre com frequência, quando crianças que apresentam problemas de comportamento têm maior dificuldade de absorver o conteúdo exposto e desempenho abaixo do esperado.

Nesse contexto, desenvolvemos um fluxograma com as queixas mais comuns no ambiente escolar e os sinais associados.

Ao utilizar esse fluxograma, lembre-se:

- fatores ambientais podem comprometer o desempenho e o comportamento da criança; quanto menor a criança, maior é a influência do ambiente
- qualquer situação, interna ou externa, que comprometa o funcionamento da criança deve ser abordada logo, pois a infância é uma fase essencial para a formação de padrões intelectuais e emocionais

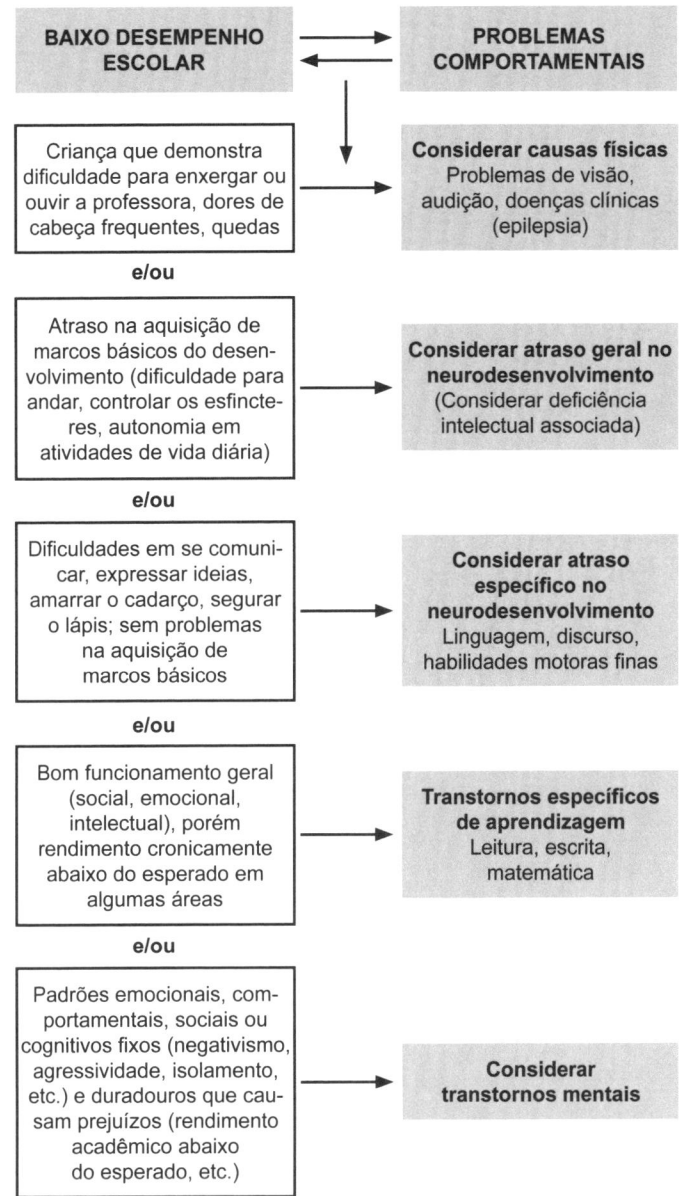

- a existência de problemas ambientais não exclui a possibilidade de transtornos, e a coexistência de fatores externos e internos, além de comum, maximiza os prejuízos para a criança
- crianças com doenças clínicas ou transtornos mentais ficam mais fragilizadas e podem apresentar maior dificuldade em lidar com situações que antes conseguiam enfrentar

O QUE FAZER QUANDO UM ALUNO NECESSITA DE AVALIAÇÃO?

O professor, ao perceber a necessidade de avaliação de saúde mental, deve, de maneira sensível e respeitosa, comunicar aos pais da criança que algo está acontecendo (em algumas escolas, essa comunicação é feita por meio de uma figura centralizadora, como um coordenador pedagógico, professor mediador escolar comunitário ou diretor). Essa abordagem, se estabelecida em um contexto de parceria, já pode trazer resultados positivos, pois, frequentemente, a família está tão envolvida em seus problemas que não identifica o período difícil que o jovem atravessa. O profissional da educação deve acolher as preocupações dos pais e da criança e oferecer conforto e suporte. Em casos mais graves, um encaminhamento para profissionais especializados pode se fazer necessário, e a escola pode auxiliar conhecendo e apontando os serviços disponíveis na região.

QUAL O PAPEL DO DIAGNÓSTICO?

Um diagnóstico se presta a várias funções, como descrever as características de um determinado transtorno, sua evolução, fornecer informações sobre possíveis causas e direcionar para o tratamento mais indicado. O diagnóstico marca o **início** do tratamento.

Muitas pessoas questionam o risco do "rótulo" aos jovens que recebem um diagnóstico psiquiátrico. É interessante observar que essa pergunta só é feita nos casos de diagnósticos de transtornos mentais. Na maioria das outras especialidades, quando vamos ao médico, queremos sempre saber o que temos. Por exemplo, caso uma criança esteja com febre e tosse, os pais com certeza vão querer saber se seu filho tem bronquite, pneumonia ou apenas um resfriado antes de medicá-lo com uma aspirina ou antibiótico.

Da mesma forma, em saúde mental, também é extremamente importante identificar e discutir com o paciente e seus familiares as hipóteses diagnósticas antes de iniciar um tratamento. Se nós, profissionais (tanto da área da saúde quanto da educação), não nos sentirmos à vontade para discutir um diagnóstico específico, como vamos exigir que uma criança com um transtorno mental tenha os mesmos direitos de outra com qualquer problema clínico, como pneumonia ou diabetes?

COMO É REALIZADO O PROCESSO DIAGNÓSTICO? COMO POSSO AJUDAR?

O processo diagnóstico pode ser feito por médicos (psiquiatra da infância e adolescência, pediatra ou neuropediatra), com ou sem o auxílio de uma equipe multidisciplinar, que pode ser composta por: neuropsicólogo, psicólogo, psicopedagogo, terapeuta ocupacional e/ou fonoaudiólogo. A avaliação geralmente é composta por um ou mais dos passos descritos a seguir:

- entrevistas com os pais (levantamento de queixas e sintomas e relato sobre o comportamento da criança em casa e em atividades sociais)
- entrevistas com professores (relato sobre o comportamento da criança na escola, levantamento de queixas, sintomas, desempenho escolar, relacionamentos com adultos e crianças)
- questionários e escalas de sintomas a serem preenchidos por pais e professores
- avaliação/observação da criança no consultório
- avaliação neuropsicológica
- avaliação psicopedagógica
- avaliação fonoaudiológica

Para auxiliar nesse processo, é extremamente importante que o professor preste especial atenção e descreva as atividades e os comportamentos do aluno, sem preocupação com nomes técnicos. Dar exemplos práticos sobre os comportamentos da criança tanto para os pais quanto para os profissionais da saúde é fundamental para auxiliar no processo diagnóstico.

Características da criança que devem ser observadas pelo professor e relatadas durante o processo diagnóstico

1. Como a criança se relaciona com adultos? Ela é receptiva ao contato com o adulto? É afetuosa? Compreende a hierarquia? Obedece às regras? Procura ajuda quando necessita?
2. Como a criança se relaciona com outras crianças? Consegue brincar em grupo? Consegue seguir as regras das brincadeiras? Tem amigos? Os colegas gostam dela? Ela briga facilmente?
3. Como reage quando é contrariada pelo professor ou por outras crianças?
4. A criança finaliza o trabalho individual em sala de aula?

(Continua)

(Continuação)

5. A criança consegue finalizar o trabalho de sala no prazo estipulado? Consegue finalizar quando lhe é dado tempo extra?
6. Como é o desempenho acadêmico em sala de aula? O nível de acertos é semelhante ao dos colegas de sala?
7. Como é a finalização e a precisão dos trabalhos realizados em casa?
8. Como são as habilidades de organização da criança em relação a seu material, suas anotações e registros de tarefas e das aulas, dos trabalhos entregues e do ambiente de trabalho?
9. Quais situações parecem piorar o desempenho da criança? Quais parecem melhorá-lo?

É importante enfatizar que a diferenciação entre características pessoais e problemas mentais de um transtorno mental é, na maioria das vezes, difícil. Por isso, o reconhecimento e o tratamento desses quadros devem ser feitos por profissionais com experiência na área. Assim, não se espera que ela seja feita pelo educador, dentro da sala de aula. O importante para os profissionais da área da educação é que eles possam se sentir mais seguros em reconhecer os casos que precisam ser encaminhados.

A CLASSIFICAÇÃO DOS TRANSTORNOS MENTAIS

Como o processo de avaliação em saúde mental é muito mais subjetivo que em outras especialidades da saúde, foi necessário que se desenvolvessem classificações para os transtornos psiquiátricos a fim de que a comunicação entre os profissionais fosse cada vez mais clara e eficaz, favorecendo a pesquisa ao estabelecer parâmetros em comum que pudessem ser comparados direta ou indiretamente.

Sem as classificações, os transtornos mentais possivelmente seriam diagnosticados de maneiras tão distintas que seria impossível realizar estudos e pesquisas agrupando pacientes com diagnósticos semelhantes. Além disso, sem critérios diagnósticos, as pessoas teriam muita dificuldade de identificar a necessidade de buscar atendimento quando necessário e, mesmo quando fizessem, poderiam ser tratadas de formas muito diferentes entre um profissional e outro. Por meio das classificações, o entendimento sobre as doenças vem evoluindo em diversas áreas, como diagnóstico, prevenção e tratamento.

Existem dois manuais, a CID-10 e o *Manual diagnóstico e estatístico de transtornos mentais*, 5ª edição (DSM-5), os quais estabelecem critérios padronizados para a classificação dos transtornos mentais. Embora se esperasse que ambos os manuais fossem fielmente correspondentes, o fato de terem sido revisados em momentos diferentes e de não terem sido elaborados pelos mesmos profissionais faz com que nem sempre estejam em sintonia.

DSM-5: formulado pela American Psychiatric Association, está em sua quinta edição, lançada em 2013. É mais utilizado nos Estados Unidos e bastante utilizado no meio de pesquisa.

CID-10: publicada pela Organização Mundial da Saúde, a *Classificação internacional de doenças e problemas relacionados à saúde* contém, em sua edição mais recente (décima edição, lançada em 1993), um capítulo voltado para as doenças mentais e comportamentais (Capítulo V). A CID-10 é utilizada em grande parte do mundo, incluindo o Brasil.

COMO SÃO DEFINIDOS OS TRATAMENTOS?

O tratamento começa a partir da realização de um processo diagnóstico cuidadoso, detalhado e abrangente, envolvendo diversas pessoas em contato com o jovem. Com base no processo diagnóstico, o tratamento é instituído e revisto periodicamente. Na maioria das vezes, é realizado por diversos profissionais, com abordagens que contemplam:

- intervenções psicoeducacionais:
  - com a família
  - com o paciente
  - com a escola
- intervenções psicoterapêuticas, psicopedagógicas e de reabilitação neuropsicológica
- intervenções psicofarmacológicas

As linhas de tratamento na área da saúde mental, seja medicamentosa, seja psicoterápica, são definidas no meio científico por meio de estudos chamados ensaios clínicos randomizados.* Esses estudos, monitorados por agências de vigilância em todo o mundo (no Brasil, a agência responsável é a Agência Nacional de Vigilância Sanitária – Anvisa), comprovam a eficácia das intervenções, que passam a ser parte dos recursos *baseados em evidências científicas*.

De maneira geral, os tratamentos podem ser divididos em padronizados, complementares e alternativos. Os tratamentos padronizados são aqueles que passaram pelo rigor científico dos ensaios clínicos randomizados, alcançando a qualidade de tratamento baseado em evidência. Os tratamentos complementares, ou adjuvantes, como o nome diz, são estratégias adicionais, que frequentemente auxiliam, mas não são suficientes quando utilizadas sem a presença de um tratamento padronizado. Exemplos de tratamentos complementares são os exercícios físicos, a rotina de sono e a alimentação saudável. Por último, os tratamentos alternativos são aqueles que não alcançaram

---

***Ensaio clínico randomizado:** tipo de pesquisa em que pessoas, divididas em dois ou mais grupos aleatoriamente, recebem dois ou mais tipos de tratamento, sendo um deles geralmente placebo, ou seja, uma substância ou intervenção inerte, sem propriedades medicinais. Depois de um período de observação, os tratamentos são comparados entre si para que se chegue a uma conclusão sobre sua eficácia, segurança, etc.

o *status* de tratamento padronizado, baseado em evidências, mas que podem ser utilizados por escolha própria do paciente (de preferência com o consentimento da equipe de saúde) ou em casos em que as possibilidades de tratamento baseado em evidências se esgotaram. Exemplo de tratamentos alternativos são medicações fitoterápicas em transtornos de ansiedade. Um tratamento complementar ou alternativo pode passar a ser considerado padronizado a partir da comprovação de sua eficácia por meio de ensaios clínicos randomizados.

Algumas atitudes práticas que podem auxiliar bastante nos processos de desenvolvimento de saúde da criança por parte do professor consistem em:

- **Informar**
  - Aborde o tema de saúde mental na escola, pois isso diminui o estigma e estimula a procura espontânea por ajuda quando necessário.
  - Fale sobre situações estressoras e dê oportunidade para que surjam questionamentos e métodos de lidar com elas diferentes dos seus.
- **Escutar**
  - Quando procurado, mostre-se aberto a ouvir, sem julgamentos.
  - Tenha uma postura acolhedora e respeitosa.
- **Encaminhar**
  - Procure conhecer os serviços de saúde mental da região e saiba quem pode oferecer ajuda.
  - Quando necessário, oriente os pais a buscarem um serviço de saúde mental.
- **Solicitar ajuda sempre que necessário**
  - Profissionais especializados nesses transtornos podem ajudar sempre que preciso.

O QUE É ESTIGMA?

Estigma é um conjunto de atitudes e crenças negativas que levam o público em geral a temer, rejeitar, evitar e discriminar os portadores de algum transtorno mental. Ele atua sempre que pessoas são julgadas negativamente (como figuras atrapalhadas, violentas ou incompetentes, por exemplo) apenas pela suspeita de apresentarem um transtorno mental. O estigma é um dos problemas de maior impacto na saúde mental, a ponto de algumas pesquisas demonstrarem que seu efeito pode ser mais prejudicial para a pessoa em questão do que a própria condição patológica. Certamente, ele é um dos fatores pelo qual, no mundo inteiro, se estima que mais de 70% das pessoas que necessitam de algum tipo de atendimento em saúde mental não o busquem. O estigma está relacionado a três componentes básicos:

- **Falta de informação:** embora estejamos vivendo em um período em que a quantidade de informação disponível é enorme, o conhecimento popular a respeito dos transtornos mentais ainda é muito pouco. Por exemplo, demonstrou-se que mais da metade das pessoas envolvidas em um estudo norte-americano considerou adequada a afirmação "alguém que não pode se responsabilizar por suas ações" para descrever uma pessoa com um transtorno mental.

- **Preconceito (atitudes negativas):** envolve *pensamentos* e *emoções* negativos, como ansiedade, raiva, nojo, etc., que podem fazer alguns indivíduos passarem a evitar pessoas com transtorno mental.
- **Discriminação (comportamentos negativos):** envolve *atitudes* de rejeição e evitação com relação ao portador. Ações como negar uma matrícula a um aluno com dificuldades são consideradas discriminação. Outro caso de discriminação bastante complicado pode ser chamado de autoestigma. Essa situação ocorre quando a própria pessoa que apresenta o transtorno passa a se enxergar de maneira negativa, com base no estigma dos demais, evitando iniciar o tratamento ou o interrompendo antes do estipulado, por exemplo.

Lidar com o estigma não é tarefa fácil. Existem, no entanto, algumas medidas que podem ser tomadas, dentro e fora de sala de aula, para que essa realidade se modifique.

ORIENTAÇÕES

1. Busque informações sobre saúde mental que sejam comprovadas cientificamente. Quanto mais informação, melhor você irá lidar com o preconceito e a discriminação. Por exemplo, uma das informações mais prejudiciais a respeito dos portadores de transtornos mentais é a de que seriam mais agressivos do que a população em geral. Essa afirmação, no entanto, é completamente infundada do ponto de vista de pesquisa.
2. Contando com informações comprovadas cientificamente e sensibilidade, fale abertamente sobre transtornos mentais.
3. Tome cuidado com o linguajar. Expressões como "louco", "surtado", "não bate bem da cabeça" são altamente estigmatizantes.
4. Discuta a exposição estigmatizante dos transtornos mentais na mídia.
5. Posicione-se contra o estigma sempre que possível.
6. Apoie instituições que lutem contra o estigma.
7. Evite o estigma conversando com seus alunos sobre as necessidades específicas de cada um, com transtorno mental ou não (Wahl, 1999).

CONSIDERAÇÕES FINAIS

Ensinar é uma tarefa que impõe desafios diários e variados ao educador. Ensinar uma criança com problemas é ainda mais desafiador, pois cada criança é única. Em muitos desses casos, o educador se sente desorientado, cansado, desanimado e sem apoio. Entretanto, prover o ensino adequado às necessidades dessas crianças é inquestionável, e, nesse sentido, as leis de inclusão são cada vez mais consideradas.

Os transtornos mentais **não são** apenas problemas comportamentais, como muitas vezes se infere. Esse tipo de raciocínio acaba, de maneira muito negativa, conectado à crença de que "a culpa é sempre dos pais", gerando a ideia de que esses problemas são de responsabilidade exclusiva da criança ou de seus familiares. Como um dos protagonistas ao longo do processo de desenvolvimento de crianças e adolescentes, o educador tem também um papel junto aos portadores de um transtorno mental, oferecendo seu conhecimento e experiência diante das dificuldades de aprendizagem, assim como auxiliando na identificação precoce de problemas e transtornos e durante o tratamento.

REFERÊNCIAS

AMERICAN PSYCHIATRIC ASSOCIATION. *Diagnostic and statistical manual of mental disorders* – DSM. 5. ed. Arlington: APA, 2013.

CLASSIFICAÇÃO INTERNACIONAL DE DOENÇAS. *Classificação de transtornos mentais e de comportamento da CID 10:* descrições clínicas e diretrizes diagnósticas. Porto Alegre: Artmed, 1993.

WAHL, O. F. *Telling is risky business:* mental health consumers confront stigma. New Brunswick: Rutgers University Press, 1999.

WORLD HEALTH ORGANIZATION. *Constitution of the World Health Organization.* Geneva: WHO, 1948.

LEITURAS RECOMENDADAS

ANGOLD, A.; COSTELLO, E. J. Nosology and measurement in child and adolescent psychiatry. *J Child Psychol Psychiatry,* v. 50, n. 1-2, p. 9-15, 2009.

BRIDGE, J. A. et al. Placebo response in randomized controlled trials of antidepressants for pediatric major depressive disorder. *Am J Psychiatry,* v. 166, n. 1, p. 42-49, 2009.

MUSTO, D. F. Prevailing and shifting paradigms: a historical perspective. In: MARTIN, A.; VOLKMAR, F. R. (Ed.). *Lewis's child and adolescent psychiatry.* A comprehensive textbook. Philadelphia: Lippincott Williams & Wilkins, 2007. p. 11-16.

PENN, D. L.; MARTIN, J. The stigma of severe mental illness. Some potential solutions for a recalcitrant problem. *Psychiatric Quarterly,* v. 69, n. 3, p. 235-247, 1998.

REGIER, D. A. et al. The de facto US mental and addictive disorders service system. Epidemiologic catchment area prospective 1-year prevalence rates of disorders and services. *Archives of General Psychiatry,* v. 50, n. 2, p. 85-94, 1993.

RUTTER, M. Understanding and testing risk mechanisms for mental disorders. *J Child Psychol Psychiatry,* v. 50, n. 1-2, p. 44-52, 2009.

SADOCK, B. J.; SADOCK, V. A.; RUIZ, P. *Kaplan and Sadock's comprehensive textbook of psychiatry.* 9. ed. Philadelphia: Lippincott Williams & Wilkins, 2009.

UNITED STATES. Public Health Service. Office of the Surgeon General. *Mental health:* a report of the Surgeon General. Bethesda: National Institute of Mental Health, 1999. Disponível em: <http://www.surgeongeneral.gov/library/mentalhealth/home.html>. Acesso em: 24 mar. 2014.

3
Promoção da saúde mental e prevenção de transtornos mentais no contexto escolar

Rodrigo Affonseca Bressan
Christian Kieling
Gustavo M. Estanislau
Jair de Jesus Mari

EM BUSCA DE UM ENFOQUE NA SAÚDE

Até pouco tempo, as pesquisas em saúde mental estavam voltadas predominantemente para o estudo dos transtornos mentais, como a depressão e a esquizofrenia. Isso nos permitiu compreender melhor como tais transtornos se desenvolvem, como nos afetam e quais são as possibilidades de tratamento. Essa abordagem "centrada no transtorno" beneficiou um número enorme de indivíduos; porém, ao enfatizar a doença, induziu o público leigo a associar, de forma indiscriminada, saúde mental a transtornos mentais, alimentando preconceitos e distanciando as pessoas de um assunto tão importante.

Com o tempo, a constatação de que os transtornos mentais são muito mais prevalentes do que se imaginava e de que os tratamentos disponíveis apresentam limitações fez com que estratégias com enfoque no fortalecimento da saúde e na redução dos riscos para a doença passassem a ser cada vez mais valorizadas.

Graças a isso, nos últimos 30 anos, o campo da promoção em saúde mental e da prevenção de transtornos mentais vem ganhando espaço. Ao expandir o conceito de "saúde mental" a algo muito mais rico do que o enfoque exclusivo nas doenças mentais, um número muito maior de pessoas passou a considerar a saúde mental de maneira mais consciente, responsável e menos estigmatizada.

Isso já acontece há muito tempo em relação à "saúde física". Por exemplo, uma pessoa, mesmo sabendo que está fisicamente saudável, compreende que cuidados com a alimentação, exercícios físicos regulares e a evitação de maus hábitos como o fumo fortalecem sua saúde, resguardando-a de doenças.

Seguindo esse princípio, estudos têm demonstrado que as iniciativas de promoção e prevenção têm apresentado resultados promissores quanto à redução do número de novos casos psiquiátricos, da gravidade dos casos que não puderam ser evitados e das recaídas de pessoas em tratamento.

A IMPORTÂNCIA DA ABORDAGEM PRECOCE

O desenvolvimento humano é caracterizado por uma série de transformações físicas e psicológicas que levam o indivíduo a ter competência para interagir com o mundo de forma produtiva e independente. Ao longo desse processo, aspectos como o amadurecimento de padrões de raciocínio, de interação social e hábitos de vida são, por si só, desafiadores, e as crescentes responsabilidades da vida tornam essa trajetória ainda mais complexa. Nesse sentido, os cuidados à saúde mental da criança e do adolescente têm-se mostrado um fator fundamental para que essa trajetória seja percorrida de maneira satisfatória.

Dentre os diversos pontos positivos das abordagens preventivas e precoces, podemos incluir:

- Beneficiam **a todos**, pois partem do princípio de que todos temos saúde mental e de que esta é um aspecto que deve ser cultivado por qualquer pessoa e não só por aqueles em maior risco de desenvolver um transtorno.
- Como o conhecimento atual é de que a grande maioria dos transtornos mentais tem início na juventude, intervenções precoces são estratégicas ao **favorecer a identificação precoce de problemas e transtornos**.
- Ao comtemplar estágios iniciais do desenvolvimento (e de potenciais transtornos), intervenções precoces podem ser bastante efetivas mesmo com estratégias "mais simples" (como mudança de hábitos, orientações aos pais, etc.).

Investir na saúde mental de crianças e adolescentes é necessário, possível e eficaz.

A maioria dos jovens, mesmo que estejam expostos a muitos riscos e adversidades, **não apresenta nenhum transtorno mental**.

O QUE É SAÚDE MENTAL?

Em 2005, a Organização Mundial da Saúde definiu saúde mental na infância e na adolescência como

> [...] a capacidade de se alcançar e se manter um funcionamento psicossocial e um estado de bem-estar em níveis ótimos.[...] Ela auxilia o jovem a perceber, compreender e interpretar o mundo que está a sua volta, a fim de que adaptações ou modificações sejam feitas em caso de necessidade [...] (World Health Organization, 2005).

Por sua vez, transtornos mentais foram relacionados com "a dificuldade que uma criança pode ter de alcançar um nível ótimo de competência e funcionamento".

No entanto, saúde e transtornos não são, como se pode pensar, condições perfeitamente opostas. Uma pessoa considerada saudável pode apresentar sentimentos e pensamentos desagradáveis, e quem desenvolve um transtorno também pode apresentar núcleos de saúde que devem ser considerados. Ou seja, ambas as condições são muito variáveis e, por isso mesmo, não são "rotuláveis".

O que exatamente é a mente?

Mente é um construto que vem sendo desenvolvido por filósofos há séculos e surgiu da dicotomia entre corpo e alma. A mente é difícil de definir e localizar. Vários filósofos contemporâneos estão enfrentado o desafio de definir a mente e, para tanto, vêm trabalhando em conjunto com cientistas. Entre eles, destaca-se Steven Pinker (1998), que a define da seguinte forma: "A mente é o que a mente faz [...]". Essa perspectiva se aproxima da definição de saúde mental da Organização Mundial da Saúde citada anteriormente, que aborda a mente a partir da sua capacidade para lidar com as situações de estresse do ambiente.
Etimologicamente, o termo vem do latim *mèntem*, que significa pensar, conhecer e entender; significa também medir, no sentido de que alguém que pensa mede e pondera as ideias. "Mente" também é um conceito bastante utilizado para descrever as funções superiores do cérebro humano, particularmente aquelas funções que tornam os seres humanos conscientes, como a interpretação, os desejos, o temperamento, a imaginação, a linguagem, os sentidos, vinculadas ao pensamento, à razão, à memória, à intuição e à inteligência. Por isso, o termo também descreve a personalidade e costuma designar capacidades humanas.

O QUE SÃO FATORES DE RISCO?

Fatores de risco são ameaças à saúde de uma pessoa. Eles podem aumentar as chances de uma pessoa desenvolver um transtorno, assim como podem piorar o quadro de alguém que já tem um transtorno.

Mais especificamente, no que diz respeito à saúde mental, um mesmo fator de risco pode trazer múltiplas complicações. Por exemplo, conflitos familiares podem se relacionar com problemas de conduta na criança, depressão em mulheres adultas e dependência de álcool tanto para homens quanto para mulheres.

Fatores de risco podem ser *modificáveis* (a redução do número de armas de fogo em casa, na prevenção ao suicídio, por exemplo) ou *não modificáveis* (p. ex., a presença de risco genético para um transtorno).

Um fator de risco não tem o mesmo impacto para todas as pessoas. Ele deve ser observado de forma cautelosa, considerando-se a etapa do desenvolvimento em que a pessoa se encontra (a morte de um parente pode representar coisas completamente diferentes para uma criança pequena e para um adolescente), características individuais, como fatores pessoais, e a cultura em que ela está inserida, entre outros aspectos. Como a presença de apenas um fator de risco não é um parâmetro muito claro de ameaça à saúde, é preferível que se considere o conjunto de fatores de risco a um fator de risco isolado.

O QUE SÃO FATORES DE PROTEÇÃO?

Fatores protetores são fatores que fortalecem aspectos saudáveis do indivíduo. Eles podem ser ambientais, como bom convívio familiar ou bom desempenho escolar, ou competências pessoais, como autoestima positiva e habilidades de socialização. Alguns exemplos de fatores de risco e de proteção são apresentados no Quadro 3.1.

Acredita-se que um dos fatores protetores mais importantes para uma pessoa é a estimulação dos pais durante os primeiros anos do indivíduo, pois as experiências vividas nesse período servem de "laboratório" para o desenvolvimento de estratégias que serão utilizadas ante os obstáculos da vida.

Fatores protetores agrupados favorecem o que chamamos de *resiliência*.

> **Resiliência** é a capacidade de se manter competente mesmo sob forte carga de estresse, retirando dos momentos de desafio lições fortalecedoras. A resiliência é constituída de fatores inatos, como o temperamento, e de fatores que podem ser cultivados, como o apoio da família.

De forma resumida, o conjunto de fatores de risco interagindo com o conjunto de fatores protetores disponíveis resulta em maior ou menor probabilidade de uma pessoa desenvolver um transtorno mental.

PROMOÇÃO E PREVENÇÃO EM SAÚDE MENTAL

A **promoção de saúde mental** acontece em ações que estimulam as *potencialidades* de uma pessoa (ou de um grupo de pessoas) em busca de fortalecimento de aspectos saudáveis. Como todos temos núcleos de saúde, a promoção da saúde mental pode ser realizada inclusive com quem está convivendo com um transtorno mental. Alguns exemplos de iniciativas de promoção da saúde mental podem incluir treinamentos de habilidades socioemocionais ou campanhas de estímulo à atividade física, já que a saúde do corpo está diretamente ligada à saúde da mente.

> Em 2005, a Organização Mundial da Saúde definiu o sono, os exercícios físicos e a adaptação ao estresse como a tríade básica da promoção da saúde mental (World Health Organization, 2005).

> A promoção da saúde mental aborda a saúde mental positiva, por meio do cultivo de aspectos pessoais e ambientais potencialmente positivos. A prevenção de transtornos mentais visa aos transtornos, por meio de estratégias que têm a finalidade de evitar seu surgimento e/ou reduzir seu impacto.

QUADRO 3.1
Alguns fatores de risco e de proteção de acordo com o contexto

Contexto	Fatores de risco	Fatores de proteção
Individual	Problemas na gestação ou durante o parto Genética familiar Má nutrição Inteligência abaixo da média Problemas de comunicação Temperamento difícil Poucas habilidades sociais, isolamento Problemas físicos, dor crônica Insônia Acesso a drogas	Desenvolvimento normal Bons recursos de inteligência Senso de humor Capacidade de autocontrole Autoestima positiva Habilidade de enfrentar desafios Autonomia adequada para a idade Habilidade de aprender com as experiências Comportamento pró-social Prática de exercícios físicos
Familiar	Conflito familiar Maus-tratos e traumas Familiar com problema mental Morte de um familiar Pouca disciplina na família Falta de rotina e maus hábitos Pais desatentos Divórcio	Contato mãe-bebê satisfatório Convivência familiar positiva Estímulo à expressão de sentimentos Pais que estimulam cognitivamente seus filhos, envolvidos com a escola Regras familiares claras e consistentes Pais atentos aos hábitos dos filhos Pais que acreditam no sucesso dos filhos
Escolar	Fracasso escolar *Bullying* Ambiente escolar que expõe a criança a riscos	Escola que estimula a sensação de pertencimento Escola que reconhece o esforço do aluno Escola que estimula os bons hábitos
Comunitário	Pobreza Violência Discriminação Condições de moradia ruins Amigos que não reforçam bons hábitos e valores	Oportunidades de lazer (esportes, dança, religião, etc.) Segurança na comunidade Jovem recebe suporte de três ou mais adultos, fora os pais Jovem se sente valorizado na comunidade

A prevenção de transtornos mentais é um conjunto de estratégias que busca impedir que um transtorno mental se instale ou, ao menos, que busca reduzir o impacto desses transtornos na vida de uma pessoa. Suas ações basicamente reduzem fatores de risco associados aos transtornos mentais. Existem duas classificações bastante conhecidas para prevenção em saúde mental. A mais antiga divide-se em *prevenção primária* (para pessoas sem transtorno)*, secundária* (para pessoas com quadro inicial do transtorno) e *terciária* (para pessoas com o transtorno já instalado).

- **Prevenção primária:** reduz fatores de risco que podem deixar a pessoa vulnerável a um transtorno. Exemplos: campanhas contra *bullying* ou ação contra abuso infantil.
- **Prevenção secundária:** identifica e possibilita o tratamento precoce de pessoas com quadros iniciais. Exemplos: programas de rastreamento para depressão ou risco de suicídio. Na saúde pública, uma ação bastante conhecida são os exames de mamografia, em que se detectam casos em estágios iniciais, que tendem a responder melhor a um tratamento.
- **Prevenção terciária:** reabilita ou reduz o prejuízo causado por um transtorno instalado há mais tempo. Exemplos: ações que buscam impedir que uma pessoa desenvolva uma comorbidade (uma pessoa que tinha ansiedade social e que, com o tempo, passa a correr o risco de se tornar dependente ao álcool), desenvolva hábitos ruins (como isolar-se ou começar a alimentar-se mal) ou não consiga aderir ao tratamento, facilitando muito uma recaída.

A segunda classificação das intervenções preventivas é mais recente (Institute of Medicine, 1994) e divide-se em *universal* (para um gupo de pessoas independentemente do risco de desenvolver um transtorno), *seletiva* (para um grupo de pessoas em risco relativo de desenvolver um transtorno) *e indicada* (para um grupo de pessoas em alto risco de desenvolver um transtorno), ou seja, utiliza como ponto de referência o público para o qual as intervenções se destinam. Essa classificação postula que *prevenção* é algo que ocorre antes do diagnóstico.

- **Prevenção universal:** beneficia um grupo geralmente grande de pessoas, sem diferenciar o risco que elas têm para desenvolver um problema. Exemplo: campanha de obrigatoriedade do uso de cinto de segurança, ou as campanhas de *marketing* no combate às drogas. Todas as atividades que fazem bem ao corpo ou ao cérebro fortalecem a saúde mental. Portanto, ações que estimulem exercícios físicos, o aprendizado acadêmico, a boa qualidade do sono, a rotina diária, relações sociais positivas, a nutrição e o lazer (música, dança, teatro, etc.) são campanhas universais de prevenção em saúde mental. Intervenções que aumentem o conhecimento da população sobre saúde mental (tanto da saúde quanto dos transtornos) também são classificadas como campanhas universais de prevenção.

- **Prevenção seletiva:** é voltada para grupos de pessoas que têm riscos biológicos, psicológicos ou sociais de desenvolver um transtorno. Exemplo: acompanhamento em psicoterapia de pessoas que sofreram abuso físico ou sexual ou que têm um familiar portador de algum transtorno mental mais grave.
- **Prevenção indicada:** é dedicada geralmente a um número menor de pessoas com mais alto risco de desenvolver um transtorno, identificadas por apresentarem sinais ou sintomas detectáveis, porém que ainda não são suficientes para um diagnóstico propriamente dito. Parte do princípio de que o diagnóstico e o tratamento precoces levam a um desfecho mais positivo para os casos. Exemplo: o Programa de Identificação de Indivíduos em Estados Mentais de Risco (Prisma/Unifesp) avalia e dá acompanhamento a jovens que apresentam sintomas leves ou breves de síndromes psicóticas e transtorno bipolar, buscando intervir em estágios iniciais desses transtornos e obter um prognóstico mais positivo.

ESTRATÉGIAS DE PREVENÇÃO

Até o momento, mais de 400 estudos bem conduzidos já avaliaram intervenções para prevenir a ocorrência de problemas de saúde mental. Os programas de promoção e prevenção têm demonstrado resultados mais evidentes em populações mais desfavorecidas e para pessoas que apresentam maior prejuízo de funcionamento. De modo geral, as estratégias preventivas são desenvolvidas de acordo com a fase da vida do indivíduo (Figura 3.1). Considerando fatores de risco e de proteção durante essas fases, existem múltiplas oportunidades para intervenção ao longo do ciclo vital.

Algumas oportunidades de intervenção

1. As ações preventivas mais precoces são as que têm enfoque na pré-concepção, voltadas para a redução das gestações indesejadas, por estas representarem situações de risco para a saúde mental tanto da mãe quanto do filho.
2. Após a concepção, ações de cuidado pré-natal – principalmente de reforço nutricional à dupla mãe-bebê – têm sido muito bem-sucedidas. Programas que utilizaram esse tipo de metodologia proporcionaram, entre uma série de benefícios, melhora no rendimento escolar dessas crianças ao crescerem,

(Continua)

(Continuação)

e, como melhor rendimento escolar é um importante fator de proteção para a saúde mental, infere-se que esse tipo de iniciativa tenha alto poder de prevenção.

3. Visitas domiciliares de aconselhamento para gestantes ou mães de crianças até 3 anos com a finalidade de melhorar o vínculo mãe-bebê têm apresentado grande impacto tanto para a saúde mental da mãe quanto para a do bebê. Por aconselhamento, entendam-se orientações sobre como cuidar e brincar com a criança, técnicas de manejo e escuta à gestante. As vantagens desse tipo de programa são duradouras: um estudo demonstrou que a redução dos problemas de conduta manteve-se mesmo após esses indivíduos completarem 15 anos. Outro programa de estimulação precoce, que incluiu dois anos de visitas domiciliares para famílias de crianças com raquitismo, reduziu os níveis de ansiedade, depressão e déficit de atenção, assim como aumentou a autoestima desses indivíduos, avaliados aos 18 anos de idade.
4. Programas de treinamento de habilidades de pais que estimulam a interação entre pais e seus filhos têm demonstrado melhorar a capacidade da criança de resolver seus problemas, aprimorar suas habilidades sociais e reduzir problemas de comportamento na escola e em casa.
5. Nos primeiros anos da fase escolar, intervenções que estimulem o desenvolvimento acadêmico e de habilidades sociais e emocionais são as mais estudadas.
6. Já na adolescência, intervenções mais direcionadas a questões específicas parecem ser apropriadas (p. ex., programas que busquem prevenir uso de drogas ou episódios de comportamento sexual de risco). Muitas dessas intervenções preventivas têm sido integradas com sucesso em ambientes escolares, inclusive em países em desenvolvimento.

CONSIDERAÇÕES FINAIS

A prevenção de problemas de saúde mental, hoje em dia, é pensada da mesma forma que a prevenção de doenças físicas, e, nesse contexto, as escolas têm um papel fundamental. Porém, para que isso aconteça, é necessário que se desenvolva uma linguagem comum sobre saúde mental e os transtornos associados a fim de que profissionais da educação e da saúde, famílias e as pessoas com problemas possam se comunicar melhor. Estudos recentes vêm demonstrando que essas estratégias, dentro das escolas, diminuem o estigma, aumentam a eficiência do professor e melhoram o rendimento acadêmico dos alunos e que, portanto, deveriam ser tratadas como prioridade no que tange ao cuidado com crianças e adolescentes.

| Pré-concepção | Pré-natal | Lactente | Bebê | Criança | Pré-adolescente | Adolescente | Adulto jovem |

← Prevenção da gravidez → ← Cuidados pré-natais →

← Visitas domiciliares →

← Treinamento de habilidades parentais →

← Treinamento de habilidades sociais e comportamentais → ← Intervenções escolares: uso de drogas agressividade comportamento sexual de risco →

← Prevenção: adversidades na família (específicas) Trauma/abuso na infância, divórcio, criminalidade parental →

← Intervenções de base comunitária →

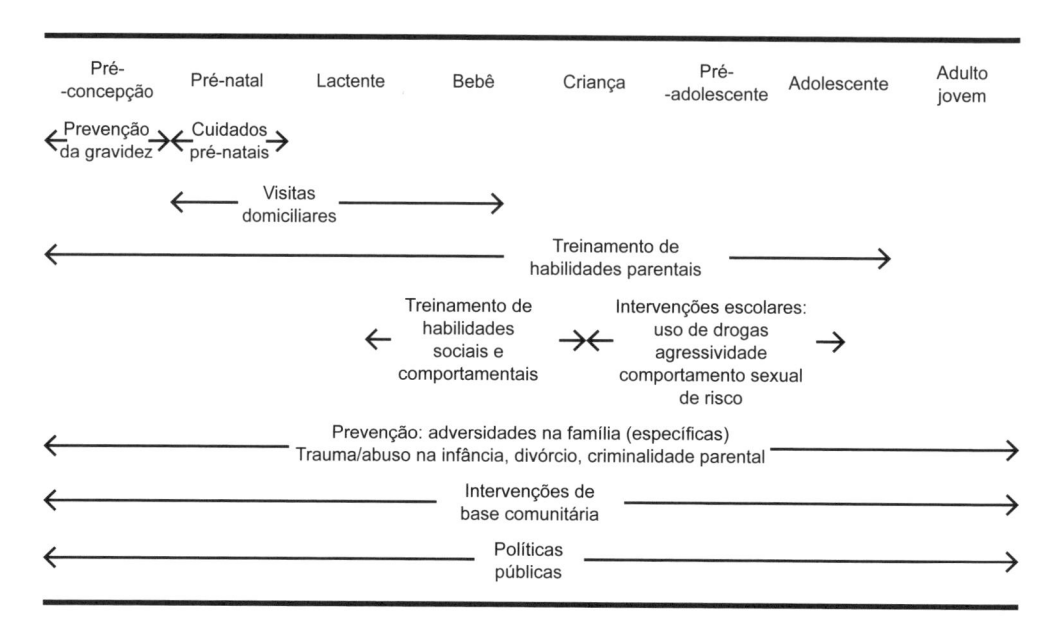

← Políticas públicas →

▶ **Figura 3.1** Oportunidades para intervenções preventivas conforme as fases do desenvolvimento.
Fonte: O'Connell, Boat e Warner (2009).

REFERÊNCIAS

INSTITUTE OF MEDICINE. *Prevention of mental disorders and substance abuse among children, youth, and young adults*: research advances and promising interventions. [S.l: s.n], 1994.

O'CONNELL, M. E.; BOAT, T.; WARNER, K. E. *Preventing mental, emotional, and behavioral disorders among young people:* progress and possibilities. Washington: National Academies Press, 2009.

PINKER, S. *Como a mente funciona.* São Paulo: Companhia das Letras, 1998.

WORLD HEALTH ORGANIZATION. *Promoting mental health:* concepts, emerging evidence and practice. Genebra: WHO, 2005.

LEITURAS RECOMENDADAS

ADELMAN, H. S.; TAYLOR, L. Shaping the future of mental health in schools. *Psychol Sch,* v. 37, n. 1, p. 49-60, 2000.

ATKINS, M. S. et al. Toward the integration of education and mental health in schools. *Adm Policy Ment Health,* v. 37, n. 1-2, p. 40-47.

BRASIL. Lei nº 8.069, de 13 de julho de 1990. Dispõe sobre o estatuto da criança e do adolescente, e dá outras providências. *Diário Oficial [da] República Federativa do Brasil.* Brasília, 1990. Disponível em: <http://www.planalto.gov.br/ccivil_03/leis/l8069.htm>. Acesso em: 24 mar. 2014.

BRASIL. Ministério da Educação e do Desporto. *Parâmetros curriculares nacionais.* Brasília: Ministério da Educação e do Desporto, 1997.

BRONFENBRENNER, U. *Ecology of human development.* Cambridge: Harvard University Press, 1979.

BRUNS, E. J. et al. School-based mental health services in Baltimore: association with school climate and special education referrals. *Behav Modif,* v. 28, n. 4, p. 491-512, 2004.

CRAWFORD, S.; CALTABIANO, N. J. The school professionals' role in identification of youth at risk of suicide. *Aust J Teach Educ,* v. 34, n. 2, p. 28-39, 2009.

DRYFOOS, J. G.; BRINDIS, C.; KAPLAN, D. W. Research and evaluation in school-based health care. *Adolesc Med,* v. 7, n. 2, p. 207-220, 1996.

GONÇALVES, F. D. et al. A promoção da saúde na educação infantil. *Interface,* v. 12, n. 24, p. 181-192, 2008. Disponível em: <http://www.scielo.br/pdf/icse/v12n24/13.pdf>. Acesso em: 24 mar. 2014.

HOVEN, C. W. et al. Worldwide child and adolescent mental health begins with awareness: a preliminary assessment in nine countries. *Int Rev Psychiatry,* v. 20, n. 3, p. 261-270, 2008.

PUURA, K. et al. Children with symptoms of depression -- what do the adults see? *J Child Psychol Psychiatry,* v. 39, n. 4, p. 577-585, 1998.

RESNICK, M. D. et al. Protecting adolescents from harm: findings from the national study on adolescent health. *JAMA,* v. 278, n. 10, p. 823-832, 1997.

RINGEISEN, H.; HENDERSON, K.; HOAGWOOD, K. Context Matters: schools and the "research to practice gap" in children's mental health. *School Psych Rev,* v. 32, n. 2, p. 153-168, 2003.

VIEIRA, M. A.; BRESSAN, R. A.; BORDIN, I. A. *Capacitação de professores de uma escola pública de São Paulo visando à identificação e encaminhamento de adolescentes com problemas de saúde mental.* São Paulo: [s.n.], 2012.

WEIST, M. D. Challenges and opportunities in expanded school mental health. *Clin Psychol Rev,* v. 19, n. 2, p. 131-135, 1999.

WEIST, M. D.; PATERNITE, C. A. Building an interconnected policy-training-practice--research agenda to advance school mental health. *Educ Treat Child,* v. 29, n. 2, p. 173-196, 2006.

WINNICOTT, D. W. *O brincar e a realidade.* Rio de Janeiro: Imago, 1975.

WORLD HEALTH ORGANIZATION. *Health promotion evaluation:* recommendations to policymakers. Copenhagen: European Working Group on Health Promotion Evaluation, 1998.

4

Aprendizagem socioemocional na escola

Cristiane Tacla
Maria de Betânia Paes Norgren
Leandra de Souza Pereira Ferreira
Gustavo M. Estanislau
Adriana Fóz

Crescer é um processo complexo, repleto de desafios. Fazer amigos, alcançar boas notas, aceitar as frustrações por não ter o corpo que se quer e escolher uma profissão são apenas alguns deles. Independentemente das dificuldades que possam representar, as situações desafiadoras, se enfrentadas de maneira competente, oferecem a oportunidade única da *aprendizagem socioemocional*, processo fundamental para um crescimento saudável e assunto abordado neste capítulo.

DEFININDO APRENDIZAGEM SOCIOEMOCIONAL

O termo "aprendizagem socioemocional" (*social and emotional learning* – SEL) foi definido no ano de 1994, em uma conferência que reuniu especialistas em saúde e educação no Instituto Fetzer (Michigan, EUA). A partir dela, a aprendizagem socioemocional (ASE) passou a ser compreendida como o processo de aquisição e reforço de habilidades socioemocionais (HSEs), ou seja, habilidades que auxiliam a pessoa a lidar consigo mesma, a relacionar-se com os outros e a executar tarefas (estudar, trabalhar, etc.) de maneira competente e ética. De acordo com os pesquisadores da Colaborative for Academic, Social and Emotional Learning (CASEL), essas competências referem-se a pensamentos, sentimentos e comportamentos e podem ser agrupadas em cinco aspectos centrais:

- **Autoconhecimento:** diz respeito ao reconhecimento das próprias emoções, valores, autoeficácia e limitações.
- **Consciência social:** ligada ao cuidado e à preocupação com as outras pessoas, assim como à capacidade de perceber a emoção do

outro e aceitar sentimentos diferentes dos seus; apreciar a diversidade e respeitar o próximo.

- **Tomadas de decisão responsável:** conseguir identificar verdadeiros problemas, analisar e refletir sobre a situação; ter habilidade de resolução de problemas por meio de atitudes baseadas em preceitos éticos, morais e com fins construtivos.
- **Habilidade de relacionamento:** baseada na formação de parcerias positivas, pautadas pelo compromisso, pela cooperação, pela comunicação efetiva e pela flexibilidade na negociação de acordos, possibilitando que a pessoa lide satisfatoriamente com conflitos que possam surgir; saber solicitar e prover ajuda.
- **Autocontrole:** relacionado à capacidade de autogerenciamento de comportamentos e emoções a fim de atingir uma meta. Orienta a motivação interna e, consequentemente, a disciplina e a persistência ante desafios. Nesse sentido, pode utilizar-se de ferramentas como a organização, o humor e a criatividade.

Ao entrar na escola, as crianças já dispõem de HSEs desenvolvidas, em maior ou menor grau. A partir de então, os educadores se associam aos pais na tarefa de estimular essas competências junto a seus educandos. As HSEs podem ser consideradas indicadores de saúde por reduzirem os riscos de desenvolvimento de comportamentos prejudiciais, assim como por auxiliarem nos casos em que esses comportamentos já surgiram e naqueles em que já se tornaram hábitos. Além disso, por melhorarem a capacidade de adaptação da pessoa às dificuldades que enfrenta, reduzem os níveis de estresse, passando a prevenir problemas comportamentais como evasão escolar, agressividade excessiva e o uso de substâncias.

Com o tempo, os indivíduos que estruturam satisfatoriamente as HSEs passam a apresentar mais senso de controle sobre suas vidas, deixando de se sentirem predominantemente controlados por aspectos externos; tornam-se responsáveis por suas escolhas, adquirem um viver mais integrado, mais saudável e com melhor qualidade.

A INFLUÊNCIA DA APRENDIZAGEM SOCIOEMOCIONAL NO CONTEXTO ESCOLAR

Em um período em que a assistência à saúde tem cada vez mais sido concentrada na promoção e na prevenção e em que as escolas têm sido destacadas por seu potencial como núcleos de "disseminação de saúde", a introdução de professores à área das HSEs torna-se imprescindível. Se, além disso, considerarmos que a competência socioemocional está intimamente relacionada ao processo de aprendizagem – e, portanto, ao trabalhar na formação pessoal de seus alunos, educadores observarão resultados acadêmicos mais satisfatórios –, a necessidade dessa iniciativa torna-se inquestionável. O importante estudo de Wang, Haertel e Walberg (1990), ao investigar quais eram os fatores que mais atuavam no processo de aprendizagem na sala de aula, detectou 28 tipos de influências. Entre as 11 mais relevantes, 8 estavam fortemente vinculadas a HSEs.

> **As 8 influências socioemocionais mais relevantes apontadas pelo estudo são**
>
> 1. **Gerenciamento da sala de aula**: capacidade que o professor tem de fazer da sala de aula um ambiente dinâmico, mantendo a atenção da classe ao perguntar coisas, pedir para que o grupo repita um conceito, etc. Essa característica, considerada a mais importante entre as 28, aumenta a participação e reduz os comportamentos inadequados na sala de aula.
> 2. **Apoio dos pais no processo de aprendizagem**: a presença ativa dos pais no processo de aprendizagem comprovadamente aumenta o rendimento, reduz a evasão, a delinquência, gestações indesejadas, etc.
> 3. **Vínculo entre professor e aluno**: aumenta a autoestima e a sensação de pertencimento do aluno em relação à turma.
> 4. **Atributos sociais e de comportamento**: estudantes que se envolvem em relacionamentos e situações construtivas/positivas têm melhor rendimento.
> 5. **Motivação e atributos afetivos**: aumentam o esforço e a perseverança, requisitos fundamentais à aprendizagem.
> 6. **Grupo de amigos**: o grau de "aspiração acadêmica" dos colegas está relacionado com o sucesso acadêmico do aluno.
> 7. **Cultura da escola**: ao demonstrar nitidamente seu compromisso como veiculadora de aprendizagem, a escola aumenta a expectativa acadêmica do aluno.
> 8. **Clima na sala de aula**: cooperação entre alunos e professor; valores, interesses e busca de objetivos de aprendizagem em comum; tarefas de casa bem planejadas e bem organizadas; foco acadêmico claro; nível de dificuldade das tarefas adequado para a classe.

Um educador em posse de conhecimentos sobre ASEs, sabendo de sua importância para a formação da personalidade de seus alunos, compreendendo como tais habilidades influenciam positivamente no processo de ensino-aprendizagem e sabendo como aplicar esses conhecimentos na sala de aula, tem em mãos uma ferramenta muito valiosa. Além disso, informações sobre HSEs também tendem a auxiliar educadores a lidar com seus próprios sentimentos (entre eles o estresse) e a atuar de maneira mais habilidosa na resolução de problemas pessoais.

Como discutido no Capítulo 1, o objetivo, ao apresentar ao educador esse conjunto de conhecimentos, não é sobrecarregá-lo, mas empoderá-lo, sendo uma escolha dele utilizá-los ou não. Além disso, antes que se pense que intervenções voltadas às ASEs sejam de difícil aplicação ou só possam ser contempladas por meio de programas extensivamente planejados, é relevante citar que, em situações cotidianas, como, por exemplo, quando pergunta para a classe "Como vocês estão?", quando demonstra satisfação com as qualidades de um aluno ou quando interfere em uma discussão na sala de aula, o professor já está atuando em algumas das possibilidades vinculadas às ASEs.

PROGRAMAS DE APRENDIZAGEM SOCIOEMOCIONAL NA ESCOLA

Embora a ASE possa (e deva) ser estimulada diariamente, no convívio em sala de aula (e fora dela também), com a finalidade de fomentar bons hábitos nos alunos, ela é frequentemente sistematizada e disseminada por meio de programas. O conteúdo desses programas é bastante variável, porém, a maioria deles parece contemplar ao menos um dos cinco aspectos centrais da ASE. As atividades de ASE podem acontecer em diversos contextos. Por exemplo, é possível que elas se desenvolvam:

- por meio de um currículo específico de ASE a ser adotado
- adaptadas às disciplinas regulares (como aulas de história, educação física, redação, etc.)
- em ações informais, como na hora do intervalo ou em atividades extracurriculares
- por meio de iniciativas que promovam parcerias entre escola e família
- em situações do dia a dia, como ao intervir em casos de indisciplina

Obviamente, algumas dessas perspectivas são mais trabalhosas do que outras, e fatores como o suporte de familiares e de gestores são fundamentais para que as intervenções funcionem.

Os principais focos de programas de ASE têm sido desempenho acadêmico, sintomas depressivos, uso de drogas, comportamento antissocial e agressivo, saúde mental e desenvolvimento positivo.

CARACTERÍSTICAS DE PROGRAMAS BEM-SUCEDIDOS

Os programas de ASE em escolas utilizam uma série de estratégias educacionais e princípios técnicos para obter sucesso. Uma estratégia básica é a sistematização das práticas e das atividades expositivas, preferencialmente orientadas por material didático. Essas intervenções devem ser implementadas da maneira mais interativa possível (dramatizações ou aplicação de técnicas de *coaching* são boas alternativas), com temas pertinentes e contextualizados, adequados ao estágio de desenvolvimento e à cultura dos alunos. Nesse processo, o professor deve atuar orientando, questionando e estimulando a participação espontânea e autônoma de seus alunos. Apoiar e oferecer retorno positivo quando o jovem apresenta postura social adequada, pró-acadêmica e saudável também é fundamental para que se alcancem as metas propostas. Outra estratégia importante é o investimento de alunos, escola, familiares e comunidade na criação de um ambiente seguro, acolhedor e comprometido com a aprendizagem.

Embora os estudos de avaliação das iniciativas brasileiras ainda sejam poucos (no momento em fase de franca expansão), fora do País eles já fundamentam uma literatura consistente que permite estabelecer alguns princípios básicos que, quando contemplados, favorecem o sucesso do programa.

Princípios básicos para o sucesso de um programa de ASE

1. Iniciar na pré-escola, antes do surgimento de comportamentos de risco mais complicados e a fim de aproveitar a janela de oportunidade para o aprendizado emocional nos pré-escolares.
2. Ser duradouro (durar mais de 12 meses).
3. Contar com o envolvimento de alunos, professores, pais e comunidade.*
4. O objetivo do programa deve estar em sintonia com os objetivos/princípios da escola.
5. O programa deve ser fiel aos seus procedimentos.
6. O planejamento do programa deve ser embasado em teorias já estabelecidas de desenvolvimento, ensino-aprendizagem, ciências preventivas e práticas empiricamente validadas.

*Segundo estudos, programas mais abrangentes têm apresentado grandes desafios de implementação, demandando muita atenção nesse aspecto.

> Nesse contexto, uma interessante metanálise (estudo que resume e avalia as pesquisas de melhor qualidade científica) verificou que programas de ASE aplicados por professores devidamente instruídos e com atividades incorporadas ao dia a dia da sala de aula podem ser até mais efetivos do que aqueles implementados por profissionais da área da saúde mental. Esse estudo também demonstrou que tais programas apresentam benefícios para o desempenho acadêmico dos alunos em qualquer nível de ensino (do fundamental ao médio).

DE QUE MANEIRA OS PROGRAMAS DE ASE BENEFICIAM O ALUNO?

A implementação de programas de ASE visa a promoção de saúde pelo fortalecimento dos fatores de proteção e a prevenção por meio da redução de fatores de risco. Portanto, para que se compreendam os benefícios desse tipo de programa, é interessante que se retomem esses dois conceitos.

- **Fatores de risco:** são condições pessoais, familiares e socioculturais que expõem a criança ou o adolescente a situações contrárias ao processo de desenvolvimento saudável. Por risco entende-se situação de pobreza crônica, família disfuncional, situação de crise (sobretudo a adolescência), doença, desemprego, violência, entre outros.
- **Fatores de proteção:** são condições capazes de aumentar a chance de resoluções construtivas diante de situações adversas, diminuindo a ação dos riscos e favorecendo o processo de desenvolvimento saudável. Podemos relacionar fatores de proteção a atributos pessoais, familiares e comunitários, como, por exemplo, ter temperamento fácil, ser sociável, ter boa autoestima, ter limites e afetos adequados em casa e participar de um grupo social construtivo (religioso, por exemplo).

Quando o jovem se torna capaz de "driblar" emoções negativas para pensar em soluções para seus problemas, ele passa a tomar decisões mais assertivas, criativas e responsáveis que o afastam de situações adversas, como o uso de drogas ou a evasão escolar, por exemplo. Já ao desenvolver aspectos como a autopercepção e a empatia, ocorre uma melhora nas relações interpessoais que acaba favorecendo o vínculo da escola com o aluno e reduzindo os comportamentos hostis e agressivos. Além disso, o aumento da motivação de todos leva à participação mais efetiva em sala de aula e à melhora da autoconfiança dos alunos.

De maneira geral, os estudos têm demonstrado que a maioria desses programas tem sido efetiva (inclusive meses após o encerramento de suas atividades) e que sua implementação é viável e positiva do ponto de vista financeiro.

Algumas experiências de sucesso PATHS® (www.pathstraining.com/main/)

Um tipo de currículo específico bastante implementado nos Estados Unidos é o Promoting Alternative Thinking Strategies (Promovendo Estratégias de Pensamento Alternativas – PATHS). O PATHS promove o conhecimento sobre as emoções, a formação de relacionamentos positivos e as habilidades de resolução de problemas. Estudos vêm demonstrando que esse programa estimula a cognição (capacidade de planejamento, memória de trabalho, controle de impulsos, etc.) de maneira duradoura.

Child Development Project (www.ascd.org)

Outro programa é o Child Development Project (Projeto de Desenvolvimento da Criança). Sua meta é auxiliar escolas a se tornarem ambientes acolhedores, onde valores e regras são priorizados e relacionamentos positivos são estabelecidos. Seus resultados têm demonstrado que alunos que desenvolveram mais senso comunitário apresentaram-se mais motivados e com expectativas de sucesso mais altas. Esses benefícios se mantiveram ao longo do tempo, e vários anos depois um efeito consistente no sucesso acadêmico ainda podia ser observado.

Daqui Pra Frente (www.daquiprafrente.com.br)

É um projeto nacional que desenvolve atividades em escolas, comunidades, entidades governamentais e não governamentais. Capacita professores e atua junto a alunos e familiares. O objetivo é desenvolver a aprendizagem socioemocional em toda a rede, melhorar a comunicação, aperfeiçoar a habilidade de convivência e a solução positiva de conflitos. Realiza programas voltados à cultura de paz e mediação (Souza, 2003). Alguns dos programas foram realizados para a comunidade (Souza, 2002), outros foram realizados em escolas por profissionais de saúde (Souza, 2008; Norgren, 2009) e uma intervenção foi realizada em uma escola, realizada por educadores (Norgren, 2013).

Projeto Cuca Legal (www.projetocucalegal.org.br)

Uma equipe interdisciplinar vinculada à Universidade Federal de São Paulo (Unifesp) desenvolve, a partir de pesquisa, estratégias educativas de promoção em saúde mental e prevenção de transtornos mentais na escola, com uma abordagem particularmente direcionada para o suporte e o empoderamento de educadores e demais profissionais vinculados ao contexto escolar.

Instituto Ayrton Senna (www.senna.globo.com/institutoayrtonsenna/)

Trata-se de uma organização sem fins lucrativos que pesquisa e produz conhecimentos na área da educação, em larga escala. Suas iniciativas vão desde serviços de gestão educacional até a atuação direta com alunos, por meio de programas como o SuperAção, voltado para adolescentes a partir do oitavo ano (http://senna.globo.com/institutoayrtonsenna/programas/programas_superacao.asp).

Além desses, existem diversos outros programas que vêm sendo implementados com resultados promissores.

ALGUMAS CONSIDERAÇÕES

Como percebemos ao longo do capítulo, "sucesso acadêmico" deveria ser definido de maneira muito mais ampla do que as notas que os alunos recebem. Porém, como as escolas têm sido cada vez mais pressionadas a provar seu desempenho por meio de números (Ideb, *rankings*, etc.), pesquisas que reforcem que a ASE está ligada à melhora no desempenho acadêmico dos alunos são cruciais para que esses programas sejam mais implementados nas escolas.

Neste momento, é importante que se desenvolvam programas que sejam replicáveis e que tenham metas comuns que favoreçam a comparação entre eles, permitindo que se definam quais são as variáveis associadas aos melhores resultados. Fora do Brasil, orientações e avaliações em busca da sistematização dos programas existentes têm-se dado principalmente por influência do Collaborative for Academic, Social, and Emotional Learning (CASEL), grupo de pesquisadores que, desde 1994, tem sido a referência mais influente na área da ASE.

> ### Como aplicar a ASE na escola
>
> **1. Investindo no ambiente**
>
> Um ambiente que apoia e acolhe cria a expectativa de recompensa pelo esforço, incentivando o desenvolvimento de HSEs. Portanto, o vínculo com o educador, a utilização de abordagens de ensino cativantes, o estabelecimento de expectativas altas, condizentes à capacidade de desempenho dos alunos, o cumprimento de regras e rotinas na sala de aula e o clima de ordem na escola são responsáveis por boa parte do sucesso de abordagens de ASE. Podem-se listar algumas sugestões de trabalho nesse sentido, tais como:
>
> - Expor trabalhos dos alunos pela escola aumenta o vínculo e a sensação de pertencimento.
> - Coordenadores e diretores que conversam diariamente com seus alunos (não somente quando ocorrem problemas), que se mostram interessados por eles e por suas atividades têm mais possibilidade de atuar junto a eles de forma colaborativa.
> - Demonstrar e dar valor ao autocontrole e às boas atitudes é fundamental para a construção de um ambiente estável e acolhedor. Dar exemplos que possam ser seguidos.
> - Tentar interpretar situações complicadas como desafios que permitem treinar a capacidade de impor limites e reverter situações.
> - Trabalhar de maneira cooperativa é fundamental para que se desenvolva um ambiente saudável. Na educação física, criar uma brincadeira em que quatro alunos devam carregar uma bola segurando as extremidades de um lençol é um exemplo criativo de estimular a cooperação.
>
> *(Continua)*

(Continuação)

2. Investindo no aluno

As habilidades socioemocionais podem ser estimuladas no dia a dia da escola, dentro e fora de aula, em atividades integradas ao currículo ou à parte dele. Sendo criativo, o educador pode utilizar-se de redações, livros, filmes ou experiências cotidianas para introduzir princípios de ASE. É importante salientar que nosso objetivo com esta seção do capítulo certamente não é esgotar o assunto, mas oferecer algumas ideias simples e incentivar o leitor a conhecer mais sobre essa prática. Algumas estratégias que podem ser úteis são listadas a seguir.

Autoconhecimento

O autoconhecimento pode ser considerado um ponto de partida para a ASE e deve ser estimulado o mais cedo possível. Estratégias muito simples podem ser utilizadas para que ele se desenvolva.

- Incentive o aluno a expressar o que está sentindo e, de maneira adequada, demonstre (de forma verbal e não verbal) seus sentimentos quando possível.
- Solicite que os alunos identifiquem suas emoções em um momento do dia ou em situações de dificuldade por meio de imagens representando emoções (p. ex., desenhos de expressões faciais ou semáforo).
- "Ensinar emoções". Promova debates sobre as emoções de um personagem fictício ou real (o que causou a emoção, que palavras a definem, aspectos físicos vinculados ao sentimento, tempo de duração, etc.).

Mindfulness

Mindfulness é uma prática na qual a pessoa direciona a atenção de forma intencional e contínua (geralmente por alguns minutos) para um foco determinado, seja ele um pensamento, seja um sentimento, uma parte do seu corpo, sua respiração, o mundo a sua volta, etc. Essa atividade contemplativa possibilita a formação de novas perspectivas a respeito de elementos que ocasionam estresse, fortalecendo o senso de autocontrole. Além disso, alguns estudos têm destacado a técnica de *mindfulness* como uma estratégia bastante eficiente para o desenvolvimento da função atencional de crianças, com evidências comprovadas por exames de imagem. De maneira muito sucinta, uma prática de *mindfulness* é solicitar aos alunos que, sentados confortavelmente, se concentrem em suas respirações, de olhos fechados, por alguns minutos antes do início de uma atividade desafiadora, como uma prova, por exemplo.

Ensinar que pensamentos influenciam sentimentos

Demonstre aos alunos que uma mesma situação pode ser interpretada por pessoas diferentes de maneiras diferentes. As pessoas que fazem interpretações mais negativas costumam sofrer mais, às vezes desnecessariamente.

- Pergunte, após relatar uma situação (fictícia ou real), como os alunos se sentiriam se estivessem no lugar do protagonista da situação. Demonstre

(Continua)

(*Continuação*)

> que diversos alunos interpretaram a situação de maneiras distintas, alguns reagindo de modo mais adequado, outros menos.
>
> ↪ Estimule o aluno a buscar aspectos positivos das situações. Pensamentos positivos levam a sentimentos positivos.
>
> ↪ Ensine o jovem a questionar pensamentos negativos. Utilize perguntas como "Será que isso é verdade?"; "Que provas você tem de que o que está pensando seja verdade?". Reflita com o aluno sobre as respostas.
>
> ↪ Ensine os alunos que atitudes tomadas em momentos em que a emoção é muito forte podem ser desastrosas e que o ideal é que aguardem até que a emoção se amenize, proporcionando melhor senso crítico sobre o evento.
>
> **Questionamento socrático**
>
> O questionamento socrático é uma técnica em que o professor adota uma postura "leiga" em um determinado assunto, com isso provocando no aluno a necessidade de desenvolver independência de raciocínio. Essa prática deve ser implementada aos poucos, pois pode representar uma postura muito diferente do professor em relação aos alunos. Algumas perguntas que podem ser utilizadas no questionamento socrático são: "Você pode dar um exemplo do que está falando?"; "Você pode falar mais sobre isso?"; "Qual é a sua opinião sobre isso?"; "Você tem algum exemplo disso?"; "Como chegou a essa conclusão?".
>
> **Consciência social – empatia**
>
> Os professores são ótimos modelos para estimular a empatia em seus alunos. Para isso, precisam demonstrar sua preocupação e interesse pelos sentimentos dos outros. Incentivar os alunos a ouvir uns aos outros, usar as oportunidades que surgirem em classe para que eles se ajudem e propor atividades de altruísmo (como visitar uma creche ou casa de idosos ou organizar uma gincana na qual se arrecadam alimentos, roupas ou brinquedos para serem doados) pode ser bastante efetivo. Em relação à empatia, uma atividade possível poderia ser perguntar, em uma tarefa de história, sobre os sentimentos de um personagem histórico em um determinado momento. Outra atividade pode ser pedir que os alunos escrevam em uma folha de papel o sentimento que estão sentindo naquele dia e, em um segundo momento, promover um jogo de adivinhações em relação ao sentimento dos colegas.
>
> **Tomadas de decisão responsável**
>
> ↪ Estipule uma redação em que a criança ou adolescente liste os fatores desencadeantes de uma emoção ou comportamento ("gatilhos") e identifique quais são modificáveis e quais não são. Pergunte como isso poderia ser feito e promova o debate. Por exemplo, uma criança pode relatar que ficou com raiva quando seu pai lhe retirou o telefone (gatilho) e que o ideal seria não utilizá-lo mais nos horários das refeições.

(*Continua*)

(Continuação)

👉 Solicite aos alunos que criem estratégias para resolução de um conflito (p. ex., utilizando o humor, enfrentando o problema, deslocando o pensamento para um pensamento positivo, etc.) surgido na vida real ou em atividades curriculares (em um texto de história, geografia ou em uma redação, por exemplo).

Persistência e determinação

Ensinar aos alunos lições de esforço, paciência e perseverança, elogiá-los quando demonstram essas habilidades e oferecer desafios com nível de dificuldade gradativamente maior a partir de situações de sucesso são boas condutas para incentivar a persistência e a determinação. Outras sugestões são:

👉 Auxilie o estudante a perceber a conexão entre o esforço e o sucesso. É comum alunos menos persistentes acreditarem que os "bons alunos" são simplesmente mais espertos e que por isso tudo é mais fácil para eles.

👉 Lembre que nenhum elogio é mais poderoso para a motivação do que o contato do aluno com o sucesso. Para isso, proporcione atividades com nível gradativo de dificuldade e que possibilitem ao aluno demonstrar seus dons. Uma vez que perceba que o sucesso é alcançável com as habilidades de que dispõe, o jovem demonstrará mais confiança e motivação.

👉 Use adesivos, "estrelinhas" e bilhetes de parabenização, pois eles têm um poder enorme na motivação do aluno e mostram que ele está no caminho certo.

👉 Demonstre ao seu aluno que um trabalho nem sempre tem de estar perfeito para ser aceitável. Muito importante é o desenvolvimento e o empenho ao realizar a tarefa. Às vezes, "bom o suficiente" deve ser realmente suficiente.

Utilização de recursos tecnológicos

Na ASE, os recursos tecnológicos podem ser utilizados e devem ser estimulados de várias maneiras. Por exemplo, os alunos podem se comunicar com a coordenação da escola por meio de mídias sociais desenvolvidas para isso, desenvolver *blogs* coletivos voltados para boas causas ou para otimizar a comunicação entre os colegas e professores (sinalizando provas, passeios, aniversariantes, etc.). Nesse sentido, um estudo sugere que os alunos se empenham mais em atividades *on-line* que possam ser apreciadas por mais pessoas, além dos professores.

CONSIDERAÇÕES FINAIS

Nas últimas décadas, a concepção de "saúde" vem se modificando, conduzindo gradativamente as ações assistenciais para as áreas de promoção de saúde e de prevenção. Desde então, o sistema escolar passou a ser destacado como um protagonista nesse contexto em função de seu potencial como núcleo estratégico de "disseminação de saúde", acompanhando e interferindo ao longo do processo de crescimento da maioria dos jovens.

Crescer é um processo complexo e desafiador. Para encará-lo, crianças e adolescentes lançam mão de habilidades socioemocionais – um conjunto de competências pessoais comprovadamente relacionadas ao sucesso na escola e na vida. Durante o período escolar, essas habilidades são postas à prova e, se positivamente trabalhadas, contribuem para a estruturação de fatores protetores e para a minimização de fatores de risco que possam ameaçar o futuro do indivíduo. Embora tais habilidades possam (e devam) ser estimuladas de forma autônoma, o desenvolvimento de programas de aprendizagem socioemocional tem oferecido estratégias sistematizadas e replicáveis, fundamentais para aplicações em larga escala, a fim de se obterem resultados mais consistentes. Bons programas promovem recursos pessoais ao estimularem um ambiente que valoriza e motiva o aluno em busca do melhor desempenho acadêmico, de uma postura pró-saúde e pró-cidadania. Embora incipientes no Brasil, as iniciativas de avaliação desses programas ao redor do mundo têm demonstrado amplamente seus benefícios. Por fim, acreditamos que os conhecimentos sobre aprendizagem socioemocional não devem representar uma sobrecarga à árdua tarefa de educar, e sim uma ferramenta útil, acessível e versátil tanto para professores quanto para alunos.

REFERÊNCIAS

WANG, M. C.; HAERTEL, G. D.; WALBERG, H. J. What influences learning? a content analysis of review literature. *The Journal of Educational Research*, v. 84, n. 1, p. 30-43, 1990.

SOUZA, R. M. Competência social em crianças em idade escolar: um processo de diagnóstico-interventivo. *Psicologia Revista*, v. 17, p. 18-28, 2008.

SOUZA, R. M. Introduzindo técnicas de comunicação e solução de conflitos na família e na comunidade. *Revista de Psicologia de la Universidad de Chile*, Santiago, n. 18, p. 33-45, 2002. Volume especial.

SOUZA, R. M. . Mediação social: uma experiência em comunidade de baixa renda. In: MUSZKAT, M. (Org.). *Mediação de conflitos*: pacificando e prevenindo a violência. São Paulo: Summus, 2003. p. 89-117. v.1.

LEITURAS RECOMENDADAS

BEAR, G. G.; WATKINS, J. M. Developing self-discipline. In: BEAR, G. G.; MINKE, K. M. (Ed.). *Children's social and emotional learning needs III:* development, prevention, and intervention. Bethesda: National Association of School Psychologists, 2006. p. 29-44.

CATALANO, R. F. et al. Positive youth development in the United States: research findings on evaluations of positive youth development programs. *Prevention & Treatment*, v. 5, n. 1, 2002.

COLLABORATIVE FOR ACADEMIC, SOCIAL, AND EMOTIONAL LEARNING. *Safe and sound:* an educational leader's guide to evidence-based social and emotional learning (SEL) programs. Chicago: CASEL, 2003.

DEL PRETTE, A.; DEL PRETTE, Z. A. P. *Psicologia das habilidades sociais na infância*. Petrópolis: Teoria e Prática, 2001.

DIAMOND, A.; LEE, K. Interventions shown to aid executive function development in children 4-12 years old. *Science*, v. 333, n. 6045, p. 959-964, 2011.

DURLAK J. A. et al. The impact of enhancing students' social and emotional learning: a meta-analysis of school-based universal interventions. *Child Development*, v. 82, n. 1, p. 405-432, 2011.

DURLAK, J. A.; WEISSBERG, R. P.; PACHAN, M. A meta-analysis of after-school programs that seek to promote personal and social skills in children and adolescents. *American Journal of Community Psychology*, v. 45, p. 294-309, 2010.

EATON, D. K. et al. Youth risk behavior surveillance – United States, 2007. *MMWR Surveillance Summaries*, v. 57, n. 4, p. 1-131, 2008.

ELIAS, M. J. et al. *Promoting social and emotional learning:* guidelines for educators. Alexandria: Association for Supervision and Curriculum Development, 1997.

ELIAS, M. J. et al. The other side of the report card: student success depends on more than test scores. *American School Boards Journal*, v. 189, n. 11, p. 28-31, 2002.

ELLIOTT, D. S.; MIHALIC, S. Issues in disseminating and replicating effective prevention programs. *Prevention Science*, v. 5, n. 1, p. 47-53, 2004.

GREENBERG, M. T. et al. Enhancing school-based prevention and youth development through coordinated social and emotional learning. *American Psychologist*, v. 58, n. 6-7, p. 466-474, 2003.

HAGGERTY, R. J. et al. Consortium on the school-based promotion of social competence. The school-based promotion of social competence: theory, research, practice, and policy. In: HAGGERTY, R. J. et al. (Ed.). *Stress, risk and resilience in children and adolescence:* processes, mechanisms, and interventions. New York: Cambridge University Press, 1994. p. 269-315.

HAWKINS, J. D.; SMITH, B. H.; CATALANO, R. F. *Inteligência emocional:* a teoria revolucionária que define o que é ser inteligente. 45. ed. Rio de Janeiro: Objetiva, 2001.

HAWKINS, J. D.; SMITH, B. H.; CATALANO, R. F. Social development and social and emotional learning. In: ZINS, J. E. et al. (Ed.). *Building academic success on social and emotional learning:* what does the research say? New York: Teachers College Press, 2004. p. 135-150.

KUSCHÉ, C. A.; GREENBERG, M. T. *The PATHS Curriculum*. Seatle: Developmental Research and Programs, 1994.

MOLES, O. C. Synthesis of recent research on parent participation in children's education. *Educational Leadership*, v. 40, n. 2, p. 44-47, 1982.

NORGREN, M.B.P. *Competência social e arteterapia em um programa de intervenção na escola*. 2009. Tese (Doutorado em Psicologia Clínica) – Pontifícia Universidade Católica de São Paulo, São Paulo, 2009.

NORGREN, M.B.P. Arteterapia y el aprendizage social y emocional: un programa para niños de 2 a 14 años. *Revista do 5º Congreso do Mercosur y 4º Congreso Latinoamericano de Arte Terapia*, Buenos Aires, 2013.

WEISSBERG, R. P.; WANG, M. C.; WALBERG, H. J. (Ed.). Building academic success on social and emotional learning: what does the research say? New York: Teachers College Press, 2004.

ZINS, J. E. et al. Facilitating success in school and in life through social and emotional learning. [S.l.: s.n.], [20--?]. Disponível em: <http://casel.org/wpcontent/uploads/T3053c01.pdf>. Acesso em: 26 mar. 2014.

ZINS, J. E.; ELIAS, M.; GREENBERG, M. Facilitating success in school and in life through social and emotional learning: research paper. *Perspectives in Education,* v. 21, n. 4, p. 55-67, 2003.

5
Educação em saúde mental: uma nova perspectiva

Stan Kutcher
Yifeng Wei
Gustavo M. Estanislau

As últimas décadas de pesquisa revelaram que os transtornos mentais, como os transtornos de ansiedade, a depressão e o uso de substâncias, afetam uma em cada três pessoas ao longo da vida, causando impactos emocional e econômico consideravelmente maiores se comparados a outros problemas de saúde bastante conhecidos, como as doenças cardiovasculares e até o câncer. Além disso, sabe-se, hoje, que a maioria dos transtornos mentais tem seu início durante a infância e a juventude (Figura 5.1). Uma vez que estes são períodos de grande crescimento pessoal – nos quais os jovens aproveitam a escola, constroem sua identidade e começam uma carreira –, é evidente que tais transtornos podem prejudicar muito as pessoas acometidas. Duas das principais causas para que problemas como esses sejam tão comuns – e, em algumas situações, tão debilitantes – são a falta de informação pública a respeito de saúde mental e o estigma associado a essas condições.

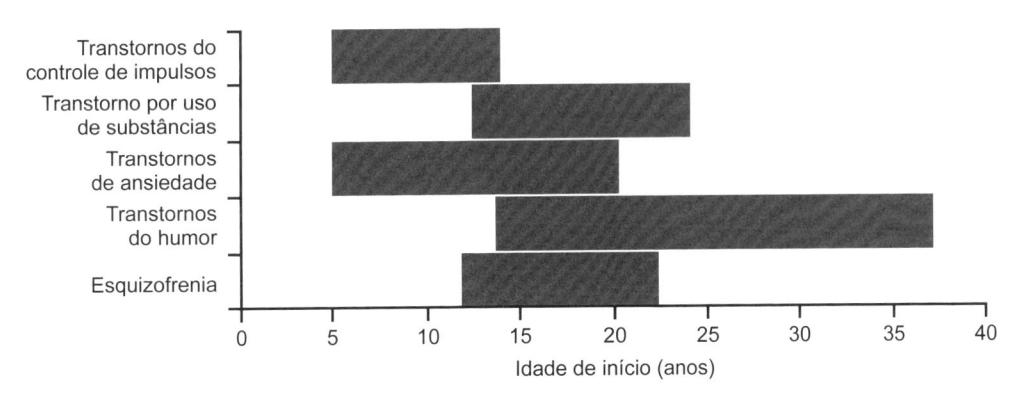

▶ **Figura 5.1** Idade de início de alguns transtornos mentais.
Fonte: *Nature Review/Neuroscience* (2008).

Por muito tempo, a saúde mental vem sendo negligenciada e tratada como um assunto a ser discutido. O preconceito e a discriminação fizeram muitas pessoas deixarem de buscar auxílio por medo de serem rotuladas como "loucas", os investimentos públicos em saúde mental serem muito menores do que deveriam, e até estudantes de medicina evitarem buscar o curso de psiquiatria. Nesse contexto, a maioria das pessoas cresce recebendo informações sobre como evitar doenças sexualmente transmissíveis e a importância de manter o colesterol e a glicose sob controle, mas não é educada para compreender sua saúde mental em seus aspectos positivos e negativos.

Todos temos saúde mental, e, independentemente do risco de desenvolvermos um transtorno, é possível, e necessário, compreendê-la e cultivá-la.

Uma metáfora pode esclarecer um interessante paradigma para a saúde mental: Quando compramos um carro, aprendemos a dirigi-lo e a cuidá-lo, mantendo-o limpo e abastecido. Além disso, aprendemos a lidar com contratempos comuns (como trocar um pneu furado) e a periodicamente trocar o óleo, calibrar os pneus e colocar água no radiador. Porém, em situações bem menos frequentes ao longo da vida útil de um carro, podemos enfrentar problemas que fogem ao nosso conhecimento. Nesses momentos, aprendemos a buscar orientação.

Diferentemente do que muitas pessoas pensam, incentivar a discussão sobre saúde mental na comunidade pode reduzir a sobrecarga dos sistemas de saúde, pois:

- **A comunidade se fortalece pela promoção de saúde mental**
  Estratégias acessíveis de promoção em saúde mental podem ser desenvolvidas junto à comunidade. Por exemplo, estudos demonstraram o benefício psicológico de iniciativas voltadas a ensinar gestantes a brincar ou ler com seus futuros bebês.
- **Competências em saúde mental são "plurais"**
  Assim como um estressor (p. ex., violência) pode ser fator de risco para uma série de desdobramentos negativos (como o desenvolvimento de transtorno da conduta e transtornos de ansiedade), competências em saúde mental podem ser "plurais". Por exemplo, um treinamento de habilidades sociais pode ser importante tanto para reduzir o risco de dependência química como para uma melhor convivência na sala de aula.
- **Conhecimento gera autonomia**
  Pessoas mais atentas à saúde mental ganham autonomia para intervir ao perceber que algo incomum está começando a acontecer consigo ou com as pessoas a sua volta, como ao reconhecer que seu

filho "é mais sistemático do que qualquer outra criança conhecida" ou ao perceber alterações importantes em seu padrão de sono ou apetite. Esses sinais, que muitas vezes são ignorados, eventualmente podem significar o início de um problema maior. Porém, se identificados precocemente, com frequência podem ser cuidados com medidas simples, como mudanças de hábitos cotidianos. Uma pessoa bem instruída pode reconhecer a responsabilidade que tem sobre sua própria saúde, cultivando-a e aceitando sem preconceitos o momento de buscar auxílio, se necessário.

☞ **Encaminhamentos mais assertivos descentralizam a rede de cuidado**
Como citado no primeiro capítulo deste livro, um grande número de encaminhamentos provenientes de escolas para serviços de saúde mental é equivocado, dificultando muito o acesso de pessoas que realmente precisam de cuidado especializado ao sistema de atendimento. Conhecimentos sobre saúde mental, particularmente sobre o que é esperado ao longo do desenvolvimento normal de crianças e adolescentes, poderiam auxiliar muito, possibilitando um encaminhamento mais assertivo e mais precoce. Por meio desse conhecimento, formas de intervenção não médicas seriam mais valorizadas, tornando a rede de cuidado mais resolutiva e dinâmica.

Ao discutir sobre saúde mental, é importante observar que

1. **A saúde é o fenômeno mais provável do que a doença**
   É bastante comum, e até esperado, que, ao entrar em contato com informações sobre transtornos mentais, algumas pessoas se identifiquem com os sintomas abordados. Isso acontece porque esses sintomas são, com bastante frequência, extensões problemáticas de fenômenos pelos quais todos passamos. Sintomas de depressão, transtorno obsessivo-compulsivo, transtorno de déficit de atenção, entre outros, enquadram-se nessa categoria. Assim, a identificação passageira com os sintomas pode acontecer, e, portanto, é fundamental ser cuidadoso. Coloque preferencialmente a **saúde** mental em destaque, permita o debate entre os participantes e tenha como pano de fundo o fato estabelecido de que a saúde é um fenômeno muito mais prevalente que a doença. Além disso, é sempre importante informar que condições como a tristeza e a ansiedade, principalmente quando passageiras e não acompanhadas de prejuízo importante, são naturais e positivamente estruturadoras para o ser humano. Um exemplo claro da primeira afirmação é a prevalência de transtorno de déficit de atenção/hiperatividade (TDAH) na população, que é de cerca de 5%. Isso significa que 95% das crianças **não têm** o transtorno. Tendo em mente esse dado, diversas crianças que se apresentam agitadas ou "no mundo da lua" dentro da sala de aula devem ser observadas com critério até que se identifique que algo não está bem.

2. **Não se espera que profissionais da educação façam diagnósticos**
Os profissionais da saúde passam entre 5 e 10 anos (no mínimo!) se habilitando para a difícil tarefa de diagnosticar e tratar pessoas com algum tipo de problema. Portanto, não se espera que educadores, que já têm a árdua tarefa de transmitir conhecimentos aos seus alunos, tenham de se responsabilizar por isso. Entretanto, conhecer mais sobre a natureza humana não sobrecarrega, e sim empodera o profissional em sua prática. Nesse sentido, tem sido evidente em nossas intervenções com escolas que a quase totalidade dos inúmeros professores com quem trabalhamos tem interesse em conhecer sobre saúde mental e considera esse tipo de programa importante para sua formação.

Resumindo, a educação em saúde mental surge como um caminho para que indivíduos se desenvolvam de uma forma mais plena, entendendo estados de normalidade e os transtornos, adquirindo crítica sobre as formas mais eficientes de auxílio e combatendo o estigma associado à saúde da mente.

SAÚDE MENTAL E ESCOLAS

Pensando em saúde coletiva, a escola tem sido considerada o lugar ideal para a educação em saúde mental por dois fatores básicos. Primeiro, por ser um centro de construção de conhecimentos e, segundo, por ser o lugar onde a maioria dos jovens permanece durante boa parte do dia. Programas de educação em saúde mental podem ser voltados aos professores, aos alunos ou a ambos. As intervenções direcionadas aos alunos podem ser colocadas em prática por professores treinados ou por profissionais da área da saúde.

Como professores e administradores escolares são membros valorizados das comunidades em que vivem, um benefício adicional observado nessa abordagem é o fortalecimento da "alfabetização" em saúde mental das comunidades, o que ocorre por meio da disseminação do conhecimento e das mudanças de atitudes adquiridas por esses profissionais.

Medidas como estas, ao estimularem a promoção da saúde, a detecção e a intervenção precoces, podem modificar o curso de transtornos mentais, evitando que eles se desenvolvam e reduzindo a gravidade dos quadros ao longo do tempo e o risco de complicações (como tentativas de suicídio ou uso de drogas).

Seguindo o raciocínio da promoção e da prevenção, a comunidade internacional tem investido muito tempo e dinheiro em ações voltadas para a saúde mental no ambiente escolar. Por exemplo, a Comissão Europeia definiu como urgente a inserção da saúde mental nas atividades curriculares e extracurriculares das escolas, além da sensibilização, por parte dos profissionais da saúde (ao exemplo de pediatras e médicos de família) e da educação, da população leiga para o assunto. Um exemplo de sucesso nesse sentido é o Canadá, onde discussões sobre sentimentos, pensamentos e emoções sob a ótica da saúde da mente já fazem parte do currículo das escolas.

Abordagens da saúde mental em escolas

A abordagem da saúde mental no ambiente escolar é uma tarefa complexa e deve considerar:

1. **Perfil da escola**. A escola é um lugar seguro para o jovem? A escola se concentra exclusivamente no sucesso acadêmico ou também no bem-estar social e emocional de seus alunos e funcionários? Ela estimula ou impede o desenvolvimento da individualidade e da cidadania? Auxilia seus alunos a desenvolverem habilidades para enfrentar os contratempos da vida? A escola "vive" dentro de sua comunidade ou é um lugar à parte do que acontece ao seu redor?
2. **Tipos de programas/estratégias**. As intervenções podem ser universais (aplicadas a uma escola ou a uma turma inteira, sem discriminação) ou mais direcionadas a um grupo de pessoas identificadas como "em maior necessidade".
3. **Qualidade das evidências científicas**. As intervenções devem ser monitoradas, avaliadas com métodos de pesquisa e modificadas (ou até descartadas) em prol da eficácia. Programas em saúde mental podem ser até prejudiciais se não forem trabalhados de maneira correta, sensível e com base em informações sustentadas pelas melhores evidências científicas.
4. **Eficácia, segurança e custo-benefício**. Esta é a tríade fundamental para o desenvolvimento de novos programas, o fortalecimento dos programas eficazes e a captação de recursos financeiros.
5. **"Customização" dos programas**. Muitos programas podem falhar ao não refletirem as reais necessidades da população-alvo ou por não serem adequados aos padrões culturais e econômicos da região em questão. Por isso, os programas devem ser individualizados para as prioridades de uma escola ou de uma comunidade, customizados em termos de conceito, desenvolvimento e implementação. A partir disso, devem ser avaliados e replicados no caso de sucesso.

ASSUNTOS QUE DEVEM SER ABORDADOS NA EDUCAÇÃO EM SAÚDE MENTAL

Embora alguns detalhes da educação em saúde mental ainda estejam sendo desenvolvidos (p. ex., como deve ser o enfoque direcionado a uma criança de 7 anos e como ele se compara ao voltado a um adolescente de 16 anos), ela deve abordar os seguintes assuntos:

1. O que é saúde mental positiva? O que as pessoas podem fazer para ajudar a si mesmas a alcançar e manter uma saúde mental positiva?
2. O que é um transtorno mental? Como uma pessoa pode identificar um transtorno mental e distingui-lo de um problema de saúde mental? O que pode ser feito para ajudar alguém que tem um transtorno ou um problema de saúde mental?
3. Para onde uma pessoa que tem um transtorno mental ou um problema de saúde mental deve ir a fim de obter a ajuda de que precisa? O que é provável que aconteça ao procurar ajuda?
4. O que é o estigma em relação às pessoas que têm uma doença mental e como ele pode ser reduzido para que quem vive com um transtorno mental seja mais bem apoiado?

Nos primeiros anos de escola, a abordagem em saúde mental deve ser adequada ao nível de desenvolvimento da criança, adaptada ao currículo escolar e abordar competências sociais e emocionais. Já por volta dos 11 ou 12 anos, os jovens podem receber informações de maneira mais aprofundada.

> Um exemplo de abordagem em saúde mental voltada ao aluno e aplicada pelo professor é o Guia Curricular de Saúde Mental na Escola (Teen Mental Health, [20--?]), desenvolvido no Canadá, e que incorpora a "alfabetização" em saúde mental ao currículo escolar existente. Essa abordagem baseada em evidências científicas tem demonstrado ser efetiva para que educadores e estudantes ganhem conhecimento e apresentem mudanças de atitudes em relação à saúde mental. Esse guia está disponível gratuitamente (em inglês) no *site* www.teenmentalhealth.org e, no momento, está sendo traduzido para o português e adaptado para uso no Brasil por uma equipe de saúde mental e educação da Universidade Federal de São Paulo (UNIFESP), orientada pelos doutores Rodrigo Bressan e Gustavo M. Estanislau.

O PAPEL DA ESCOLA: COMO AUXILIAR NO CAMINHO ATÉ OS CUIDADOS?

As escolas também estão em posição estratégica na via pela qual os jovens buscam atendimento de equipes de saúde mental.

Sabemos que a maioria das pessoas que desenvolvem um transtorno mental o faz antes dos 25 anos de idade. Além disso, sabemos que a identificação precoce dos jovens em necessidade de avaliação e sua ligação ao provedor de cuidados de saúde são passos fundamentais para um desfecho positivo, porém frequentemente problemáticos em nossa realidade. Nesse contexto, professores, diretores, orientadores, psicólogos escolares e demais funcionários estão em situação única quando se trata de identificação de casos, encaminhamento e apoio aos jovens com transtornos mentais.

> Um programa canadense de capacitação em saúde mental de educadores que aborda a identificação, o encaminhamento e o apoio ao aluno está disponível (em inglês) no *site* www.teenmentalhealth.org (Teen Mental Health, [20--?]), e pode ser adaptado para aplicação em qualquer ambiente escolar. As avaliações desse programa demonstraram avanços significativos no conhecimento e nas atitudes dos educadores treinados, bem como na agilidade na busca por atendimento por parte das pessoas em necessidade. Outro modelo de sucesso é o programa REACH, em Singapura (Response Early Intervention and Assessment Community Mental Health, [20--?]).

REFERÊNCIAS

RESPONSE EARLY INTERVENTION AND ASSESSMENT IN COMMUNITY MENTAL HEALTH. *About us.* [S.l.]: REACH, [20--]. Disponível em: <http://reachforstudents.com/?page_id=788>. Acesso em: 7 maio 2014.

TEEN MENTAL HEALTH. *[Site].* Nova Scotia: teen mental health, [20--]. Disponível em: <http://teenmentalhealth.org/>. Acesso em: 7 maio 2014.

LEITURAS RECOMENDADAS

FLEITLICH-BILYK, B.; GOODMAN, R. Prevalence of child and adolescent psychiatric disorders in southeast Brazil. *J Am Acad Child Adolesc Psychiatry,* v. 43, n. 6, p. 727-734, 2004.

KESSLER, R. C. et al. Lifetime prevalence and age-of-onset distributions of DSM-IV disorders in the national comorbidity survey replication. *Archives of General Psychiatry,* v. 62, n. 6, p. 593-602, 2005.

KUTCHER, S. et al. Educator mental health literacy: a programme evaluation of the teacher training education on the mental health & high school curriculum guide. *Advances in School Mental Health Promotion,* v. 6, n. 2, p. 83-92, 2013.

KUTCHER, S. Facing the challenge of care for child and youth mental health in Canada. *Healthcare Quarterly,* v. 14, p. 15-21, 2011.

KUTCHER, S.; HAMPTON, M. J.; WILSON, J. Child and adolescent mental health policy and plans in Canada: an analytical review. *Canadian Journal of Psychiatry*, v. 55, n. 2, p. 100-107, 2010.

KUTCHER, S.; MCDOUGALL, A. Problems with access to adolescent mental health care can lead to dealings with the criminal justice system. *Paediatr Child Health*, v. 14, n. 1, p. 15-18, 2009.

KUTCHER, S.; WEI, Y. Challenges and solutions in the implementation of school-based pathway to care model: the lessons learnt from Nova Scotia and beyond. *Canadian Journal of School Psychology*, v. 28, p. 90-102, 2013.

NATURE REVIEWS NEUROSCIENCE. London: Nature, n. 9, p. 947-957, dez. 2008.

WEARE, K.; NIND, M. Mental health promotion and problem prevention in schools: what does the evidence say? *Health Promot Int*, v. 26, n. 1, p. 29-69, 2011.

WEI, Y. et al. The effectiveness of school mental health literacy programs to address knowledge, attitudes, and help-seeking behaviors among youth. *Early Interv Psychiatry*, v. 7, n. 2, p. 109-121, 2013.

WEI, Y.; KUTCHER, S.; SZUMILAS, M. Comprehensive school mental health: an integrated "school-based pathway to care" model for Canadian secondary schools. *McGill Journal of Education*, v. 46, n. 2, p. 213-230, 2011.

WORLD HEALTH ORGANIZATION. *The Global Burden of Disease*. Geneva: WHO, 2004. Disponível em: <http://www.who.int/healthinfo/global_burden_disease/GBD_report_2004update_full.pdf>. Acesso em: 26 mar. 2014.

6
A escola e a família

Gustavo M. Estanislau

O envolvimento da família com a educação de seus filhos é um fator crucial não apenas para o sucesso acadêmico do jovem como também para seu desenvolvimento emocional e social. Portanto, demonstrar interesse por questões escolares, criar um ambiente de estímulo ao estudo e expressar expectativas positivas em relação ao desempenho educacional dos filhos são atitudes que favorecem a formação desses indivíduos como um todo. Além disso, durante o processo de desenvolvimento da personalidade e do caráter, o questionamento das figuras de autoridade é um evento esperado e adaptativo. Nesse cenário, a família e a escola devem funcionar como uma equipe (que se complementa, valoriza e dá suporte), a fim de, como "forte equipe", resistir aos enfrentamentos e manter a estrutura necessária para o crescimento do jovem.

A condição mais importante para que tal envolvimento ocorra é a boa comunicação com a escola, que consiste basicamente em um diálogo harmônico pautado em respeito e colaboração.

Westat e Policy Studies Associates (2001) constataram que as escolas que estabeleceram ótima comunicação com os pais observaram um aumento de até 40% nas notas dos alunos considerados de baixo rendimento. Dauber e Epstein (1993) observaram que a boa comunicação melhora a habilidade dos pais em auxiliar seus filhos nas tarefas de casa, nas atitudes dos filhos em relação à escola e no desempenho específico da leitura, e McDermott e Rothenberg (2000) demonstraram que o investimento em comunicação é um recurso muito eficiente na prevenção de conflitos entre pais e professores. Além disso, em casos nos quais o educador percebe que seu aluno necessita de uma avaliação externa à escola, por apresentar algum tipo de comportamento que coloca em risco seu desenvolvimento, a cumplicidade com os pais é mais uma vez fundamental.

OCASIÕES DE CONTATO ENTRE A FAMÍLIA E A ESCOLA

Os contatos entre a família e a escola acontecem em diversas ocasiões:

- contatos não pessoais
- encontros com os pais
- reunião de pais
- outras atividades de envolvimento

Contato pessoal com os pais

Quando utilizado como maneira de convocar os pais a falarem sobre seu filho, o contato pessoal é primordial para um encontro cordial e produtivo. Dê preferência por fazer o contato via telefone ou pessoalmente, pois bilhetes são impessoais e podem provocar desconfiança e/ou culpa sem necessidade. Esse é um momento para demonstrar expectativa positiva em relação à possibilidade do encontro, reforçando que os pais são as pessoas que mais sabem sobre seus filhos e que sua participação é fundamental para que se estabeleça algum tipo de estratégia de cuidado para com eles. Ao fim, dê opções de horários aos pais – isso demonstra interesse e gentileza.

Discutir antecipadamente com o aluno sobre a reunião é interessante, pois diminui uma possível preocupação de estar sendo "perseguido", tanto do jovem como da família.

Alguns princípios da prática de bons contatos

1. Informe os pais o quanto antes em relação a um problema.
2. Dê a mesma importância para comunicar sucessos e fracassos.
3. Não culpe automaticamente os pais pelos problemas dos filhos. Um bom exercício é colocar-se na posição deles e considerar seu sofrimento.
4. Não pressuponha que os pais não se importam por não observá-los participando.
5. Tome cuidado para não ser prepotente, por exemplo, dando a entender que você sabe o que é melhor para a família, e os pais, não.
6. Não use termos técnicos.
7. Procure informar-se sobre saúde mental antes de falar com os pais sobre problemas dessa ordem.
8. Auxilie os pais a encontrar informações e recursos (conhecer a rede de encaminhamentos).
9. Seja ético, mantendo sigilo sobre informações que lhe são confiadas.

Preparando um encontro com a família

Inicialmente, procure informar-se bastante a respeito do caso. Estar bem informado é sinal de cuidado, dá importância aos envolvidos e organiza o encontro. As famílias têm a ideia de que não estão sendo ouvidas quando solicitadas a contar uma mesma história várias vezes.

Revise o problema específico da criança no momento (comportamento difícil, dificuldade de aprendizagem, contato social ruim, etc.) e conheça o histórico do aluno (preste especial atenção a problemas médicos e psicológicos e intercorrências passadas). Também procure saber sobre a família e busque contatos que já foram feitos com os pais.

O encontro do educador com a família

O encontro com a família é o momento mais importante para o estabelecimento de um vínculo colaborativo entre família e escola. Ele deve ter entre seus objetivos a troca de informações pertinentes, a passagem de conhecimento e o suporte aos pais, mantendo como referencial os pontos positivos do aluno, dos pais e da escola (Dupper, 2003). Ele não deve ser utilizado com a finalidade de externalizar a ansiedade ou a raiva gerada pela situação-problema.

Saber vincular-se aos pais é uma habilidade imprescindível ao professor no processo educativo. Ela tende a ser aperfeiçoada com a experiência. Nesse sentido, um dos requisitos básicos é que o profissional avalie constantemente suas próprias crenças, atitudes e estado de humor, pois esses fatores podem prejudicar a capacidade de avaliação, a abordagem e o manejo de uma situação complicada. Procure estar tranquilo e ser neutro sempre que possível.

Para fins de orientação, podemos dividir o encontro com a família em momentos:

Antes: A partir das informações colhidas na preparação, é interessante fazer um esboço dos assuntos a serem discutidos e estabelecer metas para o encontro.

Início: Os primeiros momentos do encontro são cruciais para seu sucesso. Inicie se apresentando (não se esqueça de esclarecer qual é seu papel na escola) e solicitando aos pais ou responsáveis que se apresentem. Uma recepção amigável e tranquila produz uma resposta semelhante por parte dos pais. Se os pais estiverem muito angustiados,

	demonstre uma escuta paciente e atenta, a fim de que eles possam desabafar no primeiro momento.
Meio:	A seguir, aborde assuntos mais "genéricos", como perguntar se os pais já conheciam a escola, se têm outros filhos lá, como estão em casa, etc., para depois abordar o assunto que motivou a reunião. Perguntar como a criança está em casa antes de falar dos problemas na sala de aula é interessante, pois muitas vezes os problemas observados na escola também podem estar sendo observados pelos pais. Pergunte sobre as metas deles em relação à educação de seus filhos e sobre as dificuldades que têm encontrado nesse sentido. É importante identificar pontos positivos na família e no aluno, a fim de motivá-los.
Fim:	Ao final, faça um pequeno resumo da reunião e liste as metas que surgiram durante o encontro.

Barreiras no contato entre a família e a escola

Mesmo sendo tão importante, o envolvimento entre a família e a escola é complicado por algumas barreiras.

Fatores individuais dos pais

- desmotivação com a criança ou com a família como um todo
- desconhecimento da importância da presença na educação dos filhos
- sensação de incompetência
- pais de famílias menos favorecidas sentem-se excluídos da escola, delegando unicamente a ela o papel de ensinar
- insegurança, timidez
- culpa e/ou persecutoriedade: pais frequentemente se sentem responsáveis pelos problemas do filho; por isso, muitas vezes respondem como se estivessem sendo perseguidos pela escola ao serem chamados. Isso é particularmente comum em casos de crianças que estão em tratamento psicológico e/ou psiquiátrico. Essa situação pode levar à esquiva do contato com a escola e deve ser evitada pela condução transparente e focada em oferecer suporte por parte do educador

Frequentemente, a postura agressiva dos pais é uma defesa por sentirem-se perseguidos ou culpados.

Fatores externos

- **Horário:** procure ser flexível. Muitos pais não comparecem a reuniões depois do horário de trabalho por estarem cansados. Uma

opção é estabelecer reuniões pela manhã ou no sábado, com café da manhã como incentivo.
- **Trabalho ou outros compromissos:** marque as atividades com bastante antecedência. Considere que, em algumas situações, um contato da escola pode facilitar a liberação do trabalho.
- **Transporte:** procure descobrir outros pais que morem próximo para oferecer carona ou acompanhar no caminho até a escola.
- **Assuntos tratados:** na medida do possível, reuniões ou encontros devem ser interessantes e produtivos. Palestras, um pequeno lanche ou atividades práticas podem ser boas maneiras de incentivar a presença dos pais.
- **Não ter com quem deixar os filhos durante o encontro:** dê alternativas, como solicitar auxílio de outros pais, funcionários da escola ou crianças maiores.

MANTENDO O VÍNCULO

Manter o contato com as famílias após o primeiro encontro reforça a ideia de que os pais foram valorizados. Pais que não recebem retorno após um encontro com a escola sentem-se expostos e incompetentes.

Um dos grandes problemas na manutenção do vínculo família/escola é o hábito de contatar os pais apenas quando a criança está apresentando dificuldades. Essa prática reduz a possibilidade de vínculo positivo, já que os contatos passam a estar sempre cercados de uma atmosfera negativa. Uma estratégia para a modificação dessa rotina seria o investimento na comunicação positiva periódica com a família, seja por bom comportamento, desempenho em atividades extraclasse ou rendimento do aluno, seja por reconhecimento dos familiares que têm demonstrado interesse na vida escolar dos filhos.

Por que os pais que mais precisariam estar próximos da escola são os que estão mais distantes?

Reunião de pais

As reuniões de pais costumam ser os únicos momentos no calendário escolar em que as famílias e a escola estão em contato direto para discussão de assuntos de ordem prática. No entanto, reuniões mal planejadas podem ser pouco úteis e até prejudiciais ao vínculo família e escola.

Coleman (1991, 1997a, 1997b) identificou alguns requisitos para que se estabeleça uma reunião de pais bem-sucedida. São eles:

Para uma reunião bem-sucedida

1. Identifique barreiras externas que impeçam os pais de participarem da reunião e minimize-as (horário, transporte, disponibilidade de alguém para cuidar das crianças, etc.).
2. Crie um ambiente agradável e sem muitos estímulos (p. ex., crianças brincando nas proximidades podem atrapalhar o andamento da reunião).
3. Providencie incentivos, como dispor de uma mesa de café da manhã, e privilégios para os pais que participarem de todas as atividades oferecidas pela escola. Isso pode ter resultados muito positivos.
4. Disponha do tempo adequado para que todos possam contribuir, se quiserem.
5. Organize a reunião estabelecendo inicialmente seu tempo de duração e os possíveis objetivos em pauta. Peça sugestões aos pais e não selecione muitos objetivos por reunião.
6. Inicie e finalize a reunião com comentários positivos.
7. Possibilite que, ao fim da reunião, os pais possam escrever em uma folha de papel o que acharam do encontro. Algumas escolas formulam pequenos questionários de avaliação com poucas perguntas, rápidos de responder.
8. Faça, se possível, um resumo das reuniões e envie aos pais em forma de nota de agradecimento pela presença.

É interessante que as escolas façam periodicamente levantamentos avaliando o motivo da ausência dos pais às reuniões, para que se desenvolva uma estratégia de otimização de recrutamento.

Estratégias de envolvimento

Para que pais pouco participativos se vinculem à escola são necessárias estratégias criativas e atraentes. Epstein e colaboradores (1997) resumem estratégias colaborativas entre escola e família, as quais são apresentadas na Tabela 6.1.

TABELA 6.1 Estratégias colaborativas entre escola e família

Tipo	Finalidade	Exemplos
Suporte psicossocial à família*	Auxiliar em necessidades básicas da família	Assistência para encaminhamentos de saúde, profissionais, etc., e outros tipos de suporte social.
Suporte à paternagem	Auxiliar famílias a estruturarem ambientes propícios ao desenvolvimento dos jovens como estudantes	Palestras instrutivas com assuntos pertinentes (desenvolvimento infantil, treinamento de pais, etc.). Orientação em relação ao ambiente de estudo (pode ser feita com visitas domiciliares).
Comunicação	Criar formas efetivas de comunicação escola/família	Reuniões, telefonemas, *folders*, *e-mails*, *web pages*, portfólio de materiais dos alunos para que os pais tenham contato com a produção dos filhos. Importância da periodicidade e da clareza das informações para melhores resultados.
Voluntariado	Vincular os pais como parceiros da escola	Programas de voluntariado de pais na escola, pais como palestrantes, etc.
Aprendizagem em casa	Incentivar os pais a participarem das atividades escolares dos filhos em casa	Informações sobre política de tarefas de casa e como participar dessas atividades, calendário de provas e trabalhos, interação da família com o currículo, etc.
Colaborando com a comunidade	Buscar e integrar recursos comunitários em prol da educação	Informações sobre os recursos sociais, culturais e de saúde na comunidade. Parceria da escola com projetos que propiciem o desenvolvimento de competências (música, esportes, teatro, etc.).

Adaptada de Epstein e colaboradores (1997).
*Suporte psicossocial à família não é parte das estratégias colaborativas originais de Epstein (1997).

A intervenção "suporte psicossocial à família", voltada a auxiliar as famílias a alcançarem suas necessidades básicas, deveria ser uma estratégia empregada em escolas localizadas em zonas mais pobres. Nesses casos, a partir da assistência que a escola presta, uma poderosa mensagem de cuidado e preocupação com a família é transmitida, fazendo esta se tornar mais disponível ao passar a considerar a escola útil e acolhedora (Coleman, 1997b). A merenda escolar é um exemplo de suporte psicossocial incorporado como lei em todas as escolas públicas brasileiras. Outras formas de suporte são orientações à família na busca de auxílio médico e psicológico, quando necessário, bem como de cursos profissionalizantes; acesso a cestas básicas para emergências e bazares para arrecadação de donativos; entre outras ações. Passeios, festas, cerimônias e outros eventos também auxiliam no processo de aproximar e manter pais nas escolas.

Em relação à estratégia "comunicação", reservar vagas de estacionamentos para pais, confeccionar sinalizações de boas-vindas e até dispor café e água na recepção da escola são efetivos em tornar o ambiente mais acolhedor para os familiares.

O envolvimento ativo dos pais nas tomadas de decisão dentro da escola ("conselho de pais") ainda tem causado debates, porém, o que se percebe é que essa prática tem apresentado resultados muito positivos em escolas dentro e fora do País.

Outras maneiras de envolver os pais com a escola

1. Ser voluntário na biblioteca ou na preparação da merenda escolar.
2. Ler para os alunos e ouvi-los ler.
3. Treinar crianças ou pais em alguma habilidade (informática, esporte, etc.).
4. Ensinar outros pais a utilizarem *e-mails* ou a participarem de redes sociais.
5. Auxiliar em palestras ou outros eventos na escola.
6. Organizar festas de aniversário de crianças sem recurso.
7. Formular notas de boas-vindas a famílias novas na escola.

CONSIDERAÇÕES FINAIS

Quanto mais precoce a intervenção de aproximação da escola com a família, melhor o resultado (Webster-Stratton, Taylor, 2001). Além disso, é interessante perceber que as intervenções para aproximar a família da escola apresentam resultados mais satisfatórios com famílias de jovens com problemas comportamentais mais graves (Kumpfer, Alvarado, 2003) e quando essas intervenções são realizadas de forma sistemática e a longo prazo.

Muitas vezes, o insucesso de um movimento de aproximação com os pais ocorre pela falta de persistência e/ou sistematização da conduta. Ou seja, a postura da escola se modifica ou enfraquece ao longo do tempo, perdendo a eficiência.

O envolvimento dos familiares com a escola é um processo complexo e fundamental para o desenvolvimento da criança como um todo, portanto, merece bastante atenção e cuidado. A boa comunicação por si só promove saúde mental, além de favorecer soluções eficientes para situações-problema que surgem. Para que ela aconteça a contento, o profissional da educação deve tomar a iniciativa e manter o enfoque nos pontos positivos envolvidos (criança, pais e escola), ao contrário das abordagens mais utilizadas com enfoque na necessidade de conserto de falhas. Além disso, as estratégias de aproximação utilizadas devem ser atraentes, úteis e divertidas, com a finalidade de se estabelecer um vínculo baseado no respeito e na colaboração.

REFERÊNCIAS

COLEMAN, M. Challenges to family involvement. *Childhood education*, v. 73, n. 3, p. 144-148, 1997a.

COLEMAN, M. Families and schools: in search of common ground. *Childhood Education*, v. 52, n. 5, p. 14-21, 1997b.

COLEMAN, M. Planning for the changing nature of the family life in schools for young children. *Young Children*, v. 46, n. 4, p. 15-20, 1991.

DAUBER, S. L.; EPSTEIN, J. L. Parents attitudes and practices of involvement in inner--city elementary and middle schools. In: CHAVKIN, N. F. (Ed.). *Families and schools in a pluralistic society*. Albany: SUNY, 1993. p. 53-71.

DUPPER, D. *School social work:* skills and intervention for effective practice. Hoboken: Wiley, 2003.

EPSTEIN, J. L. et al. *Partnership 2000 schools manual:* improving school-family-community connections. Baltimore: Johns Hopkins University Press, 1997.

KUMPFER, K. L.; ALVARADO, R. Family-strenghthening approaches for the prevention of youth problem behaviors. *American Psychologist,* v. 58, n. 6-7, p. 457-465, 2003.

MCDERMOTT, P.; ROTHEMBERG, J. Why urban parents resist involvement in their children's elementary education. *The Qualitative Report,* v. 5, n. 3-4, 2000.

WEBSTER-STRATTON, C.; TAYLOR, T. Nipping early risk factors in the bud: preventing substance abuse, delinquency, and violence in adolescence through interventions targeted at young children. (0-8 years). *Prevention Science,* v. 2, p. 165-192, 2001.

WESTAT AND POLICY STUDIES ASSOCIATES. *The longitudinal evaluation of school change and performance in title I schools.* v. 1. Washington: US Department of Education, 2001.

LEITURA RECOMENDADA

ALAMEDA, T. *Empowerment, social suport and self esteem of parents involved in an elementary school program.* 2003. Dissertação (Doutorado) – Florida International University, Miamo, 2003.

7

Desenvolvimento normal no período escolar

Andrea P. Jacowski
Maura Regina Laureano
Gustavo M. Estanislau
Luciana Monteiro de Moura

O desenvolvimento humano é um processo extraordinariamente complexo que tem início assim que o embrião é concebido. A partir desse momento, uma sucessão incontável de eventos transforma uma única estrutura celular em um ser humano completo, capaz de pensar, sentir e interagir com o mundo a sua volta. Durante essa longa trajetória, observam-se parâmetros – também chamados de marcos do desenvolvimento – que, mesmo admitindo variações de uma pessoa para outra, permitem uma compreensão global e esquematizada desse conjunto de transformações.

Compreender o desenvolvimento nos dá a oportunidade de estimular o crescimento, identificar fatores de risco, reconhecer "falhas de percurso" e diferenciar com mais segurança uma criança que tem um funcionamento dentro do esperado de outra que apresenta um quadro merecedor de um cuidado maior.

Respeitando a extensão do assunto e seguindo o propósito deste livro, apresentaremos na primeira parte deste capítulo uma introdução ao desenvolvimento normal e às transformações do cérebro ao longo desse processo. Na segunda parte, abordaremos os marcos do desenvolvimento normal, privilegiando os aspectos cognitivos,* emocionais, sociais, morais e psicossexuais esperados para crianças dos 5 anos até a adolescência.

---

*Desenvolvimento cognitivo: refere-se a habilidades intelectuais, incluindo a memória, o pensamento, o raciocínio, a linguagem, a resolução de problemas e a tomada de decisão.

> Pesquisas na área do desenvolvimento têm demonstrado que, apesar de cada um dos marcos evolutivos amadurecer de forma independente, o sucesso ou o fracasso de um deles pode influenciar na evolução dos demais. Por exemplo, uma criança com dificuldades na área cognitiva pode apresentar problemas para fazer amigos (desenvolvimento social) ou se controlar (desenvolvimento emocional). Diz-se que uma criança apresenta um *atraso no desenvolvimento* quando, por algum motivo, ela não esteja apresentando a maturidade esperada em uma ou mais das áreas citadas.

O desenvolvimento humano é basicamente contínuo, podendo alternar-se entre momentos de "pico" – em que muitas habilidades são adquiridas em um breve período de tempo – e momentos de maior ou menor evolução. Porém, nem sempre o desenvolvimento é progressivo. Eventualmente, a criança pode aparentar ter perdido habilidades que havia conquistado e "regredir". Essa regressão pode ser considerada normal quando é temporária e não impede o desenvolvimento de outras áreas. É comum que períodos de *regressão normal* aconteçam enquanto a pessoa está "se preparando" para um momento de pico de desenvolvimento em uma determinada área. Por exemplo, um pouco antes do estirão de crescimento físico da puberdade, é comum que o púber apresente um período de irritabilidade e "regressão psicológica". Em algumas ocasiões, entretanto, um jovem pode apresentar o que se chama de *regressão neurótica*, que é caracterizada por isolamento, afastamento dos estímulos e interrupção do desenvolvimento de diversas áreas simultaneamente. Uma pessoa que demonstra um estado de regressão neurótica está em risco e merece atenção, a fim de ser reconduzida ao caminho do desenvolvimento normal.

A QUESTÃO "GENÉTICA *VERSUS* AMBIENTE"

O desenvolvimento humano é determinado em parte pela bagagem genética que o indivíduo herda e em parte por influência do ambiente que o cerca. Assim, podemos entender que uma criança nasce com uma série de potenciais que herdou dos pais e pode desenvolvê-los ou inibi-los de acordo com o padrão de estímulos que recebe.

O CÉREBRO AO LONGO DO DESENVOLVIMENTO

O desenvolvimento humano é marcado por extraordinárias transformações cerebrais. Tais transformações possibilitam a aprendizagem de inúmeras habilidades que se desenvolvem pelo aperfeiçoamento dos sistemas sensoriais, motores e das funções cognitivas. Assim, a partir do amadurecimento do cérebro, o ser humano torna-se gradativamente mais capaz de centrar sua atenção, de compreender e utilizar a linguagem e de formar relacionamentos sociais complexos.

Durante os dois primeiros anos de vida, desenvolvemos bilhões de conexões entre os neurônios (chamadas de *sinapses*) ante um mundo cheio de novidades, a ponto de um bebê ter um número bem maior dessas conexões do que um adulto. Ao longo do tempo, sinapses não utilizadas vão sendo "podadas", enquanto outras vão sendo criadas e reforçadas, gerando redes de comunicações neuronais mais concentradas e eficientes.

Imagine que você aprendeu a chegar a algum lugar por diversos caminhos, mas em certo momento conhece um atalho que o leva ao mesmo local de forma muito mais rápida. É bem provável que as rotas anteriores (que muitas vezes ocasionavam até certa confusão) passem a ser descartadas, e a nova, mais eficiente, passe a ser a via mais utilizada. Algo semelhante acontece com o desenvolvimento do cérebro. Experiências de vida levam-nos à descoberta de "atalhos" que fortalecem nossas rotas neuronais mais eficientes à medida que os usamos com mais frequência e, gradualmente, deixamos de lado (e com o tempo eliminamos) as rotas menos utilizadas.

Além do surgimento de sinapses e das "podas sinápticas", outro fenômeno que leva ao refinamento das redes neuronais é a *mielinização*, que é a formação de uma bainha lipídica que passa a revestir os prolongamentos neuronais (chamados de axônios) e que, assim como o isolamento de um fio elétrico, protege os sinais e aumenta em até 100 vezes a velocidade da transmissão dos impulsos nervosos. Como a mielinização acontece a partir da parte de trás do cérebro e com o tempo progride até a parte frontal, espera-se que funções orientadas pelo lobo frontal estejam mais definidas com o passar do tempo.

O processo de conexão, "poda" e mielinização neuronal está associado a períodos de "reorganização" do cérebro que coincidem com momentos de grandes aquisições no desenvolvimento. Por exemplo, com aproximadamente 2 anos de idade as crianças ampliam de maneira impressionante seu vocabulário após um período de mielinização rápida das regiões do cérebro envolvidas com a linguagem.

Aos 5 anos, uma criança já tem 90% do volume do cérebro de um adulto. Atingir esse volume tão cedo, no entanto, não significa que a maturidade cerebral da criança seja igual à de um adulto. Pelo contrário, nessa idade ela é um processo em construção que ao longo dos anos permite a aquisição de habilidades conforme o amadurecimento de áreas específicas do cérebro. Nesse sentido, acredita-se que o processo de maturação siga uma sequência. Por exemplo, as regiões frontais do cérebro que determinam as chamadas "funções executivas" – ou seja, nossa capacidade de planejamento, autocontrole e raciocínio – amadurecem mais tarde do que as áreas mais posteriores do cérebro, como as que determinam nossas funções sensório-motoras. Evolutivamente, parece ser importante que funções básicas como a regulação sensorial e motora estejam bem afinadas para que processos cognitivos mais complexos possam ocorrer em sua plenitude. Esse fenômeno é bastante conveniente para a vida escolar, na qual habilidades básicas vão possibilitando aquisições cada vez mais refinadas.

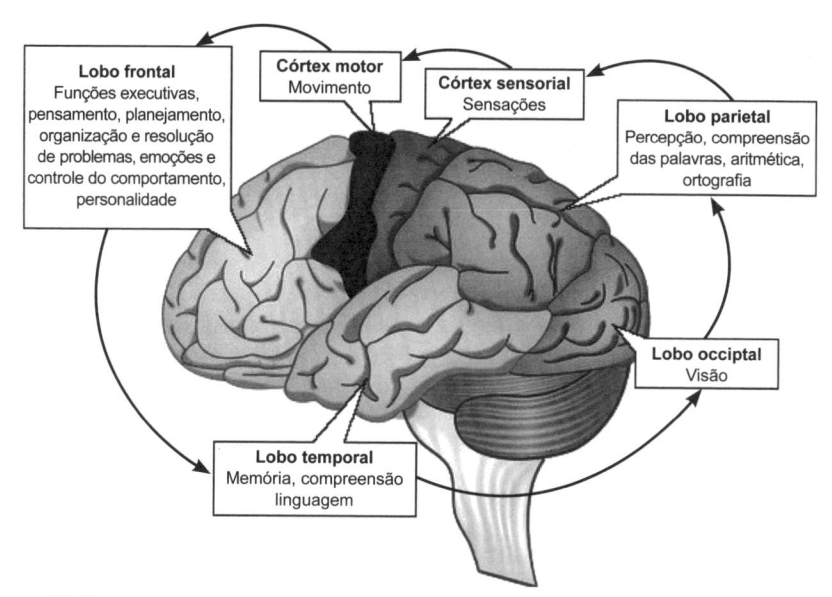

▶ **Figura 7.1** Lobos cerebrais, funções e direção do amadurecimento cerebral.

Todo o processo de desenvolvimento cerebral é influenciado pela herança genética da pessoa e pelas experiências de vida pelas quais ela passa. Por exemplo, diversos estudos demonstraram que 40 a 80% da capacidade intelectual de uma criança deve-se à genética. Portanto, os 20 a 60% restantes dependem de fatores ambientais, como o *status* socioeconômico da família e a estimulação por parte dos cuidadores.

O QUE É PLASTICIDADE CEREBRAL?

Plasticidade cerebral é a capacidade que o cérebro tem de modificar sua estrutura ante experiências de vida (boas ou más) e, assim, possibilitar a aprendizagem. O cérebro humano apresenta mais plasticidade durante o período pré-natal tardio e a primeira infância, porém segue "sendo plástico" ao longo de toda a vida, mesmo que com menor maleabilidade.

O QUE É PERÍODO SENSÍVEL PARA O DESENVOLVIMENTO CEREBRAL?

Período sensível é um intervalo de tempo em que a pessoa pode aprender uma determinada habilidade de forma mais eficiente por corresponder a um período de pico de amadurecimento cerebral. Períodos sensíveis são caracterizados por elevadas taxas de aprendizagem, bem como pela durabilidade das conexões que são formadas. Depois de um período sensível, a aprendizagem ainda pode acontecer, mas de forma menos eficaz. Um exemplo de período sensível acontece dos 3 aos 7 anos, com o desenvolvimento da linguagem.

> Imagine o papel decisivo que o ambiente escolar desempenha sobre o desenvolvimento cerebral de um indivíduo, uma vez que boa parte do processo de "escultura" do cérebro acontece até o fim da adolescência.

MARCOS DO DESENVOLVIMENTO

A partir de agora, faremos uma revisão de marcos do desenvolvimento dos 5 anos até a adolescência. Como já citado, esses marcos são flexíveis, devendo ser considerados os diversos fatores que podem influenciá-los, como a estimulação dos pais, comprometimentos físicos (sequelas neurológicas de um quadro de epilepsia, por exemplo) e fatores genéticos que podem determinar um padrão de desenvolvimento um pouco mais precoce ou tardio, sem necessariamente refletir um problema.

A criança de 5 anos: prontidão para a alfabetização

No último ano pré-escolar, com aproximadamente 5 anos de idade, as crianças se tornam cada vez mais autossuficientes em função dos avanços intelectuais e da linguagem. Comunicam-se de forma clara, utilizam o banheiro sozinhas e alimentam-se de forma independente. Com isso, desenvolvem os requisitos básicos em preparação para receber a educação formal no ano que está por vir.

Marcos cognitivos

"Faz de conta"

As brincadeiras de "faz de conta", que começam entre os 2 e os 3 anos, nas quais as crianças representam o mundo utilizando a imaginação, fazendo um objeto se passar por outro (um galho de árvore passe a ser uma espada, por exemplo) e imitando situações do dia a dia, ficam cada vez mais complexas até os 4 ou 5 anos, quando passam a ser construídas em conjunto com outras crianças. Dramatizações como brincar de casinha, de médico e de super-herói são consideradas muito ricas para o desenvolvimento por fortalecerem as capacidades cognitivas e socioemocionais.

Memória e atenção

O pré-escolar consegue armazenar diversos itens na memória, e a capacidade de prestar atenção melhora significativamente em relação aos anos anteriores, embora ainda esteja longe do ideal. Uma criança de 5 anos pode ser observada assistindo à televisão durante meia hora, mas ainda pode ter dificuldade para manter a atenção em tarefas escolares se escuta outras crianças brincando do lado de fora da sala de aula.

Orientação tempo-espaço

A orientação em relação ao tempo e à organização espacial ainda é bastante limitada, por isso ficam perguntando a todo momento sobre um passeio planejado para a semana seguinte e geralmente não conseguem diferenciar direita de esquerda.

Resolução de problemas

A busca dos pais ainda é a estratégia de resolução de problemas mais utilizada. Enquanto na primeira infância a resolução de problemas era baseada em tentativas e erros, na pré-escola a criança usa sua capacidade intelectual associada a experiências anteriores para esses fins. Nesse momento, ela já pode se utilizar de uma fala interna, dialogando consigo mesma, pensando e planejando seu comportamento.

Linguagem

A grande maioria das crianças de 5 anos já pronuncia corretamente todos os sons da língua nativa (fonemas) e apresenta um vocabulário de cerca de 2 mil palavras. Com isso, interagem de forma mais clara e coerente, fazendo perguntas quando querem entender melhor uma coisa ou comunicando suas vontades. Nessa fase, a maioria já reconhece os números e o alfabeto, e o conhecimento dos sons e do nome das letras pode predizer a capacidade da criança de se alfabetizar. Nesse sentido, a influência do ambiente familiar nas competências linguísticas infantis também está altamente correlacionada ao sucesso do processo de leitura-escrita nos primeiros anos escolares.

Marcos comportamentais e socioemocionais

Comportamento

As explosões de birra que normalmente ocorriam em resposta a frustração, cansaço ou fome, bem como os comportamentos agressivos de morder e bater, são menos frequentes por volta dos 4 ou 5 anos de idade. Em seu lugar, surgem conflitos verbais (discussões), mais calculados e voltados a um objetivo. As crianças podem se tornar bastante resistentes em atender aos desejos dos pais, passando a confrontá-los com seus próprios desejos. Se, em relação aos pais, a agressividade vai se transformando em debate, entre os amigos, ela passa a ser canalizada frequentemente para a competição. A mudança nesses comportamentos acontece devido à aquisição de uma maior habilidade de autocontrole físico, associada a um aumento da autoconsciência e da capacidade de verbalizar o que pensa e sente.

Desenvolvimento emocional

As mesmas capacidades de autoconsciência e autocontrole são muito importantes para o amadurecimento emocional. Por meio delas, os pré-escolares tornam-se mais seguros e precisos na avaliação de suas emoções, dos comportamentos relacionados às suas emoções e da maneira mais apropriada de exibi-las socialmente. Aprendem, por exemplo, o momento para rir (ao ouvir uma piada) e para ficar quieto (se a mãe está no telefone).

Desenvolvimento social

Esse período é marcado pelo surgimento das primeiras amizades significativas, que ganham cada vez mais importância até que se atinja a idade escolar. Compreendendo melhor suas emoções e as emoções dos outros, a criança desenvolve características emocionais mais complexas, como o sentimento de simpatia e a **empatia**, que é a habilidade que uma pessoa pode ter de se identificar com as emoções e as preocupações dos demais. A empatia é a base para a compaixão e o cuidado com os outros, além de ser fundamental para que se estabeleçam parâmetros morais adequados, como o que é certo ou errado.

PENSANDO EM ESTIMULAR A EMPATIA DE SEUS ALUNOS, ALGUMAS SUGESTÕES PODEM SER VÁLIDAS

1. Estimule os alunos, o mais cedo possível, a construir um "vocabulário emocional", perguntando sobre as emoções deles e falando das suas, de forma adequada e quando possível. Saiba que, para algumas crianças, é necessário explicar o que um sentimento representa para que elas passem a verbalizá-lo.
2. Se houver oportunidade, exercite a capacidade da criança de se colocar no lugar de outra pessoa e pergunte sobre o sentimento que a outra pessoa pode estar tendo (após uma perda ou ao se machucar, por exemplo).
3. Demonstre, sempre que possível, tolerância, generosidade e afeto com os outros. O modelo, nesse caso, é fundamental.
4. Incentive a participação da criança em iniciativas que não a tenham como o foco principal, como visitas a creches ou asilos, doação de brinquedos no Natal ou uma apresentação artística ou esportiva de um colega.

Desenvolvimento moral

Conceitos de certo e errado, bem e mal já estão se estruturando, bastante influenciados pela opinião dos pais e pelo contexto cultural no qual a criança está inserida. Regras e leis são vistas como inflexíveis e seguidas pelo medo de punição externa, não pelo senso de justiça e da autoconsciência que se manifesta posteriormente. Jogos de tabuleiro com regras sistemáticas e claras são bastante requisitados nessa idade por reproduzirem a crescente necessidade de adequação a regras.

Desenvolvimento psicossexual

As crianças nessa idade podem tocar-se, perguntar aos pais sobre a genitália e mostrar os genitais. Embora muitos pais fiquem preocupados com esse tipo de comportamento, na maioria das vezes ele é normal. Em contrapartida, comportamentos sexuais exacerbados e o conhecimento ou imitação de atos sexuais de adultos devem ser considerados atípicos e podem indicar casos de abuso sexual ou superexposição a estímulos sexuais.

Dos 6 aos 8 anos: aprendendo a conviver em grupo

Dos 6 aos 8 anos, com o amadurecimento gradual do lobo frontal do cérebro, a criança desenvolve mais autocontrole. Com isso, passa a respeitar melhor as regras de convívio social (como ficar sentado na sala de aula) e a ampliar seu círculo de amigos (o autocontrole é um trunfo para que se façam novas amizades). Com a consolidação das habilidades básicas de leitura, escrita e aritmética, a criança passa a ter a possibilidade de buscar novos conhecimentos, como, por exemplo, explorar sua cultura.

Marcos cognitivos

Memória e atenção

Com a evolução do autocontrole entre os 6 e os 8 anos, a maioria das crianças passa a se manter mais atenta em sala de aula e a ser capaz de ignorar a maioria dos estímulos distratores. Quando a distração acontece, aprendem a redirecionar sua atenção para o foco anterior rapidamente. Poder prestar mais atenção possibilita o aprendizado de uma série de novas informações e permite que se desenvolva um raciocínio crítico sobre as coisas. Além disso, a maior capacidade de atenção está associada a aumento na capacidade de memorização. Com isso, uma criança de 6 a 8 anos, ainda que não consiga memorizar várias coisas ao mesmo tempo, passa a conseguir relembrar situações que viveu utilizando-se de elementos centrais dos acontecimentos.

Orientação tempo-espaço

Por volta dos 7 ou 8 anos, as crianças desenvolvem maior orientação espacial e temporal. Com isso, já conseguem distinguir direita de esquerda em si próprias e nos outros e lembrar-se do dia do seu aniversário. Com essa idade, passam a antever melhor e esperar por intervalos curtos de tempo, como "esperar 15 minutos para o almoço estar pronto" ou "aguardar até amanhã para irmos para a casa da vovó". Intervalos mais extensos ainda podem ser difíceis de assimilar, portanto, quando estabelecemos um planejamento a longo prazo para uma criança dessa idade (preparação para um trabalho com muita antecedência ou castigos muito duradouros), é possível que os resultados não sejam os melhores. Capacidades ainda não consolidadas são "portas abertas" para estímulos. No caso do estímulo à orientação temporal, podemos utilizar como estratégia incentivar a criança a fazer uma pequena "poupança" de moedas e registrar seus resultados ao longo do tempo ou plantar um pé de feijão e registrar o tempo de seu crescimento.

Marcos comportamentais e socioemocionais

Comportamento

A aquisição de mais autocontrole nesse período está associada ao aumento da autorreflexão, ao desenvolvimento da capacidade de espera por recompensas e ao controle dos impulsos. Enquanto crianças muito pequenas têm muita dificuldade de aguardar uma possível gratificação, dos 6 aos 8 anos, elas aprendem a esperar por uma recompensa enquanto se engajam em outra atividade. Em parte, isso é facilitado pela observação de colegas que conseguem ter autocontrole, embora essa capacidade também varie de acordo com o temperamento de cada criança.

Desenvolvimento emocional

A fase de alfabetização é um período crucial para o desenvolvimento da autoestima. Como é nesse momento que as crianças começam a se comparar com os demais e a receber maior (ou menor) reconhecimento dos professores e de outros adultos, a autoestima é posta à prova e, muitas vezes, apresenta uma queda se comparada ao seu nível elevado dos anos pré-escolares. A criança fica muito sensível a críticas, e é possível que a comparação com os outros a faça desistir de atividades que gostava até então, por julgar-se incompetente.

Desenvolvimento social

A maturação social evolui à medida que a atenção que antes era devotada quase exclusivamente à família passa a ser um pouco mais direcionada para os amigos. Ao distanciar-se um pouco dos pais, a criança passa a ter uma percepção um pouco mais clara de suas qualidades e defeitos e, em última instância, de quem ela é.

Desenvolvimento psicossexual

Nessa fase, as crianças vão apresentando a tendência a se identificar com pessoas do mesmo sexo, sejam elas colegas, sejam elas pais, familiares, professores ou celebridades. Embora meninos e meninas certamente possam ter amizades com o sexo oposto, uma observação no pátio da escola mostrará que em geral meninas e meninos estão conversando ou jogando separadamente, em grupos do mesmo sexo.

Dos 9 aos 11 anos: "Sou ou não sou competente?"

Nessa idade, a criança redireciona cada vez mais o foco da atenção de si para os outros, passando a compreender que o outro pensa, sente e se comporta de maneiras diferentes da sua. "Olhar" para o outro pode levar a comparações e submeter a autoestima a um risco maior. Durante esse período, como resultado de tudo que foi desenvolvido até então, o jovem passa a se autodefinir como competente (e, portanto, independente) com relação a seus desafios ou como dependente de outras pessoas para enfrentá-los.

Marcos cognitivos

Memória e atenção

Nessa fase, a capacidade de memória segue aumentando. A criança entrando na puberdade é capaz de se lembrar de uma série de coisas simultaneamente, seguindo instruções com maior competência e fazendo relatos mais ricos em detalhes.

Resolução de problemas

Com o raciocínio mais rápido e eficiente, as habilidade de resolução de problemas também evoluem. O pensamento torna-se mais criativo, e a metacognição, ou "o ato de pensar sobre os próprios pensamentos", se desenvolve, melhorando muito a capacidade crítica em relação às coisas e, portanto, a aprendizagem. A pessoa, por meio do autocontrole cognitivo, passa a monitorar melhor seus pensamentos e ações para superar desafios. Mesmo com todos esses avanços, o padrão de pensamento segue sendo **concreto.**

Linguagem

Com o avanço da atenção e da memória, os jovens seguem expandindo seu vocabulário, que chega a aproximadamente 10 mil palavras por volta dos 10 anos. Ao dialogar, o pré-adolescente passa a ser mais espontâneo, aprende a modificar o tema da conversa e passa a entender palavras e mensagens de duplo sentido. No entanto, essas habilidades linguísticas dependerão das habilidades intelectuais da pessoa e apresentarão variações de acordo com o contexto cultural e o ambiente no qual a criança está inserida.

Marcos comportamentais e socioemocionais

Desenvolvimento emocional

Embora emoções mais complexas, como orgulho, vergonha e culpa, já sejam conhecidas durante os anos pré-escolares, a consciência dessas emoções torna-se mais refinada na pré-adolescência. Com isso, os comportamentos que surgem como respostas às emoções sentidas tendem a ser mais adequados à medida que as crianças desenvolvem mais maturidade. Por exemplo, um menino que antes referia ter raiva dos colegas diante de diversas situações, começa, com o tempo, a ter uma compreensão mais correta dessas mesmas situações, passando a classificá-las como eventualmente causadoras de tristeza ou frustração (até por vezes assumindo a maior parte da culpa pelo evento), o que leva a comportamentos mais adequados e resolutivos.

Dos 9 aos 11 anos, meninos e meninas passam a se comparar em tudo. Portanto, usar roupas de marcas conhecidas ou ter um telefone moderno passa a ser uma maneira de se autoafirmar. Nessa fase, a autoestima se baseia na autopercepção de competência em tarefas, no retorno que os amigos e outras pessoas possam oferecer e na identificação com pais, professores ou outros adultos próximos.

Desenvolvimento social

Nesse momento, o grupo de amigos começa a ser tão importante quanto a família. As amizades são formadas com base na confiança e no prazer mútuo por meio de *hobbies* como esportes ou jogos eletrônicos. As crianças de 9 a 11 anos passam a se interessar mais pelos pensamentos e sentimentos alheios, a ponto de a empatia poder se transformar em altruísmo – quando a empatia é direcionada para pessoas desconhecidas (p. ex., a vontade de doar coisas ou participar de uma festa beneficente).

Desenvolvimento moral

Nessa faixa etária, leis e regras são vistas como mais flexíveis ou negociáveis e passam a se sustentar pelo senso de justiça e da autoconsciência, e não mais pelo medo de punição externa, como ocorria anteriormente. O senso de moral e ética, ou seja, a percepção interna do que é certo e errado, passa por um refinamento a partir do momento em que se adquire melhor compreensão do ponto de vista do outro. Muitos estudiosos advogam que o desenvolvimento da moral depende de aspectos pessoais de desenvolvimento e da instrução dos adultos, que podem estimulá-lo por meio de demonstrações de generosidade, altruísmo e prontidão para ajudar os outros. Nesse sentido, a percepção que a criança tem sobre o que são comportamentos adequados ou não pode variar muito com base na sua exposição a comportamentos agressivos ou desviantes.

Desenvolvimento psicossexual

Com o amadurecimento físico, a curiosidade sexual aumenta. Embora meninas e meninos nessa faixa etária ainda dividam-se basicamente em grupos de pares do mesmo sexo, os interesses românticos e sexuais podem começar a se desenvolver, embora só se tornem mais evidentes com o início da puberdade.

Dos 12 aos 18 anos: da puberdade à independência

A *puberdade* é a fase do desenvolvimento humano caracterizada pelo amadurecimento dos órgãos sexuais, preparando, assim, a pessoa para a vida sexual e permitindo que ela se reproduza. Ela costuma iniciar-se mais cedo para as meninas (8 a 13 anos) do que para os meninos (9 a 14 anos) e pode continuar por muitos anos. A puberdade também dá início ao que chamamos de adolescência, que, segundo Goldstein e Naglieri (2011),

> [...] é um estágio da vida que liga a infância à idade adulta. Um período de transição caracterizado por mudanças biológicas, cognitivas e psicossociais significativas, que tem seu início marcado pela puberdade e sua conclusão na segunda década de vida, quando assumimos plenamente um papel adulto [...].

Na adolescência, o jovem deixa para trás muito do que foi construído junto à família e passa a construir uma nova história, a sua própria história.

Para Steinberg (2005), a adolescência pode ser dividida em três fases, como mostra a Figura 7.2.

Ao contrário do que se acredita, os adolescentes não deveriam ser considerados "aborrecentes". A maioria dos adolescentes é bem-sucedida na escola, mantém boas relações com a família e a comunidade e não se envolve com drogas ou outros problemas mais graves. A adolescência, pelo contrário, deveria ser mais lembrada como um período de grande desenvolvimento cognitivo, emocional e social.

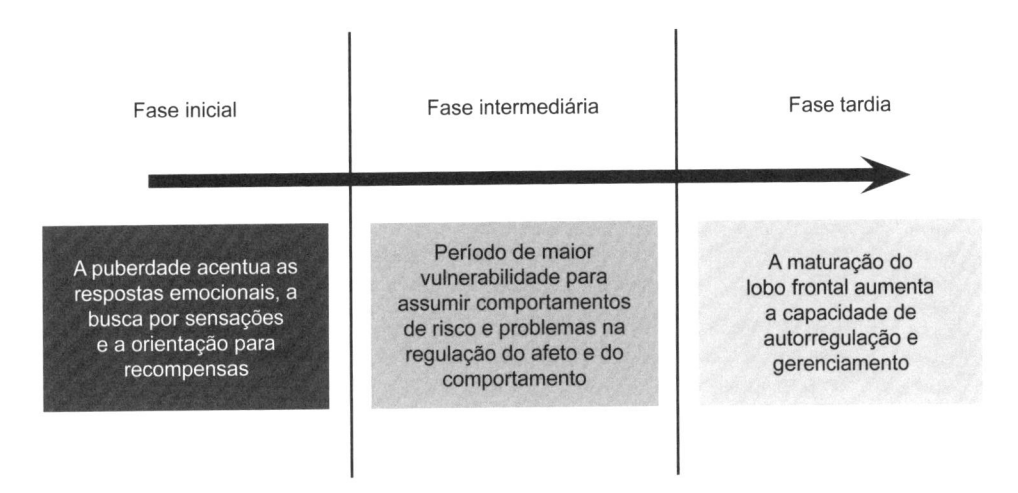

Fase inicial	Fase intermediária	Fase tardia
A puberdade acentua as respostas emocionais, a busca por sensações e a orientação para recompensas	Período de maior vulnerabilidade para assumir comportamentos de risco e problemas na regulação do afeto e do comportamento	A maturação do lobo frontal aumenta a capacidade de autorregulação e gerenciamento

▶ **Figura 7.2** Os principais eventos ao longo da adolescência.
Fonte: Steinberg (2005).

Marcos cognitivos

Memória e atenção

A maturação de áreas ligadas ao raciocínio complexo possibilita o surgimento de inúmeras competências intelectuais. Porém, é importante lembrar que, na adolescência, ainda não há o pleno funcionamento do lobo frontal, diferentemente do que se espera para um adulto. Assim, o adolescente não conta ainda com o autocontrole e os mecanismos atencionais totalmente amadurecidos, e isso se reflete por momentos de impulsividade e desatenção.

Orientação tempo-espaço

Até os 14 anos, o adolescente apresenta a tendência de pensar apenas no *aqui e agora*, porém, com o tempo, ele começa a ser capaz de fazer planejamentos com uma visão que passa a ser mais voltada para o futuro próximo e, posteriormente, passa a fazer planos a longo prazo, como no estabelecimento de metas de vida.

Resolução de problemas

No início dessa fase, o pensamento deixa de ser concreto, e o adolescente passa a dispor de uma capacidade de entender conceitos abstratos, estabelecer hipóteses, assim como desenvolver crítica argumentativa maior. A partir disso, esse novo "poder" é a atestado em situações que podem variar de debates amistosos a discussões, podendo chegar a grandes situações de conflito. Nesses momentos, algumas dicas podem ser interessantes:

Dicas

1. Compreenda que esse tipo de atitude não representa necessariamente uma ameaça pessoal a sua autoridade, e sim uma forma de expressão que ainda não foi bem dominada e que é posta em prática sempre que há a oportunidade.
2. Mantenha a calma e seja paciente.
3. Não critique ou menospreze o adolescente na frente de outras pessoas, independentemente do ponto de vista que ele defenda.
4. Visualize debates e discussões como oportunidades de crescimento para o adolescente.
5. Estabeleça limites de respeito para discussões e siga essas mesmas regras.

Ainda nessas ocasiões, pensando em estimular mais as habilidades cognitivas do adolescente:

1. Faça perguntas abertas utilizando as palavras "como", "quando", "onde" e "o quê". Por exemplo: "Como vocês acham que fumar pode influenciar a vida de vocês?". Assim, o adolescente é levado a pensar em um número maior de possibilidades (boas ou más) em relação ao uso de cigarro, sem se sentir coagido.
2. Estimule o adolescente a compreender que decisões e pontos de vista formulados sob o efeito de emoções fortes podem ser muito diferentes do que seria esperado quando a mesma pessoa está tranquila. Demonstre que algumas discussões tornam-se improdutivas por estarem "contaminadas" por emoções fortes, retomando um debate em um momento de maior tranquilidade e comprovando como isso afetou positivamente a resolução do conflito.
3. Encoraje os jovens a utilizarem recursos de pesquisa sobre os assuntos discutidos.
4. Em situações de conflito pessoal, desafie positivamente o intelecto do adolescente perguntando: "Ao longo de toda essa situação, que atitudes você poderia ter tomado para que as coisas não acabassem dessa forma?". Assim, o professor incita o aluno a assumir sua parcela de responsabilidade pelo acontecimento, a pensar retrospectivamente e aprender com os erros e a desenvolver estratégias de resolução de problema que podem ser utilizadas em eventos futuros, fortalecendo a ideia de que o jovem tem mais controle sobre o desfecho de qualquer evento se fizer as escolhas corretas.

O córtex orbitofrontal, região cerebral que permite que uma pessoa anteveja as consequências de suas escolhas, só amadurece no fim da adolescência. Por isso, adolescentes ainda podem necessitar de ajuda ao tomar decisões.

Linguagem

Com a adição de palavras mais abstratas e complexas, o vocabulário do adolescente vai se expandindo até os 18 anos, quando chega a 40 mil palavras. Ele vai compreendendo nuanças nos diálogos, como, por exemplo, o uso da ironia e do sarcasmo. Esses progressos são muito importantes para um momento em que o adolescente começa a se deparar com um grau crescente de complexidade linguística, como na literatura. Além dos avanços de linguagem, verifica-se aumento da capacidade de realizar cálculos matemáticos complexos e de questionar mentalmente as possibilidades relacionadas a um evento (o adolescente passa a se perguntar: "E se...?").

"O princípio da justiça e da equidade"

O raciocínio crítico mais aguçado traz à tona os princípios da equidade e da justiça. Por isso, é bastante comum que adolescentes fiquem apontando falhas entre o que o adulto fala e o que o adulto faz, muitas vezes bradando "Isto não é justo!". Entretanto, até adquirirem mais conhecimento, seus julgamentos costumam ser muito concretos, ocasionando interpretações por vezes equivocadas e frequentemente tendenciosas. Por exemplo, uma menina de 14 anos pode ter uma grande discussão com os pais dizendo não ser justo não poder ganhar um telefone celular já que o irmão maior "ganhou" um curso de computação. Em outro exemplo, um menino pode começar a brigar com os pais dizendo "se o quarto é meu, não é justo que vocês entrem aqui para ficar falando que eu sou relaxado".

Da autoconsciência e do egocentrismo a um "bem maior"

Devido a diversas mudanças externas e internas, os adolescentes sentem-se constantemente em evidência. Essa percepção distorcida pode fazê-los se preocupar demais com seu jeito de andar, sua voz e suas roupas, até o ponto de deixarem de ir a uma festa por causa de uma espinha no rosto. Associado a isso, há um acréscimo de autoconsciência e um avanço da metacognição; portanto, esse é um período em que se pensa demais em si mesmo. O adolescente pode se questionar sobre sua religião e dedicar-se à procura de verdades para dilemas como o sentido da vida e da morte. Pensando em si como o centro das atenções, jovens dessa faixa etária (especialmente os mais novos) tendem a acreditar que seus pensamentos e sentimentos são diferentes dos pensamentos e sentimentos dos outros, mais intensos ou especiais. Frases como "Vocês não me entendem!" surgem com muita frequência. Essa postura egocentrada deve se modificar com o incremento da empatia, quando é possível que o adolescente passe a se preocupar com "causas mais importantes", como a pobreza no mundo e os maus-tratos a animais. A partir disso, o jovem transfere parte da energia que estava concentrada em si para o mundo que está a sua volta, desenvolvendo um olhar mais altruísta.

Marcos comportamentais e socioemocionais

Diferentemente do crescimento e do desenvolvimento físico, que são intrínsecos à puberdade, o desenvolvimento socioemocional de um jovem na adolescência só ocorre de maneira satisfatória na presença de estimulação e experiências.

Desenvolvimento emocional

O adolescente mais novo vai apresentando um senso de identidade gradativamente mais claro. Aos poucos, afasta-se dos pais e associa-se com maior intensidade a seus grupos. O humor irritável ou oscilatório que surge dos 12 anos em diante leva o adolescente a entrar em conflito com as pessoas a sua volta com bastante frequência. Um achado interessante é que a turbulência emocional do adolescente tem ligação com o fato de as emoções dessa fase serem processadas pela amígdala, estrutura cerebral ativada em reações de medo e raiva. Próximo aos 18 anos, os adolescentes passam a apresentar um humor mais positivo e estável, possivelmente pelo processamento das emoções ter sido transferido da amígdala para regiões mais frontais do cérebro (ligadas ao autocontrole), que começam a amadurecer.

Desenvolvimento social

Por volta dos 14 anos, o cérebro adolescente interpreta a aceitação pelos amigos de forma mais prazerosa do que a dos adultos, fator que justifica todo o investimento que é feito na formação de um grupo que, nesse momento, ainda é basicamente constituído por pessoas do mesmo sexo, que gostam das mesmas coisas, têm o mesmo estilo e lutam para se diferenciar de outros grupos. Em consequência da grande necessidade de aprovação, o adolescente pode engajar-se em comportamentos de risco, particularmente quando encorajado pelos amigos. Nesse sentido, o afastamento em relação a uma vida infantil é necessário em busca de uma identidade própria. Surgem muitas críticas aos pais e muitas reclamações de que eles não permitem sua independência. Ficar isolado no quarto é bastante comum quando não se pode sair. Porém, ao mesmo tempo que os adolescentes passam a negar a dependência dos pais, também não se sentem aptos a funcionar como adultos, e é por isso que buscam ainda mais amparo em um grupo. Por meio dele, o adolescente vive várias transformações, experimentando gostos musicais, estilos de se vestir e modos de se divertir (entre muitas outras experimentações), bem como reunindo um conjunto de informações que, ao longo do tempo, são descartadas ou incorporadas, de acordo com a satisfação ou a utilidade que representam.

Estudos têm demonstrado que, embora distanciados, tanto pais quanto professores participativos têm um papel importantíssimo no que diz respeito a influenciar o adolescente a atrasar suas experimentações com o uso de álcool, cigarro e primeira relação sexual.

Dos 16 anos em diante, as "panelinhas" passam a ser mais diversificadas, possibilitando a união de meninos e meninas com estilos e pontos de vista por vezes bastante diferentes. Por volta dos 16 aos 18 anos, o adolescente não se vê mais preso a um grupo único e circula entre uma série deles sem modificar necessariamente seu jeito de ser. As amizades se sustentam pelas características pró-sociais que se desenvolveram, como a confiança, a lealdade e o apoio mútuo. Um equilíbrio entre a "importância" da família e dos amigos pode voltar a acontecer.

Desenvolvimento moral

Do ponto de vista moral, o adolescente mais jovem costuma testar limites, sentindo-se frequentemente injustiçado quando contrariado e reivindicando seus direitos (ou, ao menos, o que acredita serem seus direitos). Ideais e ídolos se estabelecem. Gradualmente, o raciocínio moral vai evoluindo a ponto de o indivíduo reconhecer que desenvolveu um conjunto de parâmetros morais que são próprios.

TÉDIO: ao início da adolescência, uma região cerebral conhecida como *sistema de recompensa* – responsável pela sensação de prazer – passa por um período de menor responsividade. Com isso, o adolescente passa a deixar de gostar de diversas coisas que apreciava até então e a apresentar alguns dos principais motivos por ser tão criticado por adultos: o tédio e a falta de iniciativa. Além disso, acredita-se que, pelo fato de o sistema de recompensas estar menos "excitável", o adolescente passe a buscar novidades e a correr riscos para sentir-se estimulado.

> **SONO:** na adolescência, a melatonina, hormônio que nos induz ao sono, começa a atuar mais tarde do que para crianças e adultos. Assim, adolescentes costumam dormir tarde e querer acordar tarde. Em consequência, adolescentes, em média, dormem de 6 a 7 horas por noite, bem abaixo das 8 a 10 horas que seriam consideradas ótimas para essa faixa etária. A privação de sono leva a problemas de comportamento (como irritabilidade e desatenção) e prejudica de maneira muito importante o aprendizado e a memorização de conteúdos.

Desenvolvimento psicossexual

Como o sistema de recompensas está menos sensível, o sexo passa a ser uma maneira acessível de se sentir estimulado. Nesse momento, a privacidade torna-se muito importante. Em relação ao corpo, adolescentes mais jovens experimentam sensações bastante divergentes. Alguns se tornam muito introvertidos e tímidos, enquanto outros passam a se exibir com as novas conquistas, como o ganho de massa muscular e a virilidade. "Bombardeados" por uma série de mudanças desconcertantes, esse é um período em que adolescentes costumam se perguntar se são "normais" (do ponto de vista mental e físico). Inicialmente, namoros, em geral breves, podem acontecer. Com o tempo, adolescentes mais maduros desenvolvem uma identidade sexual mais sólida e passam a ter sentimentos de amor e paixão mais intensos, buscando relacionamentos mais duradouros e significativos.

A construção da identidade

A identidade de um jovem vai se estruturando conforme ele vai desenvolvendo um autoconceito (ou seja, criando uma impressão ampla e objetiva de suas qualidades, defeitos, objetivos na vida, história de vida pessoal, etc.) e definindo sua autoestima, que é o que a pessoa sente a respeito do seu autoconceito. A construção do autoconceito e da autoestima depende da aquisição de algumas capacidades, descritas a seguir.

> ## Capacidades envolvidas na construção do autoconceito e da autoestima
>
> 1. **Autonomia.** Desenvolve-se a partir do momento em que o adolescente percebe que pode tomar decisões por si próprio com base no que ele mesmo pensa. A autonomia se refere também a questões práticas, como se organizar para uma viagem ou se preparar para o vestibular de forma independente.
>
> *(Continua)*

(Continuação)

Como a adolescência é um período de experimentações, e há possibilidades de exposição a riscos, é bastante comum que adultos responsáveis adotem uma postura restritiva e até ameaçadora. Muitas vezes, tal postura pode ter resultados negativos, por tratar-se de um período em que questionar a opinião dos pais faz parte do desenvolvimento, levando o adolescente a utilizar-se de mentiras, ameaças ou agressividade franca para reclamar sua "independência". Uma postura mais pautada em diálogo, permissiva de maneira adequada para a faixa etária e direcionada para as coisas que o jovem pode fazer, e não o contrário, costuma ser mais enriquecedora e eficaz. Diferentemente disso, é muito mais comum que se diga a um adolescente que está indo para uma festa "Não fume! Não beba! Comporte-se!" do que estimulá-lo a enxergar todas as coisas agradáveis e divertidas que podem ser experimentadas na mesma situação.

2. **Senso de competência.** Pessoas que se sentem mais competentes são menos afetadas por sentimentos negativos e lidam melhor com estresse quando pressionadas. Daí a grande importância de se estimular o jovem dentro das áreas em que demonstra habilidade.
3. **Assumir um papel dentro dos grupos sociais com os quais se identifica**, pois é dentro de grupos que se aprendem e se testam novas habilidades.
4. **Alcançar a capacidade de receber e oferecer afeto em relações mais próximas e íntimas**, sejam elas familiares, sejam elas de amizade ou românticas.
5. **Conquistar uma identidade sexual**, em que a pessoa se reconhece como pertencente a um gênero (masculino ou feminino) e tendo uma orientação sexual, que é a consciência de se ter atração por pessoas do sexo oposto ou do mesmo sexo (heterossexual, bissexual ou homossexual).

REFERÊNCIAS

GOLDSTEIN, S.; NAGLIERI, J. A. (Ed.). *Encyclopedia of child behavior and development*. New York: Springer, 2011.

STEINBERG, L. Cognitive and affective development in adolescence. *Trends in Cognitive Sciences*, v. 9, n. 2, p. 69-74, 2005.

LEITURAS RECOMENDADAS

BERK, L. E. *Development through the Lifespan*. 4th ed. Boston: Pearson Education, 2007.

BRAIN facts: a primer on the brain and nervous system. 7. ed. [S.l.]: Brain Facts, 2012.

FAIR, D.; SCHLAGGAR, B. L. Brain development. In: HAITH, M. M.; BENSON, J. B. (Ed.). *Encyclopedia of infant and early childhood development*. Oxford: Elsevier, 2008.

FELDMAN, R. S. *Development across the life Span*. 5. ed. New Jersey: Pearson Education, 2009.

FORGET-DUBOIS, N. et al. Early child language mediates the relation between home environment and school readiness. *Child Development,* v. 80, p. 736-749, 2009.

GUERRA, N. G.; WILLIAMSON, A. A.; LUCAS-MOLINA, B. Normal development: infancy, childhood, and adolescence. In: REY, J. M. (Ed.). *IACAPAP e-textbook of child and adolescent mental health.* Geneva: International Association for Child and Adolescent Psychiatry and Allied Professions, 2012.

LOCKE, J. L. *The child's path to spoken language.* 2nd ed. London: Harvard University Press, 1995.

POSNER, M. I.; ROTHBART, M. K. *Educating the human brain.* Washington: American Psychological Association, 2007.

PUJOL, J. et al. Myelination of language-related areas in the developing brain. *Neurology,* v. 66, p. 339-343, 2006.

ROBINSON, M. *Understanding behaviour and development in early childhood:* a guide to theory and practice. Abingdon: Routledge, 2011.

SANTROCK, J. W. *Life-span development.* 13. ed. New York: McGraw-Hill, 2010.

SCHATTSCHNEIDER, C. et al. Kindergarten prediction of reading skills: a longitudinal comparative analysis. *Journal of Educational Psychology,* v. 96, p. 265-282, 2004.

SHAFFER, D. R.; KIPP, K. *Developmental psychology:* childhood and adolescence. 8th ed. Belmont: Wadsworth, 2010.

SIGELMAN, C. K.; RIDER, E. A. *Life-span human development.* 6th ed. Belmont: Wadsworth Cengage Learning, 2009.

SKUSE, D. et al. *Child psychology and psychiatry:* frameworks for practice. 2th ed. Oxford: John Wiley and Sons, 2011.

TOGA, A. W.; THOMPSON, P. M.; SOWELL, E. R. Mapping brain maturation. *Trends in Neurosciences,* v. 29, n. 3, p. 148-159, 2006.

8

Transtornos de ansiedade (transtorno de ansiedade generalizada, ansiedade de separação e fobia social)

João Paulo Machado de Sousa
Flávia de Lima Osório
Bruno Zanotti Schneider
José Alexandre de Souza Crippa

"Ansiedade" é um termo amplo que descreve um estado de preparação para enfrentar situações de perigo. Quando ansiosos, animais e seres humanos apresentam reações como o aumento da atenção voltada para o ambiente e a ativação de respostas corporais, que dependem da proximidade e da intensidade do perigo. Uma característica importante da ansiedade natural é que ela é **temporária** e manifesta-se na expectativa de **perigos reais**, desaparecendo assim que se percebe que o perigo acabou. Quando analisamos as coisas dessa forma, fica claro que a ansiedade em si está mais relacionada à manutenção da integridade do indivíduo do que a quadros que perturbam sua saúde.

As respostas de ansiedade dependem de estruturas cerebrais que participam do processamento de informações ameaçadoras que interagem por meio de um delicado equilíbrio de substâncias químicas conhecidas como neurotransmissores, dos quais a serotonina e a dopamina são os mais importantes. Em algumas situações, esse equilíbrio pode ser perturbado, levando ao surgimento de respostas ansiosas inadequadas:

- preocupação excessiva e persistente
- pensamentos de conteúdo negativo
- sintomas físicos como palpitação
- formigamento e respiração acelerada
- comportamentos que afetam o dia a dia do indivíduo

Nesses casos, a presença e a duração dessas respostas inadequadas podem causar grande sofrimento e prejuízos ao indivíduo, caracterizando o que conhecemos como **transtornos de ansiedade**.

Os transtornos de ansiedade mais comuns na população em geral são o transtorno de ansiedade generalizada (TAG), a fobia social, as fobias específicas, o transtorno de pânico, o transtorno obsessivo-compulsivo e o transtorno de estresse pós-traumático. Todos esses transtornos têm em comum o fato de provocarem as respostas inadequadas descritas anteriormente e afetarem o funcionamento cotidiano do indivíduo. O tipo de situação que desencadeia os sintomas e as respostas comportamentais resultantes são o que diferencia cada um deles. Assim, por exemplo, enquanto uma pessoa com transtorno de ansiedade social (TAS – também chamado de fobia social) evita situações de interação social, outra com o transtorno de estresse pós-traumático busca evitar situações relacionadas a um evento traumático anterior. Ambos os transtornos, no entanto, irão causar preocupação excessiva e persistente acompanhada de sensações corporais incômodas.

TRANSTORNOS DE ANSIEDADE NA INFÂNCIA

De acordo com pesquisas realizadas na área, os transtornos de ansiedade estão entre os problemas emocionais mais comuns da infância, iniciando-se geralmente entre os 8 e os 9 anos de idade e afetando até 27% das crianças. Entre eles, o transtorno de ansiedade social é o mais comum, seguido pelo transtorno de ansiedade generalizada, que atinge de 10 a 15% das crianças.

Raramente, os transtornos de ansiedade ocorrem em sua forma pura na infância e no início da adolescência, sendo mais comum a apresentação simultânea de sintomas característicos de transtorno de ansiedade generalizada, de ansiedade de separação e de ansiedade social.

Neste capítulo, descreveremos as principais características desses três quadros que frequentemente se sobrepõem.

Transtorno de ansiedade generalizada

O TAG tem como principal característica a preocupação excessiva, persistente e incontrolável sobre eventos negativos que têm, de fato, chances muito pequenas de acontecer. Em um quadro de TAG, o excesso de preocupação deve afetar o funcionamento cotidiano do indivíduo, provocando problemas de sono, concentração e atenção, reduzindo a produtividade e afetando os relacionamentos familiares, sociais e escolares.

O diagnóstico de TAG **puro** em crianças e adolescentes não é comum, uma vez que a fobia social e o transtorno de ansiedade de separação estão frequentemente presentes.

Até 60% das crianças com transtornos de ansiedade apresentam dois dos três transtornos mencionados, e 30% preenchem critérios para todos eles!

Diagnóstico

O diagnóstico de TAG deve ser feito por um médico ou profissional da saúde mental, preferencialmente um psiquiatra. No caso de crianças e adolescentes, a ajuda de professores ou outros profissionais do ambiente escolar que tenham convivência próxima com o jovem avaliado pode ser de valor inestimável, já que os educadores passam boa parte do tempo com ele e têm a oportunidade de observar e relatar manifestações que talvez o próprio adolescente tenha dificuldade de descrever.

O Quadro 8.1 faz uma apresentação sintética dos critérios utilizados pelos profissionais para estabelecer o diagnóstico de TAG.

QUADRO 8.1
Critérios diagnósticos para TAG

A. Ansiedade e preocupação excessivas na maior parte do tempo por pelo menos seis meses.
B. Dificuldade para controlar a preocupação.
C. Ansiedade e preocupação têm associação com pelo menos três dos seguintes sintomas. **Nota: Apenas um dos itens é suficiente no caso de crianças.**
   1. Inquietação
   2. Fadiga
   3. Dificuldade de concentração
   4. Irritabilidade
   5. Tensão muscular
   6. Problemas com o sono
D. O foco da ansiedade não é característico de outras perturbações (como exposição social ou contaminação, por exemplo).
E. Os sintomas causam sofrimento ou prejuízo importante no funcionamento.
F. As manifestações não têm relação com o uso de substâncias ou com outras condições médicas gerais ou mentais.

Como mostra o Quadro 8.1, os critérios diagnósticos são os mesmos para todas as faixas etárias, com a exceção de que apenas um dos sintomas que acompanham a ansiedade e a preocupação excessiva é necessário para caracterizar o diagnóstico no caso de crianças.

Tomando como base as informações oferecidas até aqui, vamos analisar com atenção dois relatos fictícios de pessoas encaminhadas para avaliação psiquiátrica.

Relato 1

Pedro, 38 anos, bancário

"Eu não sei explicar exatamente o que é que me deixa assim. Eu já acordo cansado e esperando más notícias, sempre acho que o pior vai acontecer. Toda vez que o telefone toca eu tenho certeza de que é alguém ligando para falar de problemas, de coisas que estão atrasadas e que eu tenho que resolver. E os problemas realmente acontecem, sabe? Na semana passada, o meu caixa no banco não 'fechou' dois dias; um dia sobrou e no outro faltou dinheiro. E é só o gerente me chamar para dizer qualquer coisa que eu tenho certeza de que ele vai me mandar embora. Meu 'pavio está curto', estouro fácil. Com tudo isso, a pressão está muito grande, e o músculo do pescoço está sempre contraído, fico inquieto sem razão quando estou voltando para casa, no carro, por exemplo."

Relato 2

Ana, 11 anos, estudante do ensino fundamental

"Eu não gosto de fazer as atividades da escola porque eu não consigo fazer tão bem como os meus amigos. A minha mãe mesmo disse que eu tinha que prestar mais atenção em um trabalho que eu estava fazendo outro dia porque tinha alguns erros. Eu erro muito mesmo e acho que vou ficar em recuperação. Parece que assistir às aulas tá me dando dor de cabeça de tão nervosa que eu sou. Às vezes, eu também tenho dor de barriga e fico com medo de vomitar na frente de todo mundo, especialmente quando vai ter uma prova importante. Eu ia morrer de vergonha!"

Esses dois relatos fornecem uma ideia clara de como adultos e crianças compreendem e descrevem sinais e sintomas de ansiedade generalizada. No caso do adulto, temos a demonstração de preocupação persistente e expectativas ruins. Pedro, de alguma forma, percebe que qualquer coisa que se passe com ele afeta seu sono e desempenho profissional, descrevendo, ainda, sintomas depressivos que estão comumente associados ao TAG. O relato da criança, por sua vez, deixa evidente a preocupação excessiva com críticas e a ênfase em aspectos negativos do ambiente e do próprio desempenho, acompanhada de queixas típicas sobre problemas físicos.

Conforme crescem, crianças e adolescentes tornam-se mais capazes de organizar e relatar suas percepções, mas parentes próximos e professores devem contribuir na avaliação sempre que possível, ainda que seus relatos possam discordar daqueles oferecidos pelos jovens, já que isso pode auxiliar o profissional na avaliação do quadro que se apresenta e na escolha das melhores opções de tratamento.

TAG na sala de aula

Assim como o ambiente profissional é um local propício para a emergência de sinais e sintomas de TAG no adulto, a escola constitui um ambiente privilegiado para a observação desses fenômenos em crianças e adolescentes.

Dito isso, é sempre importante destacar que a escola não é responsável pelo diagnóstico ou pelo tratamento de quaisquer transtornos psiquiátricos que seus alunos possam manifestar, mas ainda assim ela pode exercer um papel crucial no curso do TAG em crianças e adolescentes, seja no sentido favorável, seja no desfavorável. A Tabela 8.1 descreve alguns comportamentos, pensamentos e sintomas físicos relacionados ao TAG que podem ocorrer em sala de aula, acompanhados de estratégias sugeridas para reduzir seu impacto sobre o aluno afetado, os colegas de classe e o próprio professor.

Tratamento do TAG

O tratamento do TAG é feito em duas modalidades principais, que podem ser combinadas ou utilizadas isoladamente: psicoterapia e tratamento medicamentoso.

A psicoterapia é útil no controle de crenças negativas que o paciente possa ter sobre o próprio desempenho, no dimensionamento adequado de suas capacidades e dos desafios que enfrenta e na desconstrução de expectativas catastróficas sem fundamentação clara, além de servir como espaço para manifestação de sentimentos angustiantes. A técnica psicoterápica mais estudada no campo do TAG é a terapia cognitivo-comportamental (TCC), que parece ser tão eficaz quanto o tratamento medicamentoso isolado.

O tratamento medicamentoso tem o objetivo de regular a neurotransmissão nas regiões cerebrais relacionadas ao TAG e modula principalmente a serotonina e a dopamina. Os medicamentos utilizados com mais frequência

TABELA 8.1 Possíveis manifestações do TAG em sala de aula e estratégias de manejo sugeridas

	Manifestação	Estratégias
Comportamentos	Choro ou insegurança extrema diante de tarefas ou testes	Negocie tempo adicional, perguntando o que o aluno acha que precisa; evite tarefas ou provas "surpresa".
	Excesso de perguntas	Disponha de tempo para tirar dúvidas ao fim da aula.
	Sensibilidade excessiva aos comentários/comportamentos de outros alunos	Encerre brincadeiras ou provocações com autoridade; sugira ao aluno que saia e aguarde para conversar fora de sala, se necessário.
Pensamentos	Perfeccionismo	Esclareça precisamente o que se espera do aluno em determinado momento ou tarefa, assim como margens de erro admissíveis.
	Insegurança excessiva	Divida a tarefa em partes; ofereça ajuda para organizar sua execução; negocie prazos.
Sintomas físicos	Urgência de ir ao banheiro	Não proíba; ofereça liberdade para que o aluno saia sem pedir autorização, mas destaque a importância de que permaneça na sala de aula.
	Vômito	Peça à turma que aguarde e conduza o aluno até um lugar calmo onde possa ter a companhia de outro membro da equipe da escola, solicite limpeza e retorne rapidamente.
	Respiração acelerada e rubor	Sugira discretamente um momento de relaxamento para toda a turma, combinando exercícios de respiração profunda e movimentos suaves de braços e pescoço.

Fonte: Desenvolvida a partir de Manassis (2012).

para tratar o TAG são os inibidores seletivos da recaptação de serotonina (ISRSs), que entram na classe de medicações geralmente conhecidas como "antidepressivos". De acordo com variações individuais no tipo e na intensidade de sintomas manifestados, o psiquiatra pode utilizar outras medicações além dos ISRSs.

No TAG, a psicoterapia e o tratamento medicamentoso podem ser combinados, e há estudos que mostram que o tratamento combinado é mais eficaz do que qualquer um dos dois tratamentos isoladamente.

Conclusão

O TAG é um dos transtornos mentais mais comuns em crianças e adolescentes, atingindo entre 10 e 15% dos indivíduos nessa faixa etária. A principal manifestação do transtorno é a preocupação excessiva e persistente, quase sempre acompanhada de sintomas físicos.

Diferentemente do que acontece com os adultos, o TAG em crianças manifesta-se sobretudo por meio de queixas somáticas, como dor de cabeça e de estômago, náuseas e palpitação. Pacientes jovens com TAG em geral se mostram excessivamente inseguros e sensíveis a críticas e desproporcionalmente preocupados com pessoas, eventos, doenças e o próprio desempenho. O TAG em sua forma pura é raro nessa faixa etária e com frequência aparece associado com os transtornos de ansiedade social e de ansiedade de separação.

A escola é um ambiente propício para a manifestação dos sinais e sintomas do transtorno, e tanto a equipe escolar como os pais podem ter grande importância no processo diagnóstico e na condução do tratamento prescrito por profissionais.

Os tratamentos atualmente disponíveis consistem em psicoterapia e medicamentos, que são eficazes na redução dos sintomas e podem melhorar significativamente a qualidade de vida dos pacientes, reduzindo o risco de transtornos mentais e abuso de substâncias na vida adulta.

Transtorno de ansiedade de separação

A ansiedade de separação é um sentimento natural da criança, ocorrendo nos momentos de separação entre o indivíduo e alguma pessoa de grande importância pessoal ou afetiva em sua vida. Dito de outra forma, é o desconforto significativo que surge ao afastar-se (separar-se) de uma grande figura de vinculação (alguém próximo, de quem muito se gosta ou a quem se ama ou com quem se tem forte relação).

De modo geral, as principais figuras de vinculação da criança são os pais, sejam eles biológicos, sejam eles adotivos, sendo especialmente comum haver ansiedade de separação entre a criança e sua mãe. Não obstante, sintomas de ansiedade de separação podem ocorrer com relação a avós, babás, tios, irmãos ou mesmo professores e funcionários de uma instituição na qual a criança porventura esteja abrigada.

A ansiedade de separação faz parte do desenvolvimento normal de toda criança, e todos sabemos como pode ser difícil aprender a se separar de pessoas importantes em determinadas ocasiões. Esse aprendizado talvez continue por toda a vida, mas certamente é mais intenso na infância, começando quando ainda somos bebês. O fato de apresentarmos ou experimentarmos sinais de ansiedade de separação, no entanto, não é suficiente para caracterizar um transtorno psiquiátrico.

Diagnóstico

O transtorno de ansiedade de separação é um **diagnóstico médico** estabelecido pelo psiquiatra ou outro profissional da saúde mental quando os sinais e sintomas de ansiedade de separação são fortes a ponto de causarem problemas relevantes e/ou intenso sofrimento para a vida da pessoa.

Segundo estudos epidemiológicos, cerca de 1 em cada 25 crianças costuma sofrer desse transtorno – ou seja, aproximadamente 4% –, o que o torna um quadro frequente nessa população. Além disso, o diagnóstico é mais comum em crianças do que em adolescentes e acomete meninas com frequência um pouco maior do que meninos.

Os principais sinais e sintomas do transtorno de ansiedade de separação são:

- intenso desconforto nos momentos de separação de uma figura de vinculação ou ao sair de casa ou, ainda, ao antecipar tais momentos
- intenso e persistente receio de perder de alguma forma a figura de vinculação ou, ainda, receio de que esta sofra algum mal (acidente, adoecimento, entre outros)
- recusa ou relutância em sair de casa para ir à escola ou outro lugar devido ao medo da separação
- medo excessivo ou relutância quanto a ficar sozinho ou longe da(s) figura(s) de vinculação
- preocupação intensa e persistente de que algo cause a separação da figura de vinculação, como perder-se ou ser sequestrado, por exemplo

- recusa de dormir fora de casa ou longe da(s) figura(s) de vinculação
- pesadelos repetitivos envolvendo o tema da separação
- dores de cabeça, de estômago, vômitos ou outros sintomas físicos durante (ou em antecipação aos) momentos de separação da(s) figura(s) de vinculação

O transtorno de ansiedade de separação é uma das maiores causas de recusa para ir à escola e deve ser considerado como possível explicação para os casos de crianças ou adolescentes com faltas excessivas.

Também é importante destacar que, em geral, esses sintomas não são considerados de modo isolado pelo bom profissional da saúde mental, que deverá sempre interpretá-los dentro de um contexto.

Causas e origem

Estudos familiares demonstram que os transtornos de ansiedade são mais comuns em filhos de pais com transtornos de ansiedade ou depressivos. Mais especificamente, pais com depressão e/ou transtorno de pânico costumam ter filhos com transtorno de ansiedade de separação (Biederman et al., 2003) com mais frequência do que pais sem esses diagnósticos.

Além disso, a **superproteção**, o **excesso de controle** por parte dos pais e **modos excessivamente ansiosos** de se criar os filhos são traços comumente associados ao transtorno de ansiedade de separação (Sadock, B. J.; Sadock, V. A.; Kaplan, 2005).

É interessante observar que a natureza do vínculo entre a mãe e o filho pode ter um papel maior na origem desse transtorno (e de outros transtornos de ansiedade) do que o temperamento da criança ou o nível de ansiedade da mãe.

Vínculos seguros protegem a criança, enquanto vínculos inseguros a expõem a risco. Em outras palavras, a forma como se dá a relação mãe-filho (ou cuidador-filho) parece ser mais relevante do que os aspectos individuais das pessoas envolvidas nessa relação (Sadock, B. J.; Sadock, V. A.; Kaplan, 2005).

Há também evidências de que fatores genéticos estão envolvidos na origem do transtorno, como a duplicação do gene GTF2I, que está fortemente associado ao transtorno de ansiedade de separação tanto em humanos como em ratos (30% das pessoas que têm a duplicação apresentam o transtorno) (Mervis et al., 2012).

Em alguns casos, a figura de vinculação (comumente a mãe) experimenta maior ansiedade com a separação do filho do que ele próprio!

No momento do diagnóstico, o transtorno de ansiedade de separação pode ser confundido com outros fenômenos e transtornos, sendo os mais comuns:

- ansiedade normal de separação (a principal diferença está na **intensidade** e nas **consequências**, uma vez que a ansiedade normal de separação não causa prejuízo ou sofrimento relevantes para a criança)
- transtorno de ansiedade generalizada (no qual pode haver sintomatologia semelhante, mas sem foco na separação)
- transtorno de pânico (no transtorno de ansiedade de separação pode haver crises de pânico relacionadas à separação, enquanto no transtorno de pânico as crises de pânico são em geral aparentemente espontâneas).

Tratamento

O prognóstico em geral é bom, mas depende da gravidade de cada caso e da capacitação dos profissionais que acompanham o paciente. Como em todos os transtornos de ansiedade, o tratamento é geralmente feito em duas modalidades: psicológico e medicamentoso.

De modo geral, o acompanhamento psicológico é mais importante (Masi; Mucci; Millepiedi, 2001) do que a farmacoterapia no tratamento do transtorno de ansiedade de separação. Além da psicoterapia individual, as abordagens familiares podem ser muito úteis nesses casos (Sadock, B. J.; Sadock, V. A.; Kaplan, 2005). Entre as diferentes linhas, há mais evidências científicas da eficácia da psicoterapia cognitivo-comportamental, o que não significa que outras linhas sejam menos eficazes ou não possam ser utilizadas (Kearney et al., 2003).

Quanto ao tratamento medicamentoso, há evidências de que os ISRSs (notadamente a fluoxetina) (Masi; Mucci; Millepiedi, 2001; Birmaher, 2003) são eficazes no tratamento do transtorno de ansiedade de separação. Em todos os casos, há que se considerar os riscos inerentes a cada medicação.

Conclusão

A ansiedade de separação e o transtorno de ansiedade de separação são fenômenos diferentes: enquanto a primeira é observável em diversos momentos ao longo do desenvolvimento normal, o transtorno de mesmo nome provoca prejuízos e sofrimento importantes para o indivíduo e pessoas próximas, bem como demanda acompanhamento especializado. O tratamento do transtorno de ansiedade de separação consiste em psicoterapia e farmacoterapia e, geralmente, tem bom prognóstico.

Transtorno de ansiedade social (fobia social)[*]

A fobia social, ou transtorno de ansiedade social, como é chamada atualmente, é um dos transtornos mais comuns na infância (Stein, M. B.; Stein, D. J., 2008), fazendo a criança se sentir incomodada e/ou com medo em situações nas quais está próxima de outros indivíduos, interagindo ou sendo observada por eles. Aqueles que têm esse problema temem que possam fazer algo errado ou comportar-se de forma humilhante ou embaraçosa nessas situações, ficando expostos à avaliação negativa por parte dos outros.

Essas pessoas geralmente procuram evitar os mais diversos eventos sociais ou a escola, o que acaba prejudicando seu desempenho em várias áreas da vida e acarretando importante sofrimento (Lecrubier, 1998; Lépine; Pélissolo, 2000).

Transtorno de ansiedade social e ansiedade normal

Conforme mencionado no início deste capítulo, a ansiedade normal pode ser caracterizada como um "medo" ou preocupação que todas as pessoas experimentam, especialmente as crianças e os adolescentes. Isso permite manter um comportamento de cautela diante dos acontecimentos do dia a dia. A ansiedade normal geralmente não prejudica o comportamento (desempenho). Pelo contrário, ela nos prepara para enfrentar da melhor maneira possível situações como o primeiro dia de aula, uma prova escolar ou mesmo a apresentação para uma outra pessoa. Uma criança tímida pode se sentir incomodada quando está com alguém, mas a ansiedade que experimenta não é grande a ponto de incapacitá-la para enfrentar a situação.

Em crianças e adolescentes com TAS, a ansiedade e o medo experimentados diante das situações sociais são tão intensos que podem chegar a "paralisá-las", trazendo prejuízos ao seu desempenho e ao bem-estar. Também não permitem que elas se preparem e enfrentem tais eventos, pois são percebidos como ameaçadores. Isso torna esses jovens mais vulneráveis e inseguros diante das situações sociais e escolares cotidianas, que vão se tornando cada vez mais desagradáveis, chegando a ser evitadas a todo custo (Connolly; Suarez; Sylvester, 2011).

As crianças e os adolescentes com TAS temem e/ou evitam uma grande variedade de situações sociais. As mais comuns são:

---

[*]Adaptado de Crippa e colaboradores (2011).

- falar ou se apresentar em público
- escrever no quadro diante dos colegas e professores
- conversar com professores ou diretores
- fazer perguntas
- ser o centro das atenções
- comer e/ou beber em público
- usar banheiros públicos

Quando a criança tem medo de várias dessas situações sociais (como comer, beber, atuar em público, falar com figuras de autoridade, etc.), dizemos que ela tem o TAS do tipo generalizado, que é a forma mais comum desse transtorno. Já quando o medo é específico a uma única situação (na maioria das vezes, a de falar em público), denominamos o problema de TAS não generalizado, ou circunscrito (Stein, M. B.; Stein, D. J., 2008).

Sintomas físicos

As crianças com TAS procuram evitar as situações temidas, mas quando se veem diante delas apresentam grande ansiedade e até mesmo sintomas físicos intensos, os quais atrapalham ainda mais seu desempenho. Os sintomas físicos mais comuns são:

- batedeira (aceleração do coração)
- tremedeira
- sudorese (suor não devido ao calor)
- tontura
- boca seca
- rubor (ficar vermelho)
- dispneia (falta de ar)
- parestesia (formigamento)
- diurese aumentada (urinar com maior frequência)

TAS na população

Os estudos epidemiológicos mostram que o TAS está entre os mais frequentes transtornos encontrados na população em geral e em crianças e adolescentes em particular. Estudos realizados na última década demonstraram que de 5 a 13,3% das pessoas apresentam esse problema (Baptista et al., 2012; Fink et al., 2009). Dessa forma, aproximadamente 8 a 22 milhões de pessoas no Brasil apresentam esse transtorno.

Entretanto, o TAS com frequência deixa de ser reconhecido (Filho et al., 2010). Os pais e os professores muitas vezes confundem o problema com uma característica da personalidade da criança ou do temperamento ou, ainda, muito comumente, com timidez. Até mesmo entre os médicos, devido à descrição relativamente recente do transtorno e à necessidade de perguntas específicas sobre os sintomas, o TAS muitas vezes acaba não sendo detectado.

Causas e origem

O TAS costuma iniciar-se na infância ou na adolescência, podendo, entretanto, surgir mais tardiamente, e é mais comum em meninas (Stein, M. B.; Stein, D. J., 2008).

Ainda não se sabe a real causa desse transtorno, contudo, há algumas hipóteses (Stein, M. B.; Stein, D. J., 2008). Como para a maioria dos transtornos mentais, acredita-se que o TAS surja da interação entre causas biológicas, ambientais e hereditárias.

- **Causas biológicas:** sabe-se que existem alterações em substâncias químicas cerebrais como a serotonina em pessoas com TAS. É por isso que os medicamentos mais usados para seu tratamento são os antidepressivos, que atuam principalmente nessa substância (ver a seguir). Há estudos apontando para o envolvimento de algumas estruturas no cérebro, como a amígdala, o hipocampo e áreas dos lobos frontais.
- **Causas ambientais:** a capacidade de cada pessoa para lidar com situações de estresse é influenciada pelo ambiente em que é criada. Crianças que crescem em lares onde predomina um ambiente de medo e insegurança, como, por exemplo, com pais abusivos, dependentes de álcool e outras drogas, ou em ambientes politicamente instáveis, tendem a ficar mais "alertas" (na verdade ansiosas) e, na maior parte do tempo, preparadas para fugir ou se defender de alguma ameaça real ou imaginária. Essa hiperativação constante poderia contribuir para o desenvolvimento posterior de transtornos de ansiedade, inclusive o TAS. A ocorrência de situações nas quais a pessoa é exposta a outras e é de fato humilhada (gozações, piadas), sobretudo na infância, também pode contribuir para o desenvolvimento do TAS posteriormente. É como se a pessoa aprendesse: "Se eu falar em público, vou parecer ridículo e vão rir de mim como naquela vez!".
- **Causas hereditárias:** acredita-se que pais com TAS possam influenciar o desenvolvimento do transtorno em seus filhos de duas maneiras. Primeiro, geneticamente, ou seja, passando características genéticas que aumentam a chance de a criança desenvolver o transtorno; segundo, eles, ao evitarem situações sociais, estariam contribuindo para que seus filhos "aprendessem" que aquelas situações seriam, de fato, perigosas.

Prejuízos

O TAS pode levar a criança a evitar interação social, o que pode conduzir ao isolamento e a limitações em vários aspectos da vida diária, como, por exemplo, no funcionamento familiar, ocupacional, acadêmico, em relacionamentos e atividades sociais (Chagas et al., 2010). Assim, indivíduos com TAS apresentam:

- pior desempenho escolar, faltas frequentes e maiores chances de abandonar os estudos
- dificuldades nos relacionamentos amorosos
- maior frequência de tentativas de suicídio
- ausência de relações sociais próximas

Além dos prejuízos causados diretamente pelas dificuldades e limitações produzidas pelo TAS, sabe-se que cerca de 70% das pessoas com fobia social apresentam outros transtornos associados, sendo estes geralmente secundários do ponto de vista cronológico (Filho et al., 2010). As condições mais frequentes são depressão, abuso de substâncias (álcool e drogas), ideias de suicídio e outros transtornos de ansiedade.

Tratamento

O TAS é responsável por grandes prejuízos, porém, felizmente, existe tratamento, o que na maioria dos casos pode aliviar de modo significativo esse sofrimento. Como nos dois outros transtornos descritos neste capítulo, o tratamento pode ser realizado com medicamentos, psicoterapia ou com a combinação de ambos (Levitan, 2011; Schneier, 2011).

Tratamento medicamentoso

Antidepressivos

Os medicamentos mais utilizados hoje no tratamento do TAS são os antidepressivos. Prescritos sob orientação médica, agem regulando a função e permitindo que maiores quantidades de substâncias como a serotonina e a noradrenalina estejam disponíveis em certas áreas do cérebro. Isso tende a reduzir os sintomas ao longo do tempo. Geralmente, os efeitos positivos começam a aparecer dentro de 2 a 4 semanas, e o tratamento deve ser mantido por pelo menos um ano ou mais, segundo orientação médica.

Benzodiazepínicos

Medicamentos muito utilizados para transtornos de ansiedade em geral, os benzodiazepínicos também são eficazes no tratamento do TAS, porém têm sido menos utilizados pelo risco de causarem dependência, perder seu efeito ao longo do tempo (tolerância) e devido à ocorrência de efeitos colaterais.

Psicoterapia

A modalidade de psicoterapia mais estudada e com resultados comprovados no TAS é a TCC, que pode ser individual ou em grupo. Nela, os pacientes são envolvidos em um processo ativo junto com o terapeuta, visando melhorar a qualidade de vida por meio do uso isolado ou conjunto das técnicas apresentadas a seguir.

Técnicas de relaxamento

Conforme já dito, é muito comum a existência de sintomas corporais (ou somáticos) de ansiedade em pacientes com TAS, principalmente quando estão em situações sociais. Aprender a relaxar nesses momentos pode ser fundamental – e o que parece simples para muitas pessoas, às vezes, requer meses de treinamento para alguém com TAS.

Treinamento de habilidades sociais

Com essa técnica, aborda-se diretamente o que mais causa ansiedade ao paciente com TAS: o temor e a sensação de incapacidade de buscar ou manter relacionamentos. De fato, o isolamento imposto pelo paciente tende apenas a dificultar o aprendizado de habilidades sociais. Treinar como se aborda um(a) possível namorado(a), por exemplo, pode ser extremamente significativo para o desenvolvimento de confiança em interações desse tipo.

Exposição

A pessoa com TAS tende a evitar o que lhe causa ansiedade, seja falar em público, seja comer diante de outras pessoas, relacionar-se afetivamente, etc. Uma linha de tratamento é estimular a pessoa a expor-se a essas situações gradativamente e suportar a ansiedade que surgirá até que ela desapareça.

Reestruturação cognitiva

Pensamentos (cognições) negativos a respeito de si ou de seu desempenho em certas situações são comuns em pacientes com TAS, como, por exemplo: "Todo mundo está olhando para mim", "Vou parecer ridículo", "Todo mundo vai rir de mim", "Sou um fracasso". As técnicas de reestruturação cognitiva objetivam ajudar os pacientes a entender como tais pensamentos surgiram e de que maneira combatê-los.

Onde procurar ajuda?

Toda pessoa que acha que tem ou que conhece alguém que tenha TAS pode procurar ajuda em:

- hospitais que tenham serviços de atendimento em psiquiatria e/ou psicologia
- centros de saúde mental na comunidade
- médicos psiquiatras ou psicólogos
- postos de saúde em geral

CONSIDERAÇÕES FINAIS

Os transtornos de ansiedade estão entre os transtornos psiquiátricos mais comuns na infância e na adolescência e requerem atenção especializada para que o sofrimento do jovem paciente seja abreviado e para que não haja complicações importantes no futuro.

Entre os transtornos mais frequentes dessa classe entre crianças e adolescentes estão o transtorno de ansiedade generalizada, o transtorno de ansiedade de separação e o transtorno de ansiedade social. É importante destacar que, diferentemente do que acontece em populações adultas, esses transtornos são raramente encontrados em suas formas puras nos pacientes mais jovens, sendo comum a manifestação simultânea de sintomas característicos de mais de um deles.

Atualmente, existem tratamentos eficazes para todos eles, baseados em diferentes modalidades de psicoterapia e em medicamentos que atuam em sistemas neurotransmissores relacionados à ansiedade, sobretudo a serotonina e a noradrenalina.

Embora a responsabilidade última pelo tratamento da criança ou adolescente que sofre de um transtorno de ansiedade deva ficar nas mãos de um profissional da saúde mental e da família do paciente, a escola é um local privilegiado para a observação das primeiras manifestações desses transtornos.

REFERÊNCIAS

BAPTISTA, C. A. et al. Social phobia in Brazilian university students: prevalence, under-recognition and academic impairment in women. *J Affect Disord,* v. 136, n. 3, p. 857-861, 2012.

BIEDERMAN, J. et al. Patterns of psychopathology and dysfunction in highrisk children of parents with panic disorder and major depression. *Am J Psychiatry,* v. 158, n. 1, p. 49-57, 2001.

BIRMAHER, B. Fluoxetine for the treatment of childhood anxiety disorders. *J Am Acad Child Adolesc Psychiatry,* v. 42, n. 4, p. 415-423, 2003.

CHAGAS, M. H. et al. [Guidelines of the Brazilian Medical Association for the diagnosis and differential diagnosis of social anxiety disorder]. *Rev Bras Psiquiatr,* v. 32, n. 4, p. 444-452, 2010.

CONNOLLY, S. D.; SUAREZ, L.; SYLVESTER, C. Assessment and treatment of anxiety disorders in children and adolescents. *Curr Psychiatry Rep,* v. 13, n. 2, p. 99-110, 2011.

CRIPPA, J. A. et al. *Fobia social (transtorno de ansiedade social)*: informações a profissionais e pacientes. São Paulo: USP, 2011.

FILHO, A. S. et al. Social anxiety disorder: what are we losing with the current diagnostic criteria? *Acta Psychiatr Scand,* v. 121, n. 3, p. 216-226, 2010.

FINK, M. et al. Social anxiety disorder: epidemiology, biology and treatment. *Psychiatr Danub,* v. 21, n. 4, p. 533-542, 2009.

KEARNEY, C. A. et al. Separation anxiety disorder in young children: a longitudinal and family analysis. *J Clin Child Psychology,* v. 32, n. 4, p. 593-598, 2003.

LECRUBIER, Y. Comorbidity in social anxiety disorder: impact on disease burden and management. *J Clin Psychiatry,* v. 59, n. 17, p. 33-38, 1998.

LÉPINE, J. P.; PÉLISSOLO, A. Why take social anxiety disorder seriously? *Depress Anxiety,* v. 11, n. 3, p. 87-92, 2000.

LEVITAN, M. N. et al. [Guidelines of the Brazilian Medical Association for the treatment of social anxiety disorder]. *Rev Bras Psiquiatr,* v. 33, n. 3, p. 292-302, 2011.

MANASSIS, K. Generalized anxiety disorder in the classroom. *Child Adolesc Psychiatr Clin North America,* v. 21, n. 1, p. 93-103, 2012.

MASI, G.; MUCCI, M.; MILLEPIEDI, S. Separation anxiety disorder in children and adolescents: epidemiology, diagnosis and management. *CNS Drugs,* v. 15, n. 2, p. 93-104, 2001.

MERVIS, C. B. et al. Duplication of GTF2I results in separation anxiety in mice and humans. *Am J Hum Genet,* v. 90, n. 6, p. 1064-1070, 2012.

SADOCK, B. J.; SADOCK, V. A.; KAPLAN, H. I. *Kaplan and Sadock´s comprehensive textbook of psychiatry.* 8th ed. [S.l.]: Lippincott Williams and Wilkins, 2005.

SCHNEIER, F. R. Pharmacotherapy of social anxiety disorder. *Expert Opin Pharmacother,* v. 12, n. 4, p. 615-625, 2011.

STEIN, M. B.; STEIN, D. J. Social anxiety disorder. *Lancet,* v. 371, n. 9618, p. 1115-1125, 2008.

LEITURAS RECOMENDADAS

BAGNELL, A. L. Anxiety and separation disorders. *Pediatr Rev,* v. 32, n. 10, p. 440-445, 2011.

MARCELLI, D. *Manual de Psicopatologia da Infância de Ajuriaguerra.* 5. ed. Porto Alegre: Artmed, 1998.

OOSTERMAN, M.; SCHUENGEL, C. Autonomic reactivity of children to separation and reunion with foster parents. *J Am Acad Child Adolesc Psychiatry,* v. 46, n. 9, p. 1196-1203, 2007.

9

Transtorno obsessivo-compulsivo: como o professor pode ajudar

Maria Conceição do Rosário
Patricia Velloso
Rosana S. Mastrorosa

Um caso real

José tem 10 anos de idade e está no 5º ano do ensino fundamental. Apesar de ter sido sempre um bom aluno, participativo na sala de aula, com muito interesse em aprender coisas novas e notas muito boas, há cerca de quatro meses começou a ter baixo rendimento nas atividades. Passou a apagar o que escrevia durante as aulas, reescrevendo várias vezes a mesma frase, e a pedir para sair da sala várias vezes para ir ao banheiro. Começou a demorar muito tempo para finalizar provas, e suas notas pioraram muito. Apesar de sempre ter sido um pouco tímido, passou a se isolar e reduziu o convívio com os colegas.

QUAIS AS CARACTERÍSTICAS DO TRANSTORNO OBSESSIVO-COMPULSIVO?

O transtorno obsessivo-compulsivo (TOC) é conhecido também como a "doença das manias", ou "doença das dúvidas". É caracterizado pela presença de obsessões e/ou compulsões que tomam tempo (pelo menos uma hora por dia), causam incômodo ou interferem na vida do paciente e/ou de seus familiares.

Apesar de as palavras "obsessões" e "compulsões" serem usadas no dia a dia com significados que podem variar, para a medicina, elas têm significados específicos. As obsessões são definidas como pensamentos, imagens, preocupações, medos ou dúvidas (ou uma combinação destes). As obsessões são intrusivas, persistentes, indesejadas, repetitivas, perturbadoras e, muitas vezes, interferem no funcionamento da pessoa. As obsessões podem ter vários temas ou conteúdos, sendo que algumas vezes podem parecer chocantes (p.

ex., medo de ter sido responsável por um desastre). Entretanto, é importante ressaltar que são apenas pensamentos, e não fantasias ou desejos que serão postos em prática. Como é muito difícil ignorá-las, as obsessões são vivenciadas como desconfortáveis e desagradáveis, deixando as pessoas ansiosas, pois não conseguem eliminá-las.

Já as compulsões são comportamentos visíveis ou rituais mentais, executados repetidas vezes, em geral como uma tentativa de aliviar a ansiedade ou o incômodo causado pelas obsessões. As compulsões são geralmente executadas de acordo com certas regras que o paciente sente-se forçado a seguir. Mas, infelizmente, qualquer alívio que os comportamentos compulsivos fornecem é apenas temporário e de curta duração e, muitas vezes, piora o incômodo causado pelas obsessões, criando um ciclo de agravamento gradual do TOC.

As obsessões e as compulsões, também chamadas de sintomas obsessivo-compulsivos (SOCs), podem variar consideravelmente, não só entre pacientes, mas também em um mesmo paciente ao longo do tempo. Apesar de variarem bastante, diversos temas têm sido reconhecidos como frequentes na infância e na adolescência e não são muito diferentes dos SOCs dos adultos. Entre eles, podemos citar:

- **Contaminação:** o paciente refere uma preocupação de que ele próprio ou outras pessoas possam se contaminar. Sente-se ansioso, preocupado ou com medo de sujeira, germes, secreções corporais (urina, fezes, saliva), poluentes ambientais (radiação, poeira) ou animais.
- **Limpeza e lavagem:** o paciente realiza lavagens excessivas ou ritualizadas de alguma parte do corpo ou de objetos. Algumas vezes, esses sintomas só são percebidos quando ele começa a apresentar irritações, rachaduras ou até sangramento na pele. Pode também tomar providências para evitar ou impedir o contato com substâncias que possam causar contaminação, como usar luvas ou exigir que os familiares lhe deem banho.
- **Simetria, ordenação e arranjo:** necessidade de ter objetos em um determinado lugar ou de que os fatos aconteçam de acordo com uma ordem específica e precisa. Algumas vezes, os objetos precisam estar simetricamente alinhados ou pareados. Os pacientes relatam que a precisão da tarefa torna-se mais importante do que sua concretização, pois, caso essa ordem seja perdida ou alterada, surgem sensações de desconforto, mal-estar ou ansiedade.
- **Agressão:** o paciente tem medo de se ferir ou de ferir outras pessoas. Podem ocorrer imagens mentais violentas ou terríveis de acidentes, assassinatos; medo de dizer involuntariamente obscenidades ou insultos; medo de executar impulsos; medo de ser responsável por algo terrível que aconteça, como incêndios ou inundações. Por exemplo, um paciente de 8 anos passou a chorar muito, pois "via em pensamento" imagens de sua mãe em um acidente de carro.
- **Verificação:** verificar repetidamente portas, fechaduras, fogão, janelas; checar se não feriu a si mesmo ou a outras pessoas; verificar se nada de terrível aconteceu; checar se não cometeu erros.

- **Acumulação ou colecionismo:** comportamento de guardar coisas desnecessárias, geralmente objetos sem valor (p. ex., jornais, revistas, papéis de bala); medo de perder coisas que a pessoa acredita que possam lhe ser úteis posteriormente; checar repetidas vezes se nenhum objeto se perdeu.
- **Compulsões *tic-like*:** semelhantes a tiques, mas realizadas com o objetivo de diminuir a ansiedade, o desconforto, o medo ou a preocupação geralmente causados por uma obsessão. São exemplos de compulsões *tic-like:* tocar, esfregar, dar pancadinhas, piscar os olhos ou olhar fixamente.
- **Rituais mentais:** atos que o indivíduo faz "em sua cabeça", como contar ou rezar em silêncio, fazer divisões mentais de palavras, frases ou objetos, precisar ter um "bom" pensamento para anular um pensamento "ruim". Podem causar grande interferência na capacidade de concentração do paciente.
- **Comportamentos de evitação (ou evitamento):** a pessoa evita comportamentos habituais à maioria das pessoas. Por exemplo, na tentativa de evitar a ansiedade ou o desconforto causados pelo medo de contaminação, os pacientes podem usar luvas, exigir que familiares lhes deem banho, evitar tocar em pessoas ou maçanetas.

Em crianças, pensamentos obsessivos podem ser menos encontrados do que em adultos, e muitas vezes o paciente só os relata após insistentes questionamentos. Assim, é comum, na infância, que as compulsões sejam realizadas apenas para aliviar uma sensação muito ruim de mal-estar, ansiedade, incompletude ou imperfeição, sem nenhum relato de medo (ou pensamento) específico relacionado a elas.

Muitas pessoas têm pelo menos um dos SOCs descritos. Assim, quando consideramos que a pessoa tem TOC? O que caracteriza o transtorno é a frequência (ao menos uma hora por dia), a intensidade (chegam a causar incômodo à pessoa e/ou a seus familiares) e a interferência dos SOCs na rotina, no funcionamento ocupacional e/ou acadêmico ou nos relacionamentos sociais do indivíduo.

O diagnóstico é clínico – ou seja, não existem exames que possam diagnosticar o TOC – e deve ser feito por um médico. Algumas vezes, são solicitados exames clínicos ou de neuroimagem para descartar a possibilidade de outras patologias. Pacientes com TOC podem apresentar apenas obsessões, apenas compulsões ou ambos (o que é mais frequente).

O TOC pode causar grande interferência na vida da criança e de seus familiares, sendo considerado uma das 10 patologias que mais causam comprometimento no funcionamento da pessoa.

O TRANSTORNO OBSESSIVO-COMPULSIVO É FREQUENTE?

Estudos que avaliaram as taxas de TOC na população em geral (também chamados de estudos de prevalência) relataram que ele afeta cerca de 1 a 3% da população mundial, independentemente de raça, classe socioeconômica ou religião. Também demonstraram que cerca de metade dos adultos com diagnóstico de TOC teve início dos SOCs antes dos 18 anos de idade.

É interessante ressaltar que, quanto menor a idade, maior o número de meninos que procuram tratamento. Já em pacientes mais velhos, essa diferença diminui, chegando a uma prevalência igual ou até discretamente aumentada em mulheres na idade adulta.

Apesar de ser um transtorno frequente, alguns estudos sugerem que quase 60% dos pacientes com TOC esperam muito tempo para procurar tratamento, em geral por vergonha ou medo de sofrer discriminação pelos sintomas. Por isso, o TOC também é conhecido como a "doença do segredo".

Na infância, provavelmente ainda mais do que na idade adulta, os pacientes podem manter seus sintomas em segredo, e até mesmo os pais podem levar vários meses para começar a notar que algo não está bem com seus filhos. Nesses casos, os sintomas podem ser percebidos indiretamente. Em geral, as crianças ficam mais caladas, tímidas, perfeccionistas e com tendência a se isolar. Outro "sinal de alerta" é quando os hábitos ou rituais normais na hora de dormir ou de alimentar-se passam a consumir tempo excessivo e a ter detalhes minuciosos e excêntricos. Por exemplo, uma menina de 6 anos necessitava pedir a bênção para os pais e rezar várias vezes junto com eles antes de dormir; um paciente de 8 anos não conseguia comer com talheres, pois não podia encostá-los nos lábios; uma menina de 10 anos só conseguia sair de casa depois que passava a mão no cabelo cerca de 50 vezes, para ter certeza de que ele estava penteado da maneira exata, ou até sentir que os dois lados estavam em "equilíbrio".
Além da demora para procurar ajuda, existem pacientes que buscam tratamento, mas não o recebem devido à falta de profissionais da saúde treinados para identificar e tratar os SOCs.

O QUE CAUSA O TRANSTORNO OBSESSIVO-COMPULSIVO?

Estudos apontam que o TOC é clínica e etiologicamente heterogêneo. Isso significa que existem vários fatores que interagem para que uma pessoa desenvolva SOCs e para que esses sintomas se transformem em TOC. Entre esses fatores, podemos citar fatores genéticos, ambientais e neurobiológicos. Essa interação de fatores é bastante complexa, e, dependendo dessa combinação, as pessoas podem apresentar quadros bastante diferentes uns dos outros.

Em relação aos fatores genéticos, estudos têm demonstrado que, quanto mais precoce é o início dos SOCs nos pacientes, maior a possibilidade de encontrarmos outros familiares que também apresentem esses sintomas ou que tenham tiques e/ou síndrome de Tourette (ST).

Outro fator que aumenta ainda mais a diversidade dos quadros são as comorbidades, ou seja, a presença de pelo menos um outro diagnóstico além do TOC. As taxas de comorbidade em pacientes com TOC são altas, e alguns transtornos frequentes são:

- depressão
- outros transtornos de ansiedade (tais como ansiedade de separação ou fobias)
- transtorno de déficit de atenção/hiperatividade (TDAH)
- tiques ou ST (descritos mais adiante neste capítulo)

COMO ESSE TRANSTORNO PODE AFETAR O RENDIMENTO ESCOLAR?

Se não for tratado adequadamente, o TOC pode ter um impacto devastador na educação de uma criança. A demora para realizar os rituais pode interferir na atenção e nos deveres em classe e em casa. Uma criança, ou adolescente, distraída por medos obsessivos muitas vezes parece desatenta. Além disso, os sintomas que ocorrem na escola podem resultar em problemas sociais, pois os pacientes tentam escondê-los e, para isso, tendem a se isolar ou a reduzir o contato com os colegas.

O TOC **não** causa comprometimento no nível de inteligência da criança. Entretanto, a presença dos SOCs pode aumentar a frequência de atrasos e faltas escolares, além da demora no tempo para realizar tarefas e provas. Nesses casos, o rendimento escolar pode ser bastante prejudicado.

Existem alguns comportamentos que podem indicar que a criança/adolescente esteja com TOC. Entre eles, podemos citar:

- falta de atenção nas aulas (o estudante pode ficar com sua atenção voltada para as obsessões ou realizando rituais mentais)
- redução abrupta de notas
- idas frequentes e/ou prolongadas ao banheiro
- incapacidade de tocar objetos, materiais ou outras pessoas
- questionamento excessivo e necessidade de se assegurar de que está entendendo ou fazendo algo correto
- evitar a participação em atividades escolares junto de outras crianças
- chegar frequentemente atrasado à escola
- atrasar a entrega de trabalhos escolares e provas

O QUE OS EDUCADORES PODEM FAZER PARA AJUDAR O PORTADOR DE TOC?

A criança/adolescente passa uma parte significativa do seu tempo na escola. Portanto, a participação dos educadores é fundamental para o sucesso do tratamento de pacientes com TOC.

Iniciativas importantes dos educadores

1. Busque informações sobre o TOC para compreender as necessidades do portador, apoiá-lo e fazer os ajustes necessários. Conhecer os SOCs e o TOC pode ajudar com o treino das habilidades sociais da criança e com o fortalecimento da sua autoestima.
2. Propicie o fluxo de informações entre a criança/adolescente, seus pais, os profissionais da saúde e os educadores. A comunicação eficaz entre todas essas pessoas é fundamental para o sucesso do tratamento.
3. Evite que a criança/adolescente seja vítima de *bullying* – é muito frequente que indivíduos com TOC sejam vítimas de discriminação pelos demais. Nesses casos, o papel dos educadores é fundamental para auxiliar os outros alunos a entender melhor as características do TOC e o fato de que o indivíduo que apresenta esse transtorno merece ser tratado como qualquer outro colega.
4. Não demore para encaminhar a criança/adolescente para avaliação – vários estudos demonstram que, quanto maior o tempo entre o início dos SOCs e o tratamento adequado, pior e mais grave é a evolução do TOC. Portanto, é muito importante que as crianças sejam encaminhadas o mais precocemente possível para uma avaliação com um psiquiatra.

A seguir, apresentamos algumas ações práticas que podem auxiliar para que essas iniciativas sejam implementadas com sucesso.

Ações práticas

1. Garanta uma comunicação eficaz entre os pais e os educadores – no caso de uma criança com TOC, talvez seja útil usar um diário, que pode ser passado dos pais para os professores, e vice-versa.
2. Se há dificuldade com a letra (por causa da necessidade de "perfeição"), considere a possibilidade do uso de computadores para a conclusão de tarefas. Isso pode reduzir a necessidade de perfeição em relação à caligrafia.
3. Esteja atento a situações em que o aluno demonstra algum tipo de problema com números e contagens. Alguns alunos com TOC podem pensar em certos números como "azarados" ou "ruins" e não medem esforços para evitá-los.
4. Lembre que o aluno pode solicitar muitas idas ao banheiro. Impedir essas saídas da sala pode aumentar a ansiedade.
5. Auxilie o aluno nos relacionamentos com seus pares em atividades conjuntas.
6. Permita flexibilidade no vestiário – alguns alunos têm SOCs de vestiários e precisam utilizar as mesmas roupas todos os dias.
7. Proponha tarefas que reforcem as características positivas dos alunos com TOC – isso é muito importante para não comprometer a autoestima da criança/adolescente.

É importante enfatizar que cada criança/adolescente tem uma evolução diferente, com necessidades específicas. Ou seja, o apoio escolar precisa ser planejado para cada paciente, de preferência em conjunto com os pais e profissionais da saúde. O apoio pode ser reduzido ao longo do tempo, com a melhora dos SOCs, mas precisará ser restituído caso os sintomas piorem.

O QUE O TRANSTORNO OBSESSIVO-COMPULSIVO TEM A VER COM TIQUES?

Vários estudos têm demonstrado que ao menos um subgrupo de pacientes com TOC tem associação com tiques e/ou ST. Essa associação tem sido confirmada por pesquisas clínicas, genéticas, de neuroimagem, imunológicas e de resposta ao tratamento.

As pessoas com TOC associado a tiques têm o início dos SOCs em uma idade mais precoce, geralmente na infância, e maior probabilidade de serem do sexo masculino, quando comparadas às pessoas com TOC sem tiques. Outra característica é que pacientes com TOC e tiques apresentam, com maior frequência, compulsões sem obsessões, ou apenas precedidas por fenômenos sensoriais ou compulsões *tic-like* (já descritas).

O QUE SÃO TIQUES?

Também chamados de sestros, ou cacoetes, os tiques são caracterizados por movimentos ou vocalizações rápidos, abruptos e involuntários. Os tiques podem ser classificados de acordo com tipo (motores ou fônicos); intensidade (podem variar de muito leves a muito graves); frequência (podem ocorrer esporadicamente ou estar presentes durante mais de 10 horas por dia); ou complexidade (simples ou complexos). Define-se um tique como simples quando envolve apenas um grupo muscular, enquanto tiques complexos envolvem mais de um grupo. Alguns exemplos de tiques incluem:

- **Tiques motores simples:** piscar os olhos, movimento brusco de torcer o nariz, enrugar a testa, tocar os ombros com o queixo, etc.
- **Tiques motores complexos:** expressão do olhar de surpresa, dilatar as narinas como se cheirasse algo, jogar a cabeça para trás como se fosse tirar os cabelos da frente dos olhos, dar um passo para a frente e dois para trás, etc.
- **Tiques vocais ou fônicos simples:** fungar, assobiar, tossir, emitir som, etc.
- **Tiques vocais ou fônicos complexos:** dizer palavras obscenas ou rudes (também chamado de coprolalia), repetir o que outra pessoa diz (conhecido como ecolalia), repetir o que acabou de dizer.

O QUE É A SÍNDROME DE TOURETTE?

De acordo com o *Manual diagnóstico e estatístico de transtornos mentais* (DSM), a ST é caracterizada pela presença de tiques motores e ao menos um tique vocal, com duração de pelo menos um ano. Apesar de oficialmente ter o nome de "tiques motores e vocais crônicos", continua sendo chamada de ST em função do médico Gilles de la Tourette, que descreveu pela primeira vez, em uma revista científica, em 1885, alguns casos de pacientes com tiques. É interessante ressaltar que, já em 1885, Gilles de la Tourette apresentou o caso de uma paciente que tinha associação entre tiques e TOC.

A criança com ST exibe múltiplos tiques motores e vocais, que causam incômodo e/ou prejuízo social e emocional. Os tiques podem variar ao longo do tempo, tanto em relação ao tipo quanto no que se refere à gravidade. Há fases em que os tiques são muito intensos, e outras em que a criança aparenta estar livre dos sintomas.

Assim como no TOC, ainda não existem exames específicos (laboratoriais ou de neuroimagem) que possam diagnosticar a ST. Assim, o diagnóstico é clínico, realizado por meio da avaliação detalhada da criança e de sua família.

Apesar de serem involuntários (a pessoa não faz os tiques porque quer), algumas crianças conseguem suprimir os tiques durante alguns segundos ou por períodos mais prolongados. Dessa forma, uma criança com tiques fônicos pode permanecer totalmente quieta durante uma aula, mas, no caminho de volta para casa, os tiques podem eclodir com maior intensidade e frequência do que de costume. Isso pode fazer parecer que a criança faz os tiques propositalmente ou que ela não tem tique algum.

OS TIQUES PODEM INTERFERIR NA APRENDIZAGEM?

A presença de tiques e/ou ST **não** afeta o nível de inteligência da criança, mas pode interferir bastante no aprendizado por vários motivos. Por exemplo, os tiques podem reduzir a capacidade de atenção e concentração da criança durante as aulas e provas ou comprometer sua autoestima, além de haver o risco de essas crianças serem vítimas de *bullying*.

> Desse modo, a participação dos professores no tratamento é fundamental. O professor é o modelo dentro da sala de aula, e seu comportamento auxiliará as demais crianças a aceitarem e entenderem como agir diante dos tiques do colega.

É importante que o professor conheça as características da ST. Por exemplo:

- a criança não tem culpa por ter tiques
- os tiques causam grande incômodo e desconforto para ela, além da vergonha
- os tiques aumentam quando a criança está ansiosa e/ou estressada, e conversar com ela pode ajudar para que se sinta aceita e mais segura
- a criança pode conseguir suprimir os tiques por algum tempo, assim, pode-se criar uma estratégia com ela, permitindo que saia da sala de aula para que possa "descarregar" os tiques

É importante que as demais crianças também conheçam as características da ST e saibam que esses pacientes têm os mesmos direitos de quem não a tem.

As sugestões descritas anteriormente sobre como os professores podem auxiliar indivíduos com TOC servem também para os pacientes com ST.

COMO SE FAZ O TRATAMENTO DO TOC E DA ST?

O objetivo principal do tratamento deve ser sempre ajudar a criança ou o adolescente a ter um desenvolvimento normal. É preciso também considerar que o TOC e a ST são transtornos crônicos, ou seja, esses pacientes precisarão de tratamento por um longo período, e que, na maioria das vezes, este precisa ser multidisciplinar, com equipe composta por médico, psicólogo, psicopedagogo e terapeuta ocupacional.

O tratamento começa com uma avaliação abrangente do paciente e de sua família. Após a determinação dos sintomas principais e do grau de comprometimento do funcionamento do paciente e da família, estabelece-se o programa de tratamento, que deve ser realizado por meio de intervenções de orientação e apoio, psicoterapia e, muitas vezes, também psicofarmacoterapia (uso de medicamentos).

Uma parte essencial do tratamento corresponde à orientação do paciente e de seus familiares sobre os sintomas e sobre qual a melhor forma de lidar com eles, abordagem também chamada de "psicoeducação".

Os familiares podem "participar" dos sintomas dos pacientes de várias formas, entre elas facilitando os comportamentos de esquiva (evitação), auxiliando na realização dos rituais ou até fazendo adaptações na rotina diária da família de acordo com os SOCs da criança ou adolescente. Essa participação tem sido chamada de "acomodação familiar", e vários estudos têm demonstrado que altos níveis de acomodação familiar estão associados a pior resposta ao tratamento. Portanto, sobretudo com crianças e adolescentes, é extremamente importante que a família participe de todas as etapas do tratamento.

Em relação à psicoterapia, várias técnicas da terapia cognitivo-comportamental (TCC) têm apresentado bons resultados em relação ao controle dos sintomas, com eficácia comprovada em crianças, adolescentes e adultos. Para realizar a TCC, é importante incentivar a criança a entender melhor o que acontece com ela e desenvolver a "coragem" para enfrentar seus medos. Também é importante observar cuidadosamente o ambiente no qual a criança realiza um determinado ritual. Os rituais têm um efeito imediato para a redução do incômodo causado pelas obsessões ou sensações de imperfeição/incompletude, mas também têm um efeito no ambiente da criança.

A TCC tem também eficácia comprovada no tratamento de pacientes com ST. Essa eficácia se deve, em especial, a uma técnica conhecida como reversão de hábitos. Essa técnica se baseia primeiro na psicoeducação e, depois, na auto-observação e conscientização dos processos corporais, para que o paciente identifique seus tiques, as sensações premonitórias que ocorrem nos momentos que antecedem os movimentos e em quais situações ambientais e emocionais estes pioram ou melhoram. Em geral, procura-se trocar um movimento que chame muita atenção no ambiente por algum outro, mais adequado socialmente e que não cause tanto desconforto ao paciente. A abordagem terapêutica deve ser abrangente, trabalhando-se também com os pacientes assertividade, enfrentamento de problemas, controle da ansiedade, habilidades sociais e autoestima.

Em relação à farmacoterapia, existem vários estudos comprovando que os mesmos medicamentos utilizados em pacientes adultos também são eficazes no tratamento de crianças e adolescentes. Para o TOC, os mais usados são os antidepressivos do tipo inibidores da recaptação de serotonina, como clomipramina, sertralina, fluoxetina, fluvoxamina, paroxetina, citalopram e escitalopram. Esses medicamentos têm aprovação da Food and Drug Administration (FDA), órgão regulador dos Estados Unidos, para uso em crianças e/ou adolescentes. Para a ST, recomenda-se o uso de fármacos quando os tiques estão causando interferência e/ou incômodo nas atividades do paciente. Os mais usados são os alfa-adrenérgicos (como clonidina e guanfacina) e os neurolépticos.

Em alguns casos, os medicamentos podem causar sonolência durante as aulas, e os professores devem estar atentos para informar aos pais e aos profissionais da saúde.

Tanto para o TOC quanto para a ST, todos os estudos relatam que, quanto mais cedo se iniciar o tratamento, melhor o desfecho, principalmente para evitar que a pessoa seja estigmatizada.

A importância da ASTOC

Em maio de 1996, foi criada a Associação de Familiares e Portadores da Síndrome de Tourette, Tiques e Transtorno Obsessivo-compulsivo (ASTOC), com o objetivo de apoiar os indivíduos com TOC e ST e seus familiares. A ASTOC tem desenvolvido um trabalho pioneiro para dar apoio a familiares e pacientes, estimular a pesquisa, promover encontros e, principalmente, divulgar informações atualizadas sobre esses transtornos. A ASTOC fornece informações sobre o TOC e a ST, opções de tratamento e *links* para profissionais da saúde mental e da área de educação, bem como protege os interesses dos alunos que apresentam essas síndromes. Os professores devem sempre sugerir que os pais entrem em contato com a ASTOC.

CONSIDERAÇÕES FINAIS

A falta de conhecimento das características do TOC e da ST pela população em geral, e até mesmo no meio médico, tem contribuído para a perpetuação do sigilo e o prolongamento do sofrimento desses pacientes. Nomes como obsessões, manias, rituais, compulsões, cacoetes e tiques já fazem parte do nosso cotidiano. Entretanto, são geralmente utilizados de forma preconceituosa e depreciativa.

Acreditamos que, por meio de uma ampla divulgação das características desses quadros, tanto em adultos quanto em crianças e adolescentes, e abrangendo os profissionais da saúde e da educação, o meio acadêmico e os demais setores da sociedade, pode-se contribuir para a diminuição do preconceito em relação ao TOC e à ST, a redução do tempo de espera até o tratamento adequado e a melhora da qualidade de vida desses pacientes e de seus familiares.

> **Fatos importantes para não esquecer**
>
> 1. O TOC é frequente, afeta cerca de 1 a 3% da população mundial, independentemente de raça, classe socioeconômica ou religião.
> 2. Metade dos adultos com diagnóstico de TOC teve início dos SOCs antes dos 18 anos de idade.
> 3. O TOC é heterogêneo, e ao menos um subgrupo de pacientes tem associação com tiques e/ou síndrome de Tourette.
> 4. A identificação e o tratamento adequado realizado precocemente têm sido apontados como fatores de melhor prognóstico do TOC e da ST.
> 5. Não se deve esperar que os sintomas estejam graves para buscar ajuda. Quanto mais cedo começar o acompanhamento dessa criança ou adolescente (e de sua família), melhor o desfecho.
> 6. A escola é onde a criança irá desenvolver habilidades necessárias para construir e consolidar aspectos pessoais como segurança, aceitação, valores, competência e interação social. Portanto, a participação dos professores no tratamento de crianças e adolescentes com TOC e/ou tiques é fundamental.

REFERÊNCIAS

AMERICAN ACADEMY OF CHILD AND ADOLESCENT PSYCHIATRY. Practice parameter for the assessment and treatment of children and adolescents with obsessive-compulsive disorder. *J. Am. Acad. Child Adolesc Psychiatry,* v. 51, n. 1, p. 98-113, 2012.

AMERICAN PSYCHIATRIC ASSOCIATION. *Practice guidelines for the treatment of patients with obsessive-compulsive disorder.* Arlington: American Psychiatric Association, 2007.

BLOCH, M. H. Meta-analysis of the symptom structure of obsessive-compulsive disorder. *Am J Psychiatry,* v. 165, n. 12, p. 1532-1542, 2008.

DE MATHIS, M. A. et al. Obsessive-compulsive disorder: influence of age at onset on comorbidity patterns. *Eur Psychiatry,* v. 23, p. 187-194, 2008.

DELL'OSSO, B. et al. Diagnosis and treatment of obsessive-compulsive disorder and related disorders. *International Journal of Clinical Practice,* v. 61, p. 98-104, 2007.

DINIZ, J. B. Chronic tics and Tourette syndrome in patients with obsessive-compulsive disorder. *J Psychiatr Res,* v. 40, p. 487-493, 2006.

GOMES DE ALVARENGA, P. et al. Clinical features of tic-related obsessive-compulsive disorder: results from a large multicenter study. *CNS Spectr,* v. 17, n. 2, p. 87-93, 2012.

GOMES DE ALVARENGA, P.; SAVIO MASTROROSA, R.; DO ROSÁRIO, M. C. Obsessive compulsive disorder in children and adolescents. In: REY, J. M. (Ed.). *IACAPAP e-textbook of child and adolescent mental health*. Geneva: IACAPAP, 2012.

HOUNIE, A. G.; MIGUEL, E. C. *Tiques, cacoetes, síndrome de Tourette:* um manual para pacientes, seus familiares, educadores e profissionais de saúde. 2. ed. Porto Alegre: Artmed, 2012.

KESSLER, R. C. et al. Lifetime prevalence and age-of-onset distributions of DSMIV disorders in the National Comorbidity Survey Replication. *Archives of General Psychiatry*, v. 62, p. 593-602, 2005.

KICHUK, S. A. et al. Symptom dimensions are associated with age of onset and clinical course of obsessive-compulsive disorder. *Prog Neuropsychopharmacol Biol Psychiatry*, v. 44, p. 233-239, 2013.

LECKMAN, J. F.; BLOCH, M. H.; KING, R. A. Symptom dimensions and subtypes of obsessive-compulsive disorder: a developmental perspective. *Dialogues in Clinical Neurosciences*, v. 11, p. 21-33, 2009.

MATAIX-COLS, D.; ROSÁRIO-CAMPOS, M. C.; LECKMAN, J. F. A multidimensional model of obsessive-compulsive disorder. *Am J Psychiatry*, v. 162, p. 228-238, 2005.

MIGUEL, E. C. et al. How to treat OCD in patients with Tourette syndrome. *J Psychosom Res*, v. 55, p. 49-57, 2003.

MIGUEL, E. C. et al. Obsessive-compulsive disorder phenotypes: implications for genetic studies. *Molecular Psychiatry*, v. 10, p. 258-275, 2005.

PIACENTINI, J. et al. Behavior therapy for children with Tourette disorder: a randomized controlled trial. *JAMA*, v. 303, n. 19, p. 1929-1937, 2010.

PLESSEN, K. J. Tic disordes and Tourette's syndrome. *Eur Child Adolexc Psychiatry*, v. 1, p. 55-60, 2013.

ROBERTSON, M. M. Diagnosing Tourette syndrome. Is it a common disorder? *J Psychosom Res*, v. 55, n. 1, p. 3-6, 2003.

ROESSNER, V. et al. European clinical guidelines for Tourette syndrome and other tic dosorders. Part II: pharmacolocal treatment. *Eur Child Adolesc Psychiatry*, v. 20, n. 4, p. 173-196, 2011.

ROSARIO, M. et al. Obsessive compulsive disorder in Childhood. In: BANASCHEWSKI, T.; ROHDE, L. A. (Ed.). *Biological child psychiatry, recent trends and developments*. Basel: Karger, 2008. p. 82-94. (Adv Biol Psychiatry, 24).

ROSARIO-CAMPOS, M. C. A family study of early-onset obsessive-compulsive disorder. *American Journal of Medical Genetics*, v. 136, n. 1, p. 92-97, 2005.

TAMARA, P. Tourette syndrome and other tic disorders of childhood. *Handbook of Clinical Neurology*, 2013.

TORRES, A. et al. Obsessive-compulsive disorder: prevalence, comorbidity, impact, and help-seeking in the British National Psychiatric Comorbidity Survey of 2000. *Am J Psychiatr*, v. 163, p. 1978-1985, 2006.

10

Transtornos do humor – depressão e transtorno bipolar

Stan Kutcher
Érika Leonardo de Souza
Pedro Mario Pan
Roberta Paula Schell Coelho
Gustavo M. Estanislau

O QUE É HUMOR?

"Humor" é uma palavra usada para definir um estado emocional. As pessoas têm diversos humores e podem identificá-los em si com base nos seus sentimentos e, nos outros, com base no que é expresso. As emoções podem surgir em resposta a alguma situação ou espontaneamente. Por exemplo, todos já se sentiram tristes ou "para baixo" sem razão aparente, assim como já se sentiram tristes ou "para baixo" depois de viver algo ruim. As emoções são "criadas", expressas e mantidas em equilíbrio pelo cérebro. Assim, ao ficarmos tristes com algo negativo, nosso humor não fica "triste" para sempre. Para a maioria das pessoas, depois de um tempo, o cérebro conduz o humor de volta ao seu estado normal (Figura 10.1).

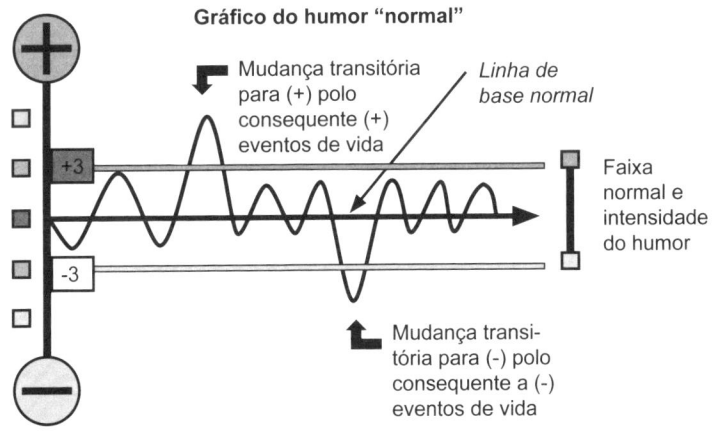

▶ **Figura 10.1** Funcionamento normal dos humores.

O QUE SÃO TRANSTORNOS DO HUMOR?

Quando o cérebro apresenta problemas para controlar as emoções, podemos apresentar estados de humor diferentes do habitual. Por exemplo, nosso humor pode tornar-se muito triste e não voltar ao seu estado normal.

Além de persistentemente triste, o humor de uma pessoa pode se apresentar persistentemente eufórico ou oscilar entre triste e eufórico, entre outras possibilidades. Se essas oscilações causam prejuízos (na escola, na vida familiar, nas amizades, etc.), a pessoa pode estar sofrendo de um transtorno do humor. Os transtornos do humor mais conhecidos são a depressão e o transtorno bipolar (TB).

Além de afetar os sentimentos da pessoa, os transtornos do humor, muito frequentemente, alteram seu ritmo biológico (p. ex., sono, apetite) e suas formas de pensar e de se comportar (Figura 10.2).

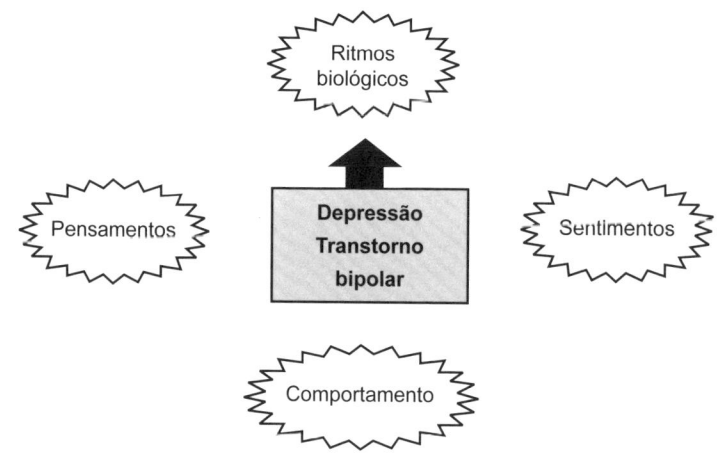

▶ **Figura 10.2** Áreas de funcionamento mais afetadas pelos transtornos do humor.

DEPRESSÃO

Um caso de depressão na escola

Marcelo é um garoto de 10 anos que tem apresentado alterações de comportamento na escola. Seus professores têm comentado que ele anda irritável e intolerante a tudo. Acham que está bem mais desatento e relatam que se nega ou resiste a realizar atividades, dizendo que não sabe fazer nada e que é "burro". Além disso, nos últimos meses, os colegas têm-se afastado dele, pois está agressivo. Surpresos, os professores do ano anterior referem que Marcelo era um aluno tranquilo.
Em casa, passa a maior parte do tempo jogando *videogame* e lendo

(*Continua*)

(Continuação)

gibis, evitando sair para brincar como fazia antes. Passou a recusar refeições e tem acordado à noite, com dificuldades para voltar a dormir.
Todas essas queixas pioraram no último ano, depois de uma briga da mãe com os avós paternos, com os quais mora desde os 4 anos.
Após ser encaminhado para avaliação, Marcelo iniciou psicoterapia e tem apresentado progressos.

O que é depressão?

Quando o humor de uma pessoa torna-se persistentemente negativo, passando a causar prejuízos, ela pode estar atravessando um episódio de depressão. A depressão é um diagnóstico médico complexo, diferente de estar de "baixo astral" ou triste, que são estados emocionais passageiros, muitas vezes ocasionados por uma situação negativa, e em que o indivíduo retorna ao nível normal dentro de um breve período de tempo. Portanto, na depressão, a "tristeza" é mais **duradoura** (presente na maior parte do dia por pelo menos duas semanas), representa uma **mudança na maneira de ser** da pessoa e traz muito mais **prejuízos** que a tristeza comum (Figura 10.3).

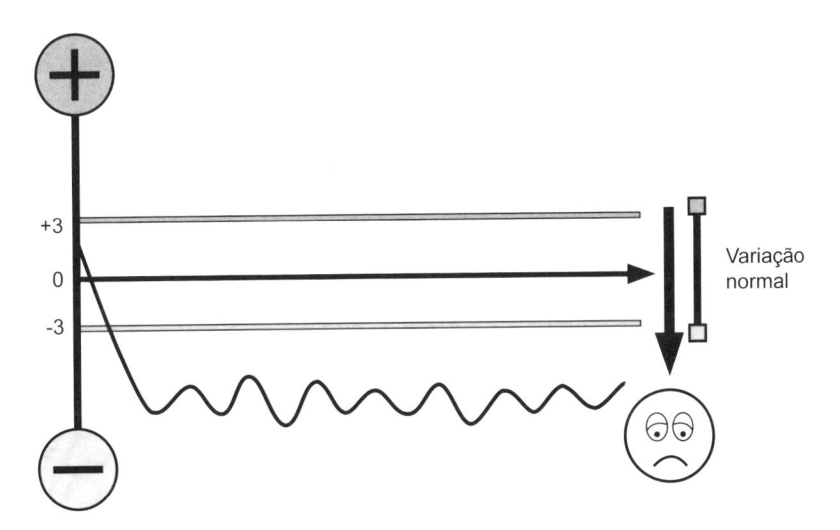

▶ **Figura 10.3** O que acontece com o humor na depressão.

A depressão é comum?

A depressão é um transtorno comum, recorrente (vem e volta) e que pode ocorrer em qualquer momento na vida de uma pessoa. Em crianças, ela é menos frequente (1 a 2%), acometendo meninas e meninos na mesma proporção. Porém, na adolescência, ela passa a ser bem mais prevalente (4 a 8%) e cerca de duas vezes mais comum em jovens do sexo feminino.

O que causa a depressão?

A depressão não tem apenas uma causa. A genética desempenha papel central; por isso, crianças que têm pais acometidos pela doença apresentam maior risco de também serem acometidas. Porém, genética não é tudo. Padrões de raciocínio (p. ex., negativismo ou criticismo excessivo), vivência de situações estressantes (p. ex., perdas, traumas, *bullying*) e contexto familiar conturbado, entre outros, são todos fatores que elevam as chances de o jovem desenvolver depressão.

A depressão nos jovens é diferente da depressão nos adultos?

Em geral, a depressão é semelhante para todos, mas a forma de expressá-la pode ser muito diferente, dependendo da idade (Tabela 10.1). Por exemplo, para crianças e adolescentes, o humor triste muitas vezes é expresso como irritabilidade, e não tristeza. Nesse contexto:

- Crianças menores apresentam muitos sinais não verbais, como expressão facial triste, postura corporal ruim, desinteresse por coisas de que gostavam, irritabilidade, comportamento infantilizado e queixas físicas (p. ex., dores de cabeça ou de barriga, xixi na cama).
- Adolescentes apresentam mais alterações de sono e de apetite (frequentemente aumentados, porém também podem estar diminuídos), alta sensibilidade à rejeição e queixas físicas.

Muitos jovens deprimidos não são auxiliados porque não chamam atenção ou são considerados "aborrecentes".

Um fator de confusão é que, diferentemente da maioria dos adultos deprimidos, os jovens podem apresentar melhoras momentâneas do humor em situações positivas, "escondendo" a depressão ocasionalmente.

TABELA 10.1 Manifestações da depressão em crianças e adolescentes

Sintoma	Crianças	Adolescentes
Humor deprimido	Tristeza, irritabilidade (crises de birra), desobediência constante	Tristeza, irritabilidade (explosões de raiva), negatividade
Perda de prazer em atividades	Desinteresse por brincadeiras	Desinteresse por atividades de que gostava (esportes, sair com os amigos)
Alteração no apetite	Peso abaixo do esperado, recusa alimentar	Perda ou ganho de muito peso em pouco tempo
Alteração no sono	Insônia, pesadelos, sonambulismo	Insônia, sonolência na escola, pesadelos, sonambulismo
Alteração na atividade psicomotora	Lentificação ou agitação	Lentificação ou agitação
Diminuição da energia	Queixa de cansaço e demonstração de falta de energia	Queixa de cansaço, falta de energia, muito tempo deitado
Sentimentos de desvalia e culpa excessivos	Baixa autoestima, excesso de autocrítica, ideias de rejeição ("Ninguém gosta de mim")	Baixa autoestima, excesso de autocrítica ("Sou feio", "Sou gordo", etc.), ideias de rejeição ("Ninguém gosta de mim")
Dificuldade de raciocínio, de concentração ou indecisão crônica	Piora no rendimento escolar, distração excessiva, dificuldade para tomar decisões	Piora no rendimento escolar, esquecimentos, distração excessiva, dificuldade para tomar decisões
Pensamentos sobre morte	Vontade de desaparecer, fugir, "dormir para sempre"	Fixação em temas relacionados a morte ou violência, comportamentos autoagressivos (cortar-se, arranhar-se)

> **Diferenças entre depressão e adolescência normal**
>
> Na adolescência, embora momentos de muita tristeza e de grande irritabilidade ocorram com certa frequência, eles não duram muito tempo, não representam uma mudança evidente de comportamento e não acarretam grande prejuízo. Além disso, a "tristeza do adolescente normal" costuma ter motivo identificável (muito comum após desilusões amorosas, por exemplo) e não costuma ser acompanhada por pensamentos de morte ou comportamentos de risco muito graves.

Períodos de depressão costumam elevar a ansiedade em crianças e adolescentes, que podem passar a parecer mais tímidos, infantis e com dificuldade de se separar dos pais, bem como apresentar crises de ansiedade súbitas.

> **Depressão e suicídio**
>
> A depressão é o fator de risco mais importante em casos de suicídio. Pesquisas demonstram que 60% dos jovens deprimidos já pensaram em suicídio, e 30% deles já tentaram se suicidar. Portanto, na suspeita de depressão, é importante estar alerta aos jovens que já tentaram se matar, que têm parentes que se suicidaram, que fazem uso de álcool ou outras drogas e que têm acesso a armas, medicamentos (ou outros meios de se matar) ou que passaram recentemente por situações de vida muito negativas (rompimento de namoro, abuso físico ou sexual). O tratamento para depressão reduz significativamente a taxa de suicídio entre jovens, e as pesquisas mostram que a intervenção mais eficaz para suicídio é a aplicação de tratamentos eficazes para depressão.

O papel da escola na identificação precoce da depressão

A escola é fundamental na identificação precoce de jovens com depressão, pois educadores têm experiência e muitas oportunidades para perceberem alterações no comportamento dos seus alunos, podendo identificar problemas nas fases iniciais do transtorno, muitas vezes antes da própria família.

O QUE FAZER AO SUSPEITAR DE DEPRESSÃO EM UM ALUNO?

A demora na busca por tratamento pode ocasionar a piora dos sintomas (como a consolidação de padrões negativistas de raciocínio) e prejudicar muito a recuperação da pessoa afetada.

Assim, ao desconfiar de sintomas depressivos, a escola deve, de maneira sensível e cuidadosa:

1. Aproximar-se da família
2. Buscar um profissional da área da saúde mental para que seja feita uma avaliação e, se necessário, um tratamento
3. Enfrentar prontamente o problema e rejeitar interpretações do comportamento do jovem como "frescura" ou "falta de limites".

Como a depressão é diagnosticada?

O diagnóstico da depressão é feito por meio da avaliação cuidadosa dos sentimentos, pensamentos e comportamentos da pessoa; portanto, pode tomar tempo. Na infância, o relato dos pais ou cuidadores é muito importante para o diagnóstico, pois nessa etapa a criança pode ter dificuldades para entender e expressar o que sente. Já na adolescência, o contato com o próprio adolescente costuma ser a melhor ferramenta de avaliação, embora as informações dos adultos ainda sejam de extrema importância. Como em qualquer outro transtorno mental, o diagnóstico de depressão não pode ser feito ao se preencher um formulário em uma revista ou em *sites* da internet.

Infelizmente, ainda não existem exames de sangue ou de imagem do cérebro que possam auxiliar no diagnóstico da depressão.

Como funciona o tratamento da depressão?

O tratamento da depressão busca a melhora dos sintomas, o desenvolvimento e a recuperação de habilidades que possibilitam à pessoa viver da forma que gostaria e impedir que os sintomas retornem. Para isso, uma pessoa com depressão pode precisar de mais de um tipo de tratamento simultaneamente a fim de atingir uma resposta completa.

Estratégias básicas: estratégias básicas são aquelas que ajudam a maioria das pessoas, independentemente do tipo de transtorno mental que apresentem. Incluem a psicoeducação e as mudanças de hábito.

Psicoeducação: são intervenções educativas/psicológicas feitas por profissional da saúde mental, nas quais o paciente e sua família aprendem sobre a doença e seus tratamentos, tendo espaço para discutir dúvidas e sentimentos que surgem com esse conhecimento.

Mudanças de hábito: estímulo ao exercício físico e ao sono regular, a dieta adequada, estratégias de organização de rotina, redução do estresse e prevenção do uso de drogas e álcool.

Tratamentos específicos: a maioria dos jovens que desenvolvem depressão melhora quando o tratamento adequado é fornecido, e, quanto mais cedo, melhores serão os resultados. Os tratamentos específicos para a depressão são as psicoterapias e os tratamentos medicamentosos.

As psicoterapias podem ser escolhidas como a única forma de tratamento em casos leves e moderados e podem ser associadas ao tratamento medicamentoso em casos moderados e graves. As técnicas de psicoterapia que oferecem mais evidências de eficácia são a terapia cognitvo-comportamental (TCC) e a terapia interpessoal (TIP), embora a psicoterapia psicodinâmica e a psicoterapia familiar também possam auxiliar bastante. Quando necessários, os medicamentos mais eficazes são os inibidores seletivos da recaptação de serotonina (ISRSs), e, entre eles, o medicamento mais frequentemente prescrito é a fluoxetina.

Às vezes, os tratamentos podem levar de dias a meses até que a resposta ideal aconteça. Além disso, depois da melhora dos sintomas, o tratamento pode ter de ser continuado durante um ano ou mais. As decisões sobre o tipo de tratamento a ser utilizado e por quanto tempo ele deve ser continuado devem ser feitas pelo profissional da saúde, em colaboração com o jovem e sua família.

O QUE FAZER EM SALA DE AULA

1. Utilize um tempo do seu contato com os alunos para perguntar "Como vão vocês?". Dessa maneira, você abre a porta para a interação afetiva.
2. Se desconfiar de que algo não está indo bem com algum aluno, não tenha receio de perguntar. De preferência, faça isso individualmente.
3. Não menospreze o sofrimento do aluno. Para ele, uma desilusão amorosa ou uma briga em casa podem assumir uma proporção maior do que para você. Escutar com atenção, afeto e sem julgamentos é fundamental para ajudar.
4. Não deduza que uma criança quieta não está com problemas.
5. Tente compreender a irritabilidade do seu aluno. Ela pode ser um sinal de diversas coisas, entre elas tristeza ou até depressão.

(Continua)

(*Continuação*)

6. Durante os momentos difíceis, enalteça as qualidades do aluno, visando manter sua autoestima. Seja criativo e valorize as habilidades dele (saber editar filmes ou gostar de música são habilidades que podem ser utilizadas na sala de aula ou em trabalhos de casa). Estimule os pais a fazerem o mesmo. A postura de crítica e cobrança que se estabelece em períodos de dificuldade sempre prejudica o diálogo, enfraquecendo a parceria com o professor, que passa a ser identificado de forma negativa.
7. Em casos em que o aluno está isolado, proponha atividades em grupo, com alguns cuidados. Estabeleça os grupos a serem formados (não sorteie ou deixe à vontade da classe) e insira o aluno em questão em um grupo de colegas mais receptivos. Se possível, incentive os colegas a recepcionarem o aluno. O acolhimento do grupo de iguais tem grande impacto na autoestima do jovem.
8. Esteja alerta para sinais de evasão escolar. Caso isso ocorra, entre em contato com os pais para compreender o que está acontecendo.
9. Considere que muitas vezes os pais do aluno podem estar necessitando de suporte também. O bom vínculo entre a escola e a família é sempre o caminho mais rápido para a resolução das dificuldades.
10. Em casos em que o aluno foi diagnosticado com depressão, avalie a necessidade de adaptações das atividades, favorecendo o bom desempenho (p. ex., propor, por um período, tarefas mais curtas ou com nível de dificuldade adaptado). Lembre-se de que a capacidade de atenção e concentração da criança está prejudicada em episódios depressivos mais graves.
11. Elogie os passos que o aluno dá em direção a uma meta e recompense as tentativas de resolução de tarefas e trabalhos.
12. Tente conciliar o currículo aos interesses do aluno, quando possível.
13. Identifique atividades extracurriculares em que o aluno possa conviver com colegas que tenham interesses em comum.
14. Estabeleça uma hierarquia de pessoas que o aluno possa contatar em casos de necessidade (como em caso de pensamentos suicidas).
15. Incentive as atividades físicas na escola.
16. Encoraje a criança a pedir esclarecimentos sobre as atividades que não tenha compreendido e evite a competição ou a comparação entre trabalhos.
17. Se a criança afirmar que ninguém gosta dela, ofereça a responsabilidade de ajudar algum colega com mais dificuldade.
18. Reforce positivamente os alunos que demonstram comportamentos de apoio em relação ao colega em dificuldade.
19. A criança com depressão tende a fazer avaliações negativas das situações. Encoraje-a a observar aspectos positivos dessas mesmas situações. Raciocínios mais positivos vão ser, de modo geral, acompanhados de sentimentos e comportamentos mais positivos.
20. Auxilie a criança a contestar pensamentos negativos. Utilize perguntas como "Será que isso é verdade?", "Que provas você tem de que o que está pensando é verdade?", "Será que existe uma explicação diferente para isso que você está pensando?". Reflita com o aluno sobre as respostas.

(*Continua*)

(*Continuação*)

21. É comum que a criança deprimida tenha uma percepção aumentada de possíveis consequências negativas de suas ações. Isso se chama *catastrofização*. Nesses casos, discuta com ela qual a probabilidade de esse desfecho negativo realmente acontecer, sempre oferecendo dados de realidade para que o jovem possa desenvolver um raciocínio mais realista sobre os fatos (fale das vezes em que ele já passou pela situação com sucesso, por exemplo).

Muitos pais em situação de dificuldade com os filhos costumam utilizar a estratégia de "cortar benefícios". Nos casos de uso de telefones celulares e muitas horas na internet, essa atitude pode ser acertada e ter bons resultados. Porém, quando o corte afeta atividades como o treino de futebol, a aula de violão, o *ballet* ou o teatro, por exemplo, o resultado pode ser desastroso, pois essas atividades podem ser fundamentais para a autoestima do jovem, auxiliando-o a se sentir competente em períodos de dificuldade. Muitas vezes, o que vemos nessas situações é que a desmotivação aumenta. Em situações de dificuldade, uma boa estratégia é justamente o contrário, ou seja, buscar atividades que reforcem a autoestima do aluno. A matemática não vai ser um inimigo tão ameaçador se a criança estiver se sentindo competente no *ballet*, no futebol ou escrevendo poesias e se essas atividades são valorizadas em casa.

TRANSTORNO BIPOLAR

Um caso de transtorno bipolar na escola

Angelina é uma aluna de 15 anos. Quando criança, era muito tímida e emotiva. Não desgrudava da mãe, a não ser durante um episódio de depressão grave que esta teve após o nascimento do filho mais novo. Na escola, Angelina era muito perfeccionista e tinha bom rendimento, porém, do ponto de vista social, era muito calada e tinha poucas amigas. Aos 13 anos, apresentou um período em que só falava de religião, inclusive interrompendo a aula de um professor de maneira pouco habitual para falar de uma passagem da Bíblia. Dois meses depois, começou a dormir pouco e a falar bastante e em um tom mais alto do que de costume. Passou a comentar que iria converter os colegas a sua religião e à noite ficava escrevendo dezenas de músicas gospel, acreditando que fossem tocar no rádio a qualquer momento. A família buscou atendimento, e a menina iniciou tratamento.
Depois que esse período passou, Angelina começou a dizer que não queria voltar para a escola porque estava com vergonha das coisas que tinha falado para os colegas. Começou a dormir muito e passou a não querer ir mais à igreja.

O que é transtorno bipolar?

Como vimos no início do capítulo, mudanças de humor são eventos naturais na medida em que acontecem dentro de uma faixa de intensidade considerada normal e que, a não ser por raras exceções, não chegam a causar grandes problemas. Entretanto, algumas pessoas apresentam episódios de alteração de humor que ultrapassam a faixa de intensidade normal, ocasionando muitos prejuízos.

O transtorno bipolar é uma doença mental frequentemente crônica na qual a pessoa apresenta oscilações entre estados patológicos do humor, denominados mania, hipomania, depressão e estado de humor misto. Cada uma dessas condições afeta, além do humor, o pensamento, o comportamento e o ritmo biológico (sono, apetite, libido) da pessoa (Figura 10.4).

Estados patológicos do humor no transtorno bipolar em crianças e adolescentes

Mania

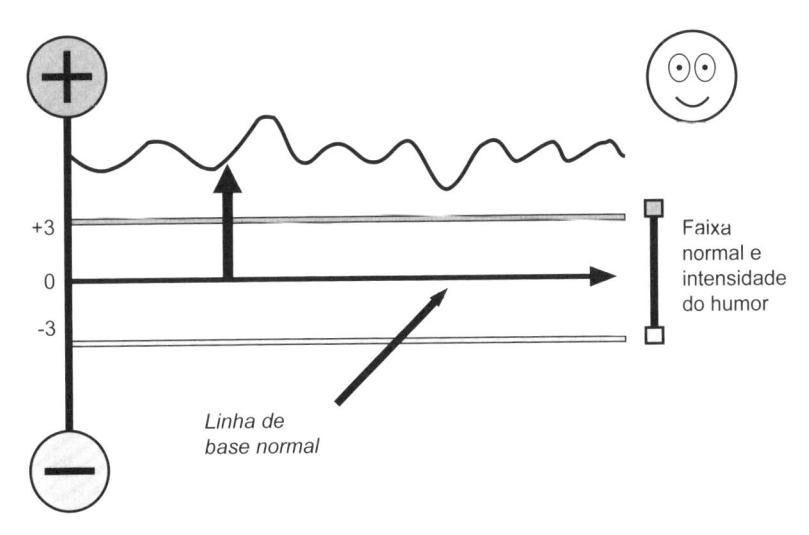

▶ **Figura 10.4** O que acontece no estado de mania.

Humor: eufórico, exaltado ou irritável. O jovem pode ficar debochado (rindo de tudo sem motivo), passar a achar-se melhor do que todo mundo ou apresentar-se excessivamente alegre (de maneira desproporcional à situação). Embora a irritabilidade seja bastante comum no estado de mania, ela pode ocorrer em uma série de outras situações, inclusive em jovens sem problema algum. Portanto, para ser considerada um sintoma do TB, a irritabilidade deve ser diferenciada por ocorrer em episódios e geralmente estar acompanhada de elação do humor (risos sem motivo, deboche) ou grandiosidade (crença de ter qualidades que não se tem, podendo chegar à crença de se ter poderes mágicos).

Pensamento: acelerado e com redução do juízo crítico. O jovem pode se sentir muito criativo (como no caso de Angelina), ficar muito distraído ou, eventualmente, até queixar-se de as ideias serem tantas que estão incomodando. Além disso, é comum o jovem demonstrar redução do juízo crítico, passando a se comportar de maneira excessivamente desinibida ou arriscada (perdendo a noção do perigo).

Comportamento: agitado, evidente na inquietação física e no falar acelerado, em tom mais alto do que de costume. O jovem pode falar muito sobre determinado assunto e ser difícil de interromper, mesmo que as pessoas demonstrem desinteresse no tema.

Ritmos biológicos: a pessoa pode começar a dormir poucas horas por noite e ainda assim estar com energia durante o dia. O apetite pode aumentar ou diminuir. Além disso, no TB, o jovem pode se tornar bastante sexualizado, passando a falar muito sobre o assunto e a tomar atitudes impróprias (como fazer comentários inadequados ou abordar colegas de maneira imprópria).

Hipomania

É uma forma menos intensa de mania, presente por mais de quatro dias, na maior parte do dia. Na hipomania, a pessoa pode estar mais "enérgica", o bastante para que colegas e familiares cheguem a perceber, mas que na maioria das vezes não causa prejuízos. Pelo contrário, a pessoa pode se sentir até mais ativa e segura, levando-a a acreditar que não seja necessário buscar auxílio nessas situações. Porém, não fazê-lo é arriscado, pois a hipomania representa um risco de desenvolvimento posterior de um episódio de mania ou depressão, cujo prejuízo é imprevisível.

Depressão

A depressão (já descrita neste capítulo) é a apresentação clínica mais comum no início de quadros de TB em crianças e adolescentes, dificultando o diagnóstico precoce do quadro, que pode ser tomado como uma depressão unipolar (e não transtorno bipolar).

Estado misto

Acontece quando a pessoa apresenta sintomas de mania (p. ex., muita energia) associados a sintomas depressivos (como tristeza, pensamentos sobre morte, indecisão excessiva), gerando muito sofrimento.

As oscilações de humor podem ser muito evidentes (como no caso de Angelina, em que ficou eufórica e com excesso de energia por muitos dias) ou podem ser mais difíceis de identificar, como nos casos em que o humor da pessoa apresenta-se predominantemente irritável ou em que ocorre por períodos de tempo mais curtos, confundindo-se com uma série de outros problemas.

> O TB é um transtorno muito variável, ou seja, uma pessoa com TB pode apresentar sintomas muito diferentes de outra com o mesmo diagnóstico.

Subtipos de transtorno bipolar

As classificações do TB na infância e na adolescência ainda são um assunto bastante debatido por pesquisadores da área. Porém, já é claro que existem subtipos desse transtorno e que eles são frequentemente intercambiáveis, com pessoas apresentando mudanças de um subtipo para outro ao longo do curso da doença. Uma das classificações mais conhecidas na literatura é a seguinte:

- **Tipo I:** caracterizado por um ou mais episódios de mania (ou misto), com ou sem a ocorrência de depressão.
- **Tipo II:** caracterizado pela ocorrência de, ao menos, um episódio de depressão e um episódio de hipomania.
- **Ciclotimia:** caracterizada por episódios de hipomania e alguns sintomas depressivos que não chegam a representar um episódio de depressão, presentes por pelo menos um ano.
- **TB sem outra especificação (SOE):** caracterizado basicamente por sintomas de mania ou hipomania de duração mais breve (7 e 4 dias, respectivamente).

Além dessa classificação, existem outros subtipos de TB, entre eles os casos de **ciclagem rápida** e **ultrarrápida**, caracterizados pelo elevado número de episódios depressivos e maníacos em um ano, e o **TB com sintomas psicóticos**, que acontece quando os sintomas do transtorno vêm acompanhados de delírios ou alucinações (consultar o Capítulo 15).

Transtorno disruptivo de desregulação do humor

O transtorno disruptivo de desregulação do humor é um diagnóstico proposto recentemente, caracterizado por irritabilidade constante e frequentes explosões de raiva (mais do que três vezes por semana) com reações muito desproporcionais ao estímulo durante o período mínimo de um ano. Embora anteriormente diagnosticadas como bipolares, pesquisas recentes demonstraram que crianças com esse padrão de comportamentos não parecem tornar-se necessariamente adultos com TB.

O TB na infância e na adolescência é igual ao TB no adulto?

O TB na infância apresenta algumas características próprias, por exemplo:

- mudanças de humor mais rápidas e sem motivo aparente
- instabilidade de humor aparentemente contínua (embora deva ocorrer em episódios)
- os sintomas podem parecer menos intensos que no adulto
- o humor predominante frequentemente é irritável, deprimido ou misto
- ocorrem altos índices de transtornos concomitantes (comorbidades)

Enquanto isso, o quadro de TB em adolescentes é muito parecido com o quadro em adultos. De particular importância é notar que o uso de drogas e os pensamentos suicidas aumentam bastante nessa faixa etária.

O transtorno bipolar é comum?

Ainda não há consenso sobre as taxas de TB em crianças e adolescentes. Porém, um estudo recente que avaliou mundialmente a frequência desse transtorno na faixa etária dos 7 aos 21 anos demonstrou que 1,8% dessa população tem o transtorno, sugerindo que a frequência do TB na infância e na adolescência pode ser muito semelhante à encontrada nos adultos. Nesse mesmo estudo, concluiu-se que, embora o TB exista na infância, ele é bem mais prevalente na adolescência. Corroborando esses dados, outro importante estudo demonstrou que a maioria dos adultos com TB apresentava os primeiros sintomas antes dos 20 anos (60%) e que muitos desses indivíduos já tinham sintomas antes dos 10 anos (10 a 20%). Em relação ao gênero, acredita-se que jovens do sexo masculino e feminino tenham o mesmo risco para o TB.

Quais são as causas do transtorno bipolar?

O TB é causado por uma combinação de fatores, como aspectos genéticos, biológicos, psicológicos, ambientais e familiares. Os fatores genéticos têm sido considerados os de maior importância, sendo responsáveis por 70% da possibilidade de a pessoa desenvolver sintomas do espectro bipolar. Nesse sentido, se um dos pais apresenta TB, o risco de o filho também ter o diagnóstico é de aproximadamente 10%; porém, se ambos os pais tiverem TB, esse risco aumenta para 60%. Estudos biológicos ainda em fases iniciais vêm apontando uma associação entre o mau funcionamento de algumas redes cerebrais envolvidas na modulação das emoções e o TB, principalmente no sistema límbico, nos lobos frontais e na amígdala. Além dos fatores genéticos e biológicos, as pesquisas mostram que a exposição precoce a eventos de vida estressantes e o desenvolvimento de outros transtornos psiquiátricos ao longo da vida estão fortemente associados ao desenvolvimento do TB.

Como é feito o diagnóstico do transtorno bipolar?

O diagnóstico do TB é um processo bastante complexo em razão da variabilidade de apresentações do transtorno. Além disso, ele pode inicialmente parecer um caso de depressão ou ser acompanhado de outros quadros psiquiátricos, fatores que complicam ainda mais sua já difícil identificação. Por isso, a avaliação deve ser feita por um profissional da saúde que tenha sido treinado para tal. O diagnóstico de TB sempre envolve mais de um encontro com o jovem e com seus familiares.

Não há exames de sangue ou de neuroimagem que possam auxiliar no diagnóstico do TB. Porém, até recentemente, existia uma crença popular de que, como um dos tratamentos mais bem-sucedidos para o TB é um estabilizador do humor à base de lítio, verificar a concentração de lítio no sangue poderia identificar se a pessoa era bipolar ou não; essa ideia, entretanto, é errada.

Comorbidades

Como já mencionado em outros capítulos, quando falamos em comorbidades, falamos de transtornos que ocorrem simultaneamente. No TB na infância, as comorbidades são bastante comuns, sendo o transtorno de déficit de atenção/hiperatividade (TDAH), o transtorno da conduta, o transtorno de oposição desafiante e os transtornos de ansiedade as mais frequentes. No caso do TDAH, muitos sintomas dos dois transtornos são semelhantes, tornando o diagnóstico, por vezes, bastante difícil. Porém, existem sintomas diferenciais que auxiliam o profissional bem treinado a fazer a distinção entre um transtorno e outro. Por exemplo, se a criança que já era constantemente inquieta passa a apresentar períodos de intensificação grave da agitação, com prejuízos maiores durante esses períodos, é possível que se trate de uma comorbidade entre TB e TDAH. Já no adolescente, a comorbidade do TB com o transtorno por uso de substâncias torna-se muito comum.

Qual é o impacto do TB na vida de um jovem?

O TB é considerado uma doença mental grave geralmente associada a dificuldades sociais, insucesso escolar, comportamentos de alto risco (como promiscuidade sexual e abuso de substâncias) e altas taxas de suicídio, que, nos adultos, chega a ocorrer em até 19% dos casos. O principal fator que reduz a possibilidade de esses eventos negativos acontecerem é a identificação precoce do quadro.

Como é o tratamento para o transtorno bipolar?

> No TB, um tratamento eficaz começa com a identificação precoce do transtorno. Porém, na realidade, estudos têm demonstrado que pessoas com TB costumam levar de 8 a 10 anos até receberem o diagnóstico correto e, assim, iniciar o tratamento específico.
> Após o diagnóstico, uma pessoa com TB pode necessitar de mais de um tipo de tratamento simultaneamente, combinando medicamentos e intervenções psicossociais. Além disso, durante o tratamento, as medidas terapêuticas podem necessitar de ajustes devido ao padrão oscilatório do TB.

Estratégias básicas

Psicoeducação: é parte fundamental do tratamento, ajudando o jovem e seus familiares a:

- aumentar o conhecimento sobre a doença (causas, sintomas, trajetória, tratamento, etc.)
- fortalecer a adesão ao tratamento (riscos da interrupção ou da falta de tratamento)
- promover esperança e dar suporte contra o estigma
- fornecer orientação à escola

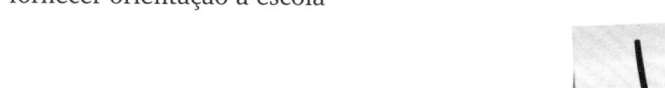

Rotina diária: ter uma rotina diária, com horários para dormir, acordar, alimentar-se e exercitar-se, é, atualmente, considerado parte indiscutível do tratamento para jovens com transtornos do humor. Devido à maior sensibilidade aos impactos negativos das drogas ou do álcool nessa população (maior risco de suicídio, por exemplo), é importante evitá-los. Segundo algumas pesquisas, a exposição ao sol é outra medida que pode ajudar em casos de TB, principalmente em episódios depressivos.

Tratamentos específicos

Assim como na depressão, os tratamentos específicos do TB incluem as psicoterapias e o uso de medicamentos.

Na maioria das vezes, a estratégia de tratamento do TB irá incluir algum tipo de medicamento. Os mais utilizados para o controle dos sintomas do transtorno são os estabilizadores do humor (EHs) e os antipsicóticos atípicos (AAs). Os principais EHs são o lítio e o valproato de sódio, considerados agentes de primeira linha no tratamento. Os AAs (risperidona, olanzapina, quetiapina, aripiprazol) são indicados para pacientes com sintomas proeminentes de agressividade ou irritabilidade, ou quando existem sintomas psicóticos associados ao quadro. Por vezes, é utilizado um medicamento para tratar a fase depressiva do TB. A combinação de medicamentos muitas vezes é necessária para o controle dos sintomas, assim como para o tratamento de possíveis comorbidades (p. ex., TDAH e transtorno da conduta). O tratamento médico do TB requer alto grau de especialização em gestão de medicamentos e, portanto, exige a participação de um psiquiatra infantil.

As psicoterapias também são muito importantes no tratamento do TB e devem ser oferecidas a todos os jovens e familiares que convivem com o transtorno. As psicoterapias podem auxiliar educando a pessoa a respeito de suas próprias emoções, promovendo a elaboração de estratégias para lidar com oscilações do humor e com a resolução de outros problemas, na aceitação da doença e na adesão ao tratamento, além de promoverem outros benefícios.

> Evidências sugerem que a combinação da psicoterapia com o tratamento medicamentoso (além da psicoeducação e das estratégias pessoais) pode fornecer os resultados mais positivos.

Por vezes, a resposta ao tratamento escolhido não acontece prontamente, de modo que o tratamento deve continuar por um período razoável até que se possa avaliar sua eficácia. Depois de instituído, interrompê-lo está altamente relacionado ao retorno dos sintomas, pois o TB é uma condução crônica, como o diabetes e a hipertensão, e, como tal, demanda tratamento por longos períodos.

Em algumas situações, ao se perceber que a criança voltou a apresentar mudanças de humor meses depois de um período estável, é possível que as pessoas fiquem frustradas e questionem o tratamento medicamentoso. Nesses momentos, é importante compreender que as ciclagens podem acontecer mesmo com o melhor tratamento disponível. Nesses casos, encorajar a família a manter a adesão ao tratamento é a melhor conduta na busca por um novo período de estabilidade.

O QUE FAZER EM SALA DE AULA

1. Busque informações confiáveis sobre o transtorno.
2. Lembre que você é um modelo que pode auxiliar muito no combate ao estigma associado à doença.
3. O vínculo com a criança e a família é fundamental. Reforce o contato com os pais, mas não o faça apenas para comunicar coisas ruins.
4. Lembre-se que o TB causa redução do juízo crítico. Portanto, em situações de enfrentamento direto com o aluno em crise, pense no quanto o jovem precisa da sua ajuda e tente relevar (nem sempre é fácil!) comportamentos nitidamente motivados pelo transtorno. Invista no aluno em períodos pós-crises, construindo pontes para um bom funcionamento nos momentos em que ele possivelmente está com a autoestima baixa.
5. Cuidado com os rótulos, eles "engessam" sua observação e a própria criança, bem como impedem que aceitemos que a criança pode mudar. Assim, mesmo que ela esteja progredindo, ao entrar em contato com adultos que a tratam da mesma maneira e não reconhecem seu progresso, ela pode voltar ao mesmo tipo de comportamento anterior, como se assumisse o papel de um personagem difícil de se descaracterizar.
6. Em situações de crise, o ideal é estar atento e interceptá-la antes que chegue a um ponto em que se torne impossível de controlar. Ao perceber que a situação está crescendo em tensão, busque alternativas como desviar a atenção do aluno ou pedir para ele "tomar um ar", sem confrontamento. Essa observação atenta deve acontecer a partir do momento em que o aluno entrou na escola.
7. Algumas modificações de expectativas de aprendizagem podem ser necessárias, pois os sintomas da doença (como a dificuldade de concentração) e, eventualmente, os medicamentos utilizados podem ter um impacto negativo sobre as potencialidades do aluno, reduzindo sua capacidade de realizar as atividades de classe ou seguir instruções complexas.
8. Ao perceber que a criança está ficando "para trás", estabeleça estratégias que possam impedir que ela se desestimule muito, como reduzir o número de tarefas, permitir tempo extra para que faça atividades e autorizar o uso de dicionário e calculadora.

CONSIDERAÇÕES FINAIS

Os transtornos do humor mais estudados são a depressão e o transtorno bipolar. Embora bastante reconhecidos em adultos, sua identificação em crianças e adolescentes apresenta uma série de obstáculos – entre eles, as particularidades dos sintomas nessa faixa etária (p. ex., a presença de queixas físicas e irritabilidade), a dificuldade na compreensão e na expressão dos sentimentos por parte do jovem e o número elevado de transtornos concomitantes. Porém, com o crescente conhecimento nessa área, sabe-se hoje que esses transtornos podem ser adequadamente diagnosticados e tratados de forma eficaz. Além disso, quanto mais cedo isso acontece, melhores serão os resultados na vida familiar, social e escolar da pessoa. Nesse contexto, a conscientização de professores sobre o TB pode ser de grande auxílio na trajetória de vida de seus alunos em risco.

REFERÊNCIAS

BELMAKER, R. H. Bipolar disorder. *The New England Journal of Medicine,* v. 351, n. 5, p. 476-486, 2004.

BIONDO, M.; BOARATI, M. A.; WANG, Y. P. Epidemiologia do transtorno bipolar na infância e na adolescência. In: FU, I. L. et al. *Transtornos afetivos na infância e adolescência:* diagnóstico e tratamento. Porto Alegre: Artmed, 2012.

BIRMAHER, B. *Crianças e adolescentes com transtorno bipolar.* Porto Alegre: Artmed, 2009.

BIRMAHER, B. et al. Clinical course of children and adolescents with bipolar spectrum disorders. *Arch Gen Psychiatry,* v. 63, n. 2, p. 175-183, 2006.

COSTELLO, E. J. et al. Prevalence and development of psychiatric disorders in childhood and adolescence. *Archives of General Psychiatry,* v. 60, p. 837-844, 2003.

FARAONE, S.; TSUANG, M. T.; TSUANG, D. W. *Genetics of mental disorders.* New York: Guilford, 1999.

FINDLING, R. L.; KOWATCH, R. A.; POST, R. M. *Pediatric bipolar disorder:* a handbook for clinicians. London: Martin Dunitz, 2003.

GRASSI-OLIVEIRA, R.; ASHY, M.; STEIN, L. M. Psychobiology of childhood maltreatment: effects of allostatic load? *Revista Brasileira de Psiquiatria,* v. 30, n. 1, p. 60-68, 2008.

HASLER, G. et al. Toward constructing an endophenotype strategy for bipolar disorders. *Biol Psychiatry,* v. 60, n. 2, p. 93-105, 2006.

LACERDA, A. L. T. et al. *Depressão:* do neurônio ao funcionamento social. Porto Alegre: Artmed, 2009.

LEWINSOHN, P. M.; SEELEY, J. R.; KLEIN, D. N. Bipolar disorders during adolescence. *Acta Psychiatr Scand Suppl,* v. 418, p. 47-50, 2003.

MERIKANGAS, K. R. et al. Prevalence and correlates of bipolar spectrum disorder in the world mental health survey initiative. *Archives of General Psychiatry,* v. 68, n. 3, p. 241-251, 2011.

PATEL, N. C.; DELBELLO, M. P.; STRAKOWSKI, S. M. Ethnic differences in symptom presentation of youths with bipolar disorder. *Bipolar Disorders,* v. 8, n. 1, p. 95-99, 2006.

TILLMAN, R.; GELLER, B. Definitions of rapid, ultrarapid, and ultradian cycling and of episodes from cycles. *Journal of Child and Adolescent Psychopharmacology,* v. 13, n. 3, p. 267-271, 2003.

VAN METER, A. R.; MOREIRA, A. L.; YOUNGSTROM, E. A. Meta-analysis of epidemiologic studies of pediatric bipolar disorder. *J Clin Psychiatry,* v. 72, n. 9, p. 1250-1256, 2011.

VOGEL, M. et al. Association of childhood neglect with adult dissociation in schizophrenic inpatients. *Psychopathology,* v. 42, n. 2, p. 124-130, 2009.

11
Transtorno de déficit de atenção/hiperatividade

Gustavo M. Estanislau
Paulo Mattos

O QUE É TRANSTORNO DE DÉFICIT DE ATENÇÃO/HIPERATIVIDADE?

O transtorno de déficit de atenção/hiperatividade (TDAH) é o transtorno mental mais comum na infância (Jensen et al., 1999), caracterizado por sintomas de desatenção/desorganização, hiperatividade e impulsividade. É considerado um transtorno neurocomportamental, ou seja, a partir de uma disfunção cerebral o indivíduo passa a apresentar problemas de comportamento.

TODO MUNDO TEM TDAH?

Não. Embora a prevalência do TDAH seja considerável, apenas uma pequena parte da população apresenta o transtorno. Polanczyk e colaboradores (2007), em seu importante estudo sobre a frequência do TDAH em diferentes países, constatou que 5,29% das crianças com menos de 18 anos têm TDAH. Com esse dado, podemos concluir que **pelo menos 1 em cada 20 alunos tem TDAH**.

Em relação à distribuição do TDAH por sexo, ele é igual entre meninos e meninas.

O QUE CAUSA O TDAH?

O TDAH é causado por diversos fatores. Entre eles, os fatores genéticos e os riscos biológicos são os mais conhecidos. Os fatores genéticos são considerados os mais importantes, responsáveis por 77% da possibilidade de a pessoa desenvolver características do espectro do TDAH (Faraone et al., 2005). Crianças com esse transtorno têm cinco vezes mais chances de ter pais e/ou irmãos com características semelhantes. Em relação aos riscos biológicos, os mais evidentes até o momento são a prematuridade, o baixo peso ao nascer e a exposição ao álcool ou ao tabaco durante a gestação. A combinação aleatória de fatores genéticos e biológicos leva a quadros de TDAH com perfis diferentes (mais ou menos graves, mais impulsivos, menos desatentos, etc.).

Não existem evidências de que o TDAH seja causado por algum tipo de dieta, problema hormonal, má educação provinda dos pais ou de que um ambiente adverso (violento, inseguro) seja uma causa direta do transtorno, embora esse contexto possa agravar os sintomas apresentados.

- Os fatores que causam o TDAH afetam o desenvolvimento e o funcionamento de áreas específicas do cérebro, principalmente na região frontal e suas conexões. Essas áreas são responsáveis por funções executivas do cérebro, como o autocontrole, o automonitoramento, a memória de trabalho, o planejamento, a organização e o controle emocional.

COMO O TDAH SE APRESENTA?

Geralmente, o TDAH passa a ser identificável no momento em que a criança começa a necessitar de mais concentração e autocontrole. Isso costuma acontecer ao fim da pré-escola, por volta dos 5 anos.

A criança com TDAH apresenta uma combinação de três tipos de funcionamentos específicos: desatenção/desorganização, hiperatividade e impulsividade (Figura 11.1). Como essas características não são exclusivas do transtorno em si, a intensidade dos sintomas, a duração mínima de seis meses, o nível de prejuízo e a presença em mais de um ambiente são especificadores fundamentais para o estabelecimento do diagnóstico (American Psychiatric Association, 1994).

Existem três "subtipos" de TDAH:

- TDAH com predomínio de desatenção (20 a 30% dos casos)
- TDAH com predomínio de hiperatividade/impulsividade (até 15% dos casos)
- TDAH com sintomas combinados (50 a 75% dos casos)

O subtipo desatento é mais comum no sexo feminino e causa maior prejuízo acadêmico. Já o subtipo combinado é o que gera maior prejuízo geral, está associado a maior quantidade de encaminhamentos para avaliação e apresenta o maior número de comorbidades (ver a seção Comorbidades, a seguir).

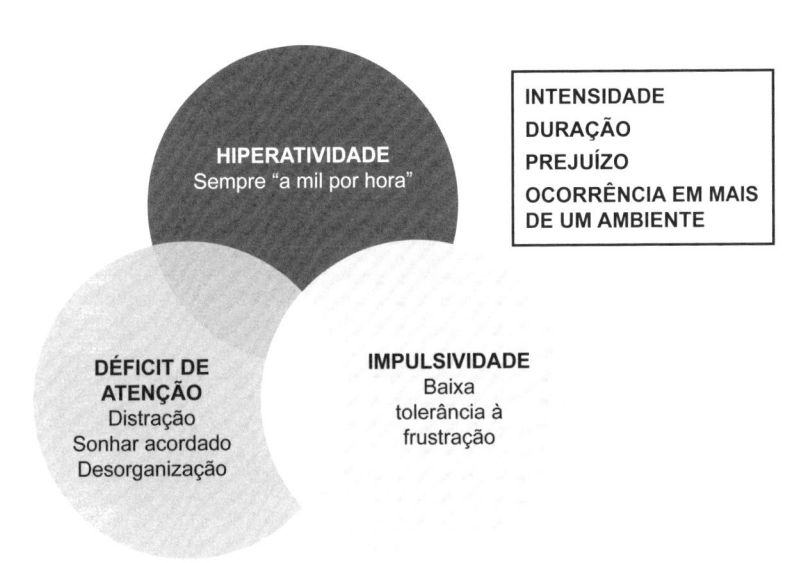

Figura 11.1 Tríade de sintomas do TDAH e especificadores de diagnóstico.

Diagrama: HIPERATIVIDADE (Sempre "a mil por hora"); DÉFICIT DE ATENÇÃO (Distração, Sonhar acordado, Desorganização); IMPULSIVIDADE (Baixa tolerância à frustração). Especificadores: INTENSIDADE, DURAÇÃO, PREJUÍZO, OCORRÊNCIA EM MAIS DE UM AMBIENTE.

Os sintomas do TDAH são chamados "dimensionais" porque variam de uma dimensão normal a outra patológica. São distintos de sintomas "categóricos", que são particulares de um transtorno, como, por exemplo, a "ausência de contato visual", que é um sintoma característico de alguns casos de autismo.

Outras características de crianças e adolescentes com TDAH

Emocionais: imaturidade psicológica, dificuldade de controle das emoções. Crianças com TDAH funcionam verbal e emocionalmente como se fossem mais novas (Kendall, 2012).
Cognitivas: pouca habilidade para resolver problemas, autoavaliação e automonitoramento pobres. Por isso, crianças com TDAH podem não apenas parecer prestar pouca atenção aos comandos dos adultos, mas também ter pouca crítica do seu próprio comportamento (Douglas, 1999).
Comportamentais: interações sociais "fora de sincronia" (interrompem muito, parecem não respeitar a vez dos outros). Inadequado por ser impulsivo (brincadeiras e comentários em momentos inadequados, etc.).

A Tabela 11.1 apresenta algumas características da criança com TDAH que podem ser observadas em sala de aula.

TABELA 11.1 Características da criança com TDAH na sala de aula

Leitura	Escrita	Matemática	Organização
Perde-se ao longo da leitura	Distribui mal o texto no papel	Erros por desatenção	Costuma perder materiais
Lê melhor em voz alta	Falta de planejamento no texto	Dificuldade em fixar um método	Costuma esquecer tarefas
Esquece frequentemente o que lê	Evita escrever	Desorganização no processo	Costuma não anotar os recados
Evita ler	Caligrafia frequentemente ruim		Dificuldade de priorizar o que é importante
	Ortografia frequentemente ruim		Costuma perder-se no tempo
	Costuma "pular" páginas		

Estudos de acompanhamento a longo prazo demonstraram que crianças com TDAH apresentam desempenho acadêmico inferior, maior índice de suspensões e evasão escolar, maior índice de rejeição dos colegas, taxas mais altas de depressão e dependência de drogas e maior risco de envolvimento em acidentes (Du Paul; Eckert; McGroey, 1997; Hinshaw, 2000; Hoza, 2007). Além disso, na adolescência, o TDAH está associado a maiores problemas nos relacionamentos afetivos e maiores problemas vocacionais (Barkley; Fisher; Edelbrocck, 1990). Doença psiquiátrica da mãe, família com número maior de membros, presença de comorbidades e sintomas de impulsividade estão vinculados com maior intensidade de prejuízo (Biederman; Mick; Faraone, 1998).

Trajetória do TDAH

O TDAH costuma apresentar uma trajetória de longo prazo. Sintomas de hiperatividade/impulsividade podem diminuir relativamente com a idade, enquanto os sinais de desatenção costumam permanecer praticamente estáveis ao longo do tempo (Biederman; Mick; Faraone, 2000). Comorbidades (sobretudo vinculadas a agressividade e delinquência) e história de TDAH na família são fatores que predispõem o jovem a apresentar transtornos de trajetória mais longa (Gittelman et al., 1985).

A vinheta a seguir conta um caso de TDAH. Em itálico estão grifadas características correlacionadas ao diagnóstico do transtorno e às suas comorbidades – no caso, sintomas depressivos (especialmente baixa autoestima), deficiências de aprendizagem e comportamento desafiador. Os eventos em negrito ressaltam alguns tipos de prejuízo correlacionados ao TDAH.

> **Uma história de TDAH**
>
> João, *6 anos*, já era conhecido como um "pequeno furacão" *ao ingressar no 1º ano*. A professora Arthemis já tinha conhecimento pela professora do parquinho de que ele era agitado, e a expectativa estava se confirmando: João *não parava sentado* na cadeira, *atrapalhava* os outros colegas *(por vezes sendo até agressivo)* e *não estava se alfabetizando* como os demais. Com o tempo, a professora foi perdendo a motivação e, ao fim do dia, estava sempre se questionando: **"Escolho cuidar do João ou do resto da turma?"**. Além disso, muitas vezes, o comportamento do menino **acabava contaminando outros colegas**, tornando o ensino muito difícil durante algumas manhãs.
> Alguns meses se passaram. A **família do menino começou a se indispor** com os bilhetes da professora e passou a queixar-se para a diretora.
> João foi **aprovado pelo conselho** de professores por três anos consecutivos e manteve a *alfabetização insatisfatória*. Tem **poucos amigos**, *passou a ser desafiador* e **não gosta mais de ir para a escola**. *Tem falado frequentemente que é burro, que ninguém gosta dele, está muito irritado* e **tem-se metido em muitas confusões**. *Possivelmente, repetirá o 5º ano.*

Além de muitos eventos pessoais em comum, crianças e adolescentes com TDAH que não recebem o devido acompanhamento costumam percorrer um ciclo recorrente, o qual é representado na Figura 11.2.

▶ **Figura 11.2** Ciclo de prejuízos e desfechos negativos do TDAH.
Fonte: Biederman, Newcorn e Sprich (1991).

Como é feito o diagnóstico de TDAH?

O diagnóstico do TDAH é **clínico**, ou seja, o médico chega ao diagnóstico pela avaliação cuidadosa da história e do comportamento observável da criança ou do adolescente.

Nesse processo, a opinião dos professores é decisiva. Ela costuma ser mais precisa do que a dos pais e a da criança, pois professores têm mais referenciais de comportamento (outros alunos), costumam ser mais imparciais e têm a possibilidade de observar a criança "em tarefa".

O diagnóstico clínico do TDAH é confiável, mesmo não havendo exames confirmatórios específicos.

Escalas

Alguns questionários padronizados de avaliação de fácil preenchimento, como a **SNAP IV** (Swanson, Nolan e Pelham versão IV), a **Escala de Transtorno de Déficit de Atenção/Hiperatividade de Edyleine Benczik** e a **SDQ** (*Strenghts and Difficulties Questionnaire*), podem ser utilizados no processo de avaliação e acompanhamento de casos de TDAH. Eles não definem o diagnóstico, embora facilitem a comunicação entre os profissionais da saúde e da educação, gerando uma história clínica confiável. Também podem ser utilizados como parâmetros de evolução ao longo do tratamento.

Outro recurso valioso na avaliação da criança com suspeita de TDAH é a testagem neuropsicológica. Embora ela também não defina o diagnóstico de TDAH, identifica deficiências específicas que a criança com o transtorno pode apresentar. Os dados da testagem neuropsicológica são muito úteis no desenvolvimento de um plano personalizado para o aluno, oferecendo uma percepção ampla das capacidades da criança (em que se investe em busca de reforço da autoestima e da motivação) e das suas dificuldades (a serem contempladas no plano de ação).

Comorbidades

Comorbidade é a situação em que dois ou mais transtornos ocorrem simultaneamente em um indivíduo. No TDAH, as comorbidades são bastante comuns. Problemas de comportamento como o transtorno de oposição desafiante (TOD) e o transtorno da conduta (TC) são comorbidade em 30 a 50% dos casos (Jensen et al., 2007) (para detalhes sobre esses transtornos, consulte o Capítulo 13). Cerca de um terço dos jovens com TDAH apresenta transtornos emocionais marcados por sintomas depressivos e/ou ansiosos

(Biederman; Newcorn; Sprich, 1991), e até um quarto deles apresenta algum transtorno de aprendizagem (Pliszka; Carlson; Swanson, 1999). Tiques, uso de cigarro, álcool e outras substâncias também ocorrem com relativa frequência. Em relação ao uso de substâncias, jovens com TDAH tendem a permanecer aditos por mais tempo do que aqueles sem TDAH (Wilens; Biederman; Mick, 1998).

As comorbidades podem dificultar o diagnóstico porque transtornos diferentes podem ter sintomas parecidos. Por exemplo, uma adolescente com sintomas de depressão pode apresentar desatenção como consequência da depressão (e receber um diagnóstico desavisado de TDAH), mas pode também apresentar desatenção pelo quadro de TDAH associado (e não receber o diagnóstico correto de TDAH e depressão comórbidos). Em casos desse tipo, a avaliação cuidadosa é fundamental. Além disso, as comorbidades costumam interferir negativamente na resposta ao tratamento.

Quais são os erros de avaliação mais comuns?

Como constatamos no início do capítulo, a impressão de que todos os jovens têm TDAH não está correta. Cometemos muitos erros de avaliação quando não observamos o cenário em que a criança está inserida. Os erros mais comuns são:

- Não considerar os especificadores intensidade, duração (busque informações sobre o comportamento da criança em anos anteriores), presença dos comportamentos em diferentes ambientes e prejuízo.
- Não considerar que uma criança agitada e impulsiva "contamina" os colegas com comportamentos "difíceis", que podem ser tomados erroneamente como sintomas de TDAH.
- Não valorizar o estágio de desenvolvimento da criança. Por exemplo, crianças menores costumam ser mais agitadas, e adolescentes podem apresentar impulsividade e sensação de tédio intenso, simulando desatenção (mais detalhes no Capítulo 7).
- Não considerar a situação de vida da criança. Por exemplo, situações negativas em casa podem torná-la mais agitada, impulsiva ou desatenta.
- Não perguntar sobre o sono e a alimentação.
- Não considerar problemas clínicos (anemia, problemas de tireoide, problemas neurológicos, etc.).
- Utilizar-se de referenciais muito exigentes, sem tolerância aos erros e com pouca flexibilidade ou criatividade na avaliação do aluno.
- Não considerar seu próprio estado emocional e físico ao avaliar a criança. "Sentindo-se cansado, todas as crianças parecem mais agitadas."
- Deixar-se influenciar por pais muito exigentes, ávidos por um motivo pelo qual a criança não alcançou as médias.
- Deixar-se influenciar por pais com perfil disciplinador muito rígido ou muito permissivo.

👉 Confundir TDAH com preguiça ou má vontade. Uma criança pode passar longos períodos jogando *videogame* e ter muita dificuldade para se manter em uma tarefa escolar porque, na verdade, o déficit de atenção não representa uma falta total de atenção, mas uma dificuldade na capacidade de controlar voluntariamente a atenção. Ou seja, a criança costuma ter dificuldade em se manter nas atividades em que precisa de controle voluntário e facilidade nas atividades prazerosas, para as quais esse controle é espontâneo.

Muitas vezes, a percepção dos pais e dos professores durante a avaliação de uma criança não é idêntica. Mesmo assim, isso não inviabiliza a avaliação ou o diagnóstico.

Como se trata o TDAH?

O tratamento do TDAH deve ser multimodal, e orientação de pais e professores, reforço escolar, psicoterapias individuais e em grupo e acompanhamento médico são modalidades a serem consideradas. Em casos mais brandos, diversas intervenções e atitudes podem auxiliar. Casos moderados e graves devem passar por uma avaliação médica.

Os tratamentos mais eficazes para os sintomas centrais do TDAH são a terapia comportamental e o uso de medicamentos. Embora exista certa discussão a respeito dos benefícios da terapia cognitiva para crianças com TDAH, novas pesquisas têm demonstrado resultados promissores com esse tipo de técnica. Segundo esses estudos, o uso de medicamentos é considerado a primeira escolha, porém geralmente são necessárias outras frentes de tratamento para uma resposta mais consistente.

O estudo sobre os medicamentos que agem no sistema nervoso central evoluiu muito nos últimos anos. A eficácia para muitas condições é maior, o perfil de efeitos colaterais é mais ameno, e novos medicamentos têm sido aprovados pelo sistema de vigilância (após passarem por trâmites de alto rigor científico) para beneficiar crianças e adolescentes. No caso do TDAH, os fármacos de primeira escolha são os psicoestimulantes listados na Tabela 11.2.

TABELA 11.2 Fármacos de primeira escolha no TDAH

Nome químico	Nome comercial	Duração média do efeito
Lisdexanfetamina	Venvanse®	12 horas
Metilfenidato (curta ação)	Ritalina®	3 a 5 horas
Metilfenidato (longa ação)	Concerta® Ritalina LA®	12 horas 8 horas

Como mostrado na Tabela 11.2, estão disponíveis atualmente dois tipos de psicoestimulante (metilfenidato e lisdexanfetamina) em formulações de curta e longa ação e em diferentes dosagens. Todos têm-se mostrado seguros e eficazes (Faraone et al., 2004).

Geralmente, o médico sugere que a medicação seja administrada antes das atividades em que a criança tem mais prejuízo (na maioria dos casos, antes da escola), uma vez ao dia para as de longa ação e de 1 a 3 vezes ao dia para as de curta ação. Como um dos efeitos colaterais mais comuns é a redução do apetite, é sugerido que a criança alimente-se adequadamente antes de ingerir a medicação. A maioria dos medicamentos têm início de ação rápido (30 minutos em média), com exceção da lisdexanfetamina (cerca de 2 horas). Alguns médicos sugerem que a criança não utilize o remédio nos fins de semanas e nas férias.

Na maioria dos casos, os efeitos colaterais dos psicoestimulantes costumam ser leves e transitórios, vinculados ao início do tratamento e dependentes da dose prescrita (doses maiores apresentam maior risco de efeito colateral). Entre eles, alguns dos mais comuns são redução do apetite, dor de cabeça, dores de estômago e tremores finos. Pré-escolares têm maior possibilidade de apresentar esses efeitos (Vitiello et al., 2007).

De 65 a 75% das pessoas têm bons resultados com a primeira opção medicamentosa (Greenhill; Findling; Swanson, 2002). Bons resultados são caracterizados por redução dos sintomas, melhora do funcionamento geral e da qualidade de vida, prevenção de problemas futuros, adesão ao tratamento e satisfação da família e da criança. A troca de um psicoestimulante por outro de primeira escolha pode ser recomendada se isso não acontecer. No caso de novo insucesso, ainda existem medicamentos não psicoestimulantes a serem considerados. Os mais utilizados são atomoxetina, imipramina, nortriptilina, bupropiona e clonidina. Mesmo com os diversos recursos medicamentosos disponíveis, cerca de 20% das pessoas não apresentam a resposta esperada à medicação (Brown, 2005).

Um aspecto fundamental no que diz respeito à medicação é a adesão ao tratamento. Professores sensíveis e bem informados podem favorecer muito o processo terapêutico motivando a família, auxiliando-a a buscar informações confiáveis e grupos de apoio e reforçando o vínculo com os profissionais da saúde.

A crença de uma pessoa **em qualquer tipo de tratamento** é fundamental para seu sucesso.

> **Reflexão**
>
> Nos dias de hoje, o TDAH é conhecido de todos. Um dos motivos para que isso tenha acontecido é que ele tem sido motivo frequente de debate entre leigos e profissionais da educação e da saúde mental.
> Existem vários fatores de confusão que alimentam esse debate, como, por exemplo, sensacionalismo da mídia, interesses individuais e de grupos e informações pouco consistentes sendo apresentadas em veículos de divulgação de massa. Outro fator complexo a ser considerado é que vivemos em uma sociedade baseada no acerto, ou seja, que apresenta pouca tolerância ao erro, pouco "jogo de cintura". Crianças com dificuldades de alcançar objetivos padronizados – a "média" –, por meio de rotas rígidas, são enxergadas como problemáticas e analisadas até que se encontre um "motivo" para isso. Infelizmente, esse debate ainda não resultou em um consenso, e o termo *hiperatividade* ganhou definições distorcidas, prejudicando tanto os jovens que passaram a ser rotulados, mal encaminhados e maltratados quanto aqueles que passaram a evitar avaliações e tratamentos que poderiam reduzir seu sofrimento.
> Nesse contexto, é importante salientar que o TDAH é uma condição reconhecida há muito tempo (existem descrições de casos típicos datados de 1902!) (Still, 1902) e é considerado um dos problemas de saúde mental mais bem estudados na atualidade. Outro fator importante nessa discussão é que os estudos mais importantes para a compreensão do transtorno foram (e são) financiados por instituições governamentais, e não pela indústria farmacêutica.

CONSIDERAÇÕES FINAIS

O TDAH é o transtorno mental mais comum na infância. Nele, alterações no desenvolvimento e no funcionamento de diversas áreas do cérebro levam a problemas de comportamento relacionados a desatenção, hiperatividade e impulsividade. Sua causa está fortemente ligada à genética, embora outros fatores de risco estejam implicados. Com frequência, apresenta trajetória de longo prazo e traz muitos prejuízos, os quais podem ser amenizados se houver diagnóstico (médico) precoce e tratamento adequado, com a colaboração entre o jovem, a família, a escola e os profissionais da saúde.

ALGUMAS FONTES DE INFORMAÇÃO SOBRE TDAH

Associação Brasileira do Déficit de Atenção ([20--?])
Vasto material sobre TDAH

Liga Latinoamericana para el estudio del TDAH ([20--?])
Liga latino-americana de estudo do TDAH

Universidade Federal do Rio Grande do Sul ([20--?])
Programa de TDAH da Universidade Federal do Rio Grande do Sul

Instituto ABCD ([20--?])
Site do Instituto ABCD, voltado aos profissionais que trabalham em prol das dificuldades e de transtornos de aprendizagem, especialmente a dislexia.

REFERÊNCIAS

AMERICAN PSYCHIATRIC ASSOCIATION. *Diagnostic and statistical manual of mental disorders:* DSM-IV. 4th ed. Washington: American Psychiatric Association, 1994.

ASSOCIAÇÃO BRASILEIRA DO DÉFICIT DE ATENÇÃO. *[Site]*. [S.l.]: Associação Brasileira do Déficit de Atenção, [20--?]. Disponível em: <http://tdah.org.br/>. Acesso em: 8 maio 2014.

BARKLEY, R. A.; FISHER, M.; EDELBROCCK, C. S. The adolescent outcome of hyperactivity children diagnosed by research criteria: an 8-year prospective follow-up study. *J AM Acad Child and Adolesc Psychiatry,* v. 29, n. 4, p. 546-457, 1990.

BIEDERMAN, J.; MICK, E.; FARAONE, S. Normalized functioning in youths with persistent ADHD. *J Pediatr,* v. 133, p. 544-551, 1998.

BIEDERMAN, J.; MICK, E.; FARAONE, S. V. Age-dependent decline of symptoms of attention deficit hyperactivity disorder: impact of remission definition and symptom type. *Am J Psychiatry,* v. 157, p. 816-818, 2000.

BIEDERMAN, J.; NEWCORN, J.; SPRICH, S. Comorbidity of attention deficit hyperactivity disorder with conduct, depressive, anxiety, and other disorders. *Am J Psychiatry,* v. 148, p. 564-577, 1991.

BROWN, T. E. *Attention deficit disorder:* the unfocused mind in children and adults. New Haven: Yale University Press, 2005.

DOUGLAS, V. I. Cogntive control processes in attention-deficit hyperactivity disorder. In: QUAY, H. C.; HOGAN, A. E. *Handbook of disruptive behavior disorders.* New York: Kluwer Academic, 1999. p. 105-138.

DU PAUL, G. J.; ECKERT, T. L.; MCGOEY, K. E. Interventions for students with attention-deficit/hyperactivity disorder. One size does not fit all. *School Psychology Review,* v. 26, n. 3, p. 369-381, 1997.

FARAONE, S. V. et al. Meta-analysis of the efficacy of methylphenidate for treating adult attention-deficit/hyperactivity disorder. *J ClinPsychopharmacol,* v. 1, p. 24-29, 2004.

FARAONE, S. V. et al. Molecular genetics of attention-deficit/ hyperactivity disorder. *Biol Psychiatry,* v. 57, p. 1313-1323, 2005.

GITTELMAN, R. et al. Hyperactive boys almost grown up: I, psychiatric status. *Arch Gen Psychiatry*, v. 42, p. 937-947, 1985.

GREENHILL, L. L.; FINDLING, R. L.; SWANSON, J. M. A double-blind, placebo-controlled study of modified-release methylphenidate in children with attention-deficit/hyperactivity disorder. *Pediatrics*, v. 109, n. 3, 2002.

HINSHAW, S. P. Attention-deficit hyperactyvity disorder: the search for viable treatments. In: Kendall, P. C. *Child and adolescent therapy*: cognitive-behavioral procedures. 2nd. ed. New York: Guilford Press, 2000. p. 88-128.

HOZA, B. Peer functioning in children with ADHD. *J Pediatr Psychology*, v. 32, p. 655-663, 2007.

INSTITUTO ABCD. *[Site]*. São Paulo: Instituto ABCD, [20--?]. Disponível em: <http://institutoabcd.org.br/portal/>. Acesso em: 8 maio 2014.

JENSEN, P. et al. Are stimulants overprescribed? Treatment of ADHD in four U.S. communities. *J Am Acad Child Adolesc Psychiatry*, v. 38, p. 797-804, 1999.

JENSEN, P. S. et al. 3-year follow-up of the NIMH MTA study. *Journal of the American Academy of Child and Adolescent Psychiatry*, v. 46, p. 989-1002, 2007.

KENDALL, P. *Child and adolescent therapy*. 4th ed. New York: Guilford Press, 2012.

LIGA LATINOAMERICANA PARA EL ESTUDIO DEL TDAH. *[Site]*. [S. l.]: LILAPETDAH, [20--?]. Disponível em: <http://tdahlatinoamerica.org/>. Acesso em: 8 maio 2014.

PLISZKA, S. R.; CARLSON, C. L.; SWANSON, J. M. *ADHD with comorbid disorders*: clinical assessment and management. New York: Guilford, 1999.

POLANCZYK, G. et al. The worldwide prevalence of ADHD: a systematic review and metaregression analysis. *Am J Psychiatry*, v. 164, p. 942-948, 2007.

STILL, G. The goulstonian lectures on some abnormal psychical conditions in children. Lecture I. *Lancet*, v. 1, p. 1008-1012, 1902.

UNIVERSIDADE FEDERAL DO RIO GRANDE DO SUL. *Programa de transtornos de déficit de atenção/hiperatividade ProDAH*. Porto Alegre: UFRGS, [20--?]. Disponível em: <http://www.ufrgs.br/prodah/>. Acesso em: 8 maio 2014.

VITIELLO, B. et al. Effectiveness of methylphenidate in the 10-month continuation phase of the preschoolers with ADHD treatment study (PATS). *Journal of Child and Adolescent Psychopharmacology*, v. 17, p. 593-603, 2007.

WILENS, T.; BIEDERMAN, J.; MICK, E. Does ADHD affect the course of substance abuse? Findings from a sample of adults with and without ADHD. *Am J Addict*, v. 7, p. 156-163, 1998.

12
Manejo do transtorno de déficit de atenção/hiperatividade em sala de aula

Angela Alfano
Bruno Sini Scarpato
Gustavo M. Estanislau

O ambiente escolar é fonte de múltiplos desafios para crianças e adolescentes. É na escola que eles passam grande parte do dia, estabelecem relações sociais com seus pares e, ao mesmo tempo, são submetidos a situações de aprendizagem formal e a todas as experiências inerentes a esse processo. Para aqueles que apresentam o quadro de transtorno de déficit de atenção/hiperatividade (TDAH), em suas diversas expressões clínicas (ver Capítulo 11), a vida escolar pode ser ainda mais difícil.

Atualmente, diversas fontes de pesquisa comprovam os benefícios do tratamento medicamentoso adequado para portadores de TDAH. Porém, mesmo com o auxílio dos medicamentos, a resposta dessas crianças e adolescentes não costuma ser plenamente satisfatória sem o trabalho de orientação que modifica o ambiente familiar e escolar. A partir disso, os chamados *practice guidelines*, ou "guias de tratamento", propostos pelas associações de saúde mental e de pediatria, endossam os tratamentos denominados multimodais, ou seja, mesmo quando a criança ou o adolescente estão medicados adequadamente, intervenções psicossociais com a família e a escola são, em diversos aspectos, muito importantes, como na qualidade da relação com os pais e os professores, na execução de deveres de casa e no funcionamento dos pais com a criança. Nessa linha, diferentes estratégias de mudança comportamental podem ser utilizadas por pais e educadores, dentro e fora da sala de aula, para auxiliar em aspectos acadêmicos e sociais. Se implementadas de maneira consistente, a partir da orientação de um profissional especializado com conhecimento teórico sólido e embasado em evidências, elas podem ajudar essas crianças e adolescentes a enfrentar os desafios e construir uma história de sucesso em sua vida escolar.

Atualmente, existem tantos modelos e programas de intervenção nessa área que não seria possível descrevê-los detalhadamente em poucas páginas.

Portanto, o objetivo deste capítulo é fornecer aos educadores parâmetros para o melhor manejo de crianças e adolescentes com TDAH em sala de aula. Além disso, sendo o TDAH um transtorno de sintomas dimensionais (ver Capítulo 11), diversas orientações apresentadas aqui também podem ser aplicadas a crianças agitadas sem o diagnóstico de TDAH.

NO QUE EXATAMENTE PAIS E PROFESSORES PODEM AJUDAR?

O primeiro passo para uma estratégia de mudança comportamental eficaz deve ser sempre estabelecer quais são os comportamentos-alvo, ou seja, os comportamentos problemáticos específicos que esperamos que melhorem. É importante lembrar que os comportamentos-alvo podem fazer parte de duas classes, conforme mostra o Quadro 12.1.

Algumas características apresentadas pelas crianças com TDAH em sala de aula foram descritas no Capítulo 11, entretanto, os problemas podem surgir em muitas outras situações. O Quadro 12.2 exemplifica mais algumas áreas de dificuldade e como elas podem interferir nos comportamentos relacionados à escola.

Identificados esses comportamentos, a próxima etapa é descobrir quais são os fatores que provocam seu surgimento, sua manutenção e sua ausência. Por exemplo, um aluno só apresentava agressividade durante atividades físicas (fator precipitante), particularmente ao jogar futebol; outra aluna, em geral pouco participativa, tornava-se muito mais produtiva quando o professor utilizava recursos visuais (fator que determina a ausência do comportamento indesejado). Identificados os comportamentos problemáticos e os fatores que influenciam sua manifestação e manutenção, segue-se o planejamento da estratégia de ação.

QUAIS SÃO OS OBJETIVOS DE UMA ESTRATÉGIA DE AÇÃO?

De maneira sucinta, podemos dizer que a estratégia pode ser voltada tanto para diminuir ou acabar com comportamentos considerados prejudiciais

QUADRO 12.1
As duas classes de problemas comportamentais

Excessos comportamentais	Déficits comportamentais
Ocorrem excessivamente em termos de frequência, duração e intensidade (p. ex., interromper os outros) ou estão presentes em condições em que sua frequência socialmente aceita é próxima a zero.	Não ocorrem quando deveriam ou não são emitidos com frequência suficiente, intensidade adequada ou da maneira apropriada (p. ex., prestar atenção).

quanto para ensinar novos comportamentos, mais funcionais e positivos. Como vimos, alunos com TDAH frequentemente apresentam diferentes grupos de problemas e sintomas, precisando de ambas as abordagens.

QUADRO 12.2
Áreas de dificuldade no TDAH e comportamentos relacionados

Área de dificuldade	Comportamento relacionado
Capacidade de planejamento	Dificuldades em organizar a rotina (tarefas, material de aula, etc.).
Estratégias para resolução de problemas	A execução das tarefas não segue uma lógica ou um pensamento em sequência. Embora demonstre conhecimento, muitas vezes não consegue chegar a uma solução adequada.
Comportamento direcionado a metas	Muda muito de uma atividade para outra. Inicia muitas atividades e finaliza poucas.
Percepção da passagem de tempo	Não controla bem seu tempo: perde tempo em tarefas pouco úteis. Perde-se ao tentar realizar diferentes tarefas.
Autorregulação	Baixa tolerância à frustração, levando a brigas e comportamento de birra. Abandona tarefas difíceis. Dificuldade em manejar emoções.
Controle motor (motricidade fina)	Grafo-motricidade (desenho e caligrafia) de baixa qualidade.
Capacidade de aguardar por recompensas tardias	Procura realizar atividades o mais rápido possível. A impaciência em aguardar leva à impulsividade (ações "sem pensar"). Busca de recompensas imediatas (perigo do uso de drogas).
Uso de estratégias de aprendizagem	Esquece de empregar regras básicas que orientam a realização de operações matemáticas, ortografia, etc.
Planejamento para o futuro	Indecisão e insatisfação com escolhas realizadas (cursos, carreira, investimentos, etc.). Mudanças frequentes nas metas e no caminho escolhido para alcançá-las.
Atenção seletiva	Perde o foco da tarefa e perde-se. Comete erros por distração.
Atenção sustentada	Não consegue permanecer muito tempo em uma mesma tarefa. Não finaliza as atividades que inicia.

> **COMO AGIR AO PLANEJAR A ESTRATÉGIA DE AÇÃO**
>
> 1. **Seja específico:** Defina objetivos claros e comportamentos-alvo de forma específica. Por exemplo, "melhorar o comportamento" é muito genérico; "não interromper outra pessoa quando ela está falando" é mais específico.
> 2. **Seja realista:** A meta a ser alcançada deve ser acessível. Proponha um objetivo por vez e valorize pequenos ganhos ao longo do caminho.
> 3. **Desenvolva um plano:** Defina não apenas objetivos, mas estratégias para alcançá-los. Elas podem ser revistas e modificadas ao longo do caminho, mas precisam ser claras e bem delineadas.
> 4. **Monitore, avalie e reformule:** Faça registros do desempenho e do comportamento do aluno. Somente assim será possível avaliar a eficácia da estratégia adotada e a necessidade de mudanças no planejamento. Intervenções bem-sucedidas também podem perder efeito ao longo do tempo e devem ser revistas.
> 5. **Trabalhe em conjunto:** Trabalhar em equipe é sempre mais promissor, pois a conduta que se repete de forma homogênea, independentemente do local onde a criança está, é mais eficiente. Portanto, envolver os pais e outras pessoas do corpo pedagógico é fundamental.

QUAIS SÃO OS PRINCÍPIOS DE UM PLANO DE MUDANÇA COMPORTAMENTAL NO TDAH?

A teoria comportamental é a base para a maioria das intervenções recomendadas para crianças com TDAH. Ela propõe que os planos devem ser centrados especialmente no conceito de reforço. Os reforços são consequências que aumentam a possibilidade de um comportamento ocorrer no futuro. O reforço positivo é caracterizado como uma recompensa que estimula a pessoa a repetir um comportamento, enquanto o reforço negativo é caracterizado pela retirada de um estímulo aversivo depois que o comportamento adequado é exercido. Os dois são exemplificados a seguir.

> **Exemplo de reforço positivo na escola**
>
> A professora de história passou um trabalho que a turma deve entregar em um mês e que vale 1 ponto (reforço positivo) na média final. Ela o dividiu em quatro etapas, que devem ser cumpridas semanalmente até chegar ao trabalho final. Toda segunda-feira, os alunos devem apresentar a etapa realizada, recebendo 0,25 ponto (reforço positivo) em cada uma delas.

> **Exemplo de reforço negativo na escola**
>
> Em vez de responder impulsivamente como de costume, gritando ou jogando algo em Lauro, Rafael se queixa à professora de que o colega está implicando com ele. A professora troca Rafael de lugar, de forma que fique longe de Lauro (reforço negativo), que não pode mais provocá-lo durante a aula.

No primeiro exemplo, a professora optou por dividir o reforço positivo final e mais grandioso (1 ponto na média final) em pequenos e mais frequentes reforços positivos (0,25 a cada etapa cumprida). Dessa forma, ela pôde fornecer reforços mais frequentes e imediatos, que vão estimulando os alunos até que eles alcancem a meta final (nesse caso, o trabalho completo), e ensinou, na prática, o que significa planejamento. Com esse sistema, não apenas a chance de mantê-los motivados com o trabalho aumentou, como também se pôde lançar mão de outra ferramenta valiosa: o retorno, ou *feedback*, constante.

A situação relatada no segundo exemplo mostra como o comportamento de Rafael – pedir ajuda à professora – foi reforçado negativamente, já que sua consequência foi a retirada de um estímulo aversivo: a implicância do colega de turma.

Reforço negativo é diferente de castigo. Castigo, ou punição, é um estímulo que leva a pessoa a reduzir a frequência de um comportamento (p. ex., exigir que a criança repita uma lição que fez com desleixo). Ao longo de uma estratégia de mudança de comportamento, a utilização de muitos castigos é um sinal de insucesso do programa. Nesses casos, sugere-se que a estratégia seja revista.

> ### Como utilizar os reforços
>
> Utilize um quadro de registros e:
>
> 1. **Descreva o comportamento esperado objetivamente:** A descrição de cada comportamento a ser recompensado deve ser clara, quantificável e exposta sob a forma de afirmações positivas. Por exemplo, em vez de "não rabisque o caderno", utilize "mantenha o caderno bonito, sem rabiscos".
>
> *(Continua)*

(Continuação)

2. **Seja criterioso na escolha da recompensa:** O que é reforçador para um aluno pode não ser para outro. A consequência deve ser prazerosa para ele e ter "força" suficiente para motivá-lo. Emitir e manter o comportamento-alvo (lembre-se de ser sistemático!) demanda esforço, e, portanto, as consequências devem ser ajustadas ao nível de dificuldade do que está sendo solicitado.
3. **Mude ou alterne o estímulo reforçador:** No TDAH, a habituação, ou saciação, ocorre de forma mais rápida do que em outras crianças, ou seja, o efeito reforçador de um estímulo dura menos para esses alunos. Modifique o reforço periodicamente para que o programa mantenha sua eficácia.
4. **Reforce logo após o comportamento ser emitido:** Quem tem TDAH tem dificuldade de aguardar por gratificações tardias, portanto, a consequência positiva (ou negativa) deve ser oferecida logo após a realização do comportamento, mesmo que em um primeiro momento ela se dê sob a forma de pontos ou fichas que depois serão trocadas.
5. **Reveja o sistema proposto:** O quadro de registro pode ser revisto até mesmo diariamente. Esse pode ser o momento que o professor tem com o aluno para lhe informar o quão orgulhoso está de seus progressos e para que os dois, juntos, avaliem como tem sido o trabalho.
6. **Persista:** Comportamentos difíceis não "surgem da noite para o dia", portanto, sua extinção também exige tempo. Seja consistente e insista. Peça ajuda profissional para lidar com as dificuldades que apareçam ao longo do caminho, mas não desista facilmente! Converse sobre comportamentos em momentos bons, sem tom punitivo.

Como vimos, o reforço positivo é a base do manejo comportamental. Ele pode ser material ou social. Veja, a seguir, algumas sugestões de possíveis reforços no ambiente escolar, bem como exemplos de palavras e frases de incentivo que o professor pode utilizar individualmente ou em grupo para reforçar de forma positiva seus alunos, já que o elogio costuma ser um reforçador social importante para a maioria das pessoas.

Alguns possíveis reforços positivos que podem ser administrados pelo professor

- Ser ajudante do professor
- Apagar o quadro
- Escrever na lousa
- Receber pontos de comportamento
- Recolher os exercícios
- Lanchar próximo à professora
- Obter tempo livre

- Ganhar adesivos
- Ser o primeiro da fila
- Ter tempo extra de brincadeira
- Brincar/jogar
- Receber elogio do professor
- Receber contato físico afetuoso
- Ganhar um certificado de bom desempenho
- Escolher brinquedos na caixa lúdica
- Levar carta aos pais com elogios do professor
- Obter boas notas
- Melhorar o *status* no quadro de desempenho da turma

Palavras de incentivo para quando o elogio é o reforço social

- Correto!
- Perfeito!
- Fantástico!
- Ótimo raciocínio!
- Ótimo trabalho!
- Boa tentativa!
- Boa resposta!
- Você tirou de letra!
- Gostei!
- Estou gostando de ver!
- Está no caminho certo!
- Continue trabalhando assim!
- Estou orgulhoso de você!
- Eu sabia que conseguiria!
- Você está melhorando cada vez mais!

O reforço positivo pode ser fornecido de maneira direta ou por meio da aquisição gradual de fichas ou pontos. Por serem mais concretos, fichas e adesivos são mais adequados para crianças mais novas. Pontos não têm limite de idade e fazem parte inclusive de programas baseados em reforço positivo da nossa vida adulta cotidiana, como pontuações de cartão de crédito, descontos após um determinado número de compras em um estabelecimento, etc.

O ALUNO PODE PERDER FICHAS/PONTOS?

Sim, pode. Muitos estudos sobre o uso de procedimentos motivacionais sistematizados com pessoas com TDAH defendem, inclusive, que a perda de privilégios conquistados não só pode como deve fazer parte do programa. A essa perda, a teoria comportamental dá o nome de custo de resposta.

Os comportamentos que levarão a perdas devem ser previamente estabelecidos e estar bem claros para o aluno.

> O custo de resposta deve ser usado de maneira criteriosa, afinal, o objetivo é MOTIVAR. As perdas apenas tornarão um pouco mais difícil a obtenção do resultado final, mas este deve continuar sendo possível e não muito distante. Caso contrário, o resultado é o oposto: a desmotivação.

Outra estratégia é focar nos comportamentos adequados do aluno. O professor pode registrar durante uma semana as situações nas quais seu aluno mostrou bom comportamento e utilizá-las como referência. O aluno ganha um ponto/ficha quando se comporta bem e deixa de ganhar quando se comporta mal. A vantagem dessa estratégia é que, nos dias em que o aluno estiver com mais dificuldade de se controlar e inibir comportamentos inadequados, não terá suas fichas perdidas, apenas deixará de ser recompensado. Ela também evita que o jovem fique desmotivado ou sinta que não vale a pena tentar "controlar-se".

20 DICAS PARA O MANEJO DO TDAH NA SALA DE AULA

Apesar das várias formas de expressão do TDAH (algumas crianças e adolescentes com mais sintomas de desatenção, outras com predomínio de hiperatividade/impulsividade ou déficits executivos), uma série de orientações gerais, ou "dicas", podem ajudar muitos alunos com o transtorno.

1. **Minimize estímulos distratores:** Quanto mais calmo e com menos distratores for o ambiente de estudo, melhor. Alunos com TDAH devem se sentar longe de portas e janelas e perto do professor.
2. **Sinalize o que é importante:** Informações importantes devem ser enfatizadas, grifadas, colocadas em quadros de avisos.
3. **Use recursos visuais:** Materiais visuais permitem que informações importantes fiquem mais acessíveis e que os alunos se recordem delas sem que o professor precise lembrá-los. Solicite à turma que faça, em conjunto, um quadro com as regras do que é e do que não é permitido na sala de aula, utilizando-se de desenhos que as representem.
4. **Lembre onde estão informações e instruções importantes:** Lembre a turma de consultar rotineiramente cronogramas ou quadros.

(Continua)

(Continuação)

5. **Repita instruções:** Escreva, fale e, eventualmente, peça que os alunos repitam o que compreenderam de uma instrução.
6. **Faça contato visual:** Um olhar pode trazer o aluno de volta de um devaneio e ajuda a manter o foco no professor.
7. **Evite instruções longas:** Instruções breves e objetivas aumentam a chance de o aluno com TDAH realizar o que foi pedido.
8. **Divida tarefas complexas:** Trabalhos muito extensos devem ser divididos em etapas menores, as quais serão executadas em sequência até o objetivo final. O objetivo é evitar que o aluno se perca, ou até mesmo desista, e treinar planejamento. É importante monitorar cada etapa e reforçar os passos envolvidos, redirecionando o aluno quando necessário.
9. **Combine sinais que sirvam como alerta:** O professor pode combinar alguns gestos discretos (como colocar a mão no ombro do aluno ou em sua mesa) quando precisar sinalizar que ele está, por exemplo, incomodando ou ficando mais agitado.
10. **Monitore o progresso:** Alunos de maneira geral se beneficiam muito com *feedback* frequente. Para aqueles com TDAH, o retorno constante é ainda mais importante para que sigam em frente, sabendo o que se espera deles e se estão alcançando seus objetivos.
11. **Antecipe situações particularmente difíceis:** Se a turma irá sair para um passeio e você sabe que em situações como essa seu aluno costuma ficar mais agitado, repasse com ele como será a programação e as regras que deverão ser seguidas. Combine como o avisará se estiver exagerando em algum comportamento e sempre reforce quando estiver bem.
12. **Envolva os alunos na rotina de sala de aula:** Para as crianças mais agitadas, é bom poder se movimentar um pouco. Além disso, alunos em qualquer idade, com e sem TDAH, gostam de participar ativamente de rotinas. Nas turmas de crianças mais novas, pode-se eleger ajudantes para apagar o quadro ou distribuir os exercícios. Com adolescentes, a função de monitoria é uma boa estratégia.
13. **Valorize os deveres de casa:** O aluno precisa perceber o quão importante os deveres de casa são para seu aprendizado. Corrija, elogie e use exemplos do dever na aula seguinte. Peça que leiam suas respostas, escrevam no quadro ou opinem sobre o que fizeram.
14. **Evite reprimendas:** Evite repetir mais de duas vezes reprimendas como "Não!" e "Não pode!", que geralmente são ditas pelos adultos de forma quase automática quando incomodados. Crianças com TDAH escutam tantos "nãos" em casa que acabam se tornando insensíveis a essa forma de reprimenda, a qual "entra por um ouvido e sai pelo outro", sem causar nenhum efeito no comportamento indesejado.
15. **Utilize atenção estratégica:** No cotidiano escolar, é comum o comentário "Ele apronta para chamar a atenção". De fato, a atenção que recebemos de colegas e professores pode se tornar um reforço positivo. Atenção estratégica consiste em utilizar-se da atenção do professor como reforçador positivo, passando-se a ignorar comportamentos inadequados.

(Continua)

(*Continuação*)

Elogiar alunos que estão trabalhando em silêncio tenderá a estimular alunos inquietos a modificar seu comportamento em busca da mesma atenção do professor.

16. **Evite elogios ambíguos:** Cuidado com elogios como "Até que enfim você terminou a lição!", "Ficou bom, mas você pode fazer melhor" ou "Hoje você se comportou bem, viu como não é assim tão difícil?". Nos casos de alunos com perfil opositor, conseguir da criança um comportamento adequado é tão trabalhoso que, por vezes, acabamos deixando a irritação influenciar, fazendo um elogio se transformar em uma crítica.
17. **Faça adaptações no programa escolar:** Algumas modificações podem beneficiar alunos com TDAH. Recomenda-se variar o formato dos trabalhos e das provas (p. ex., avaliações orais e escritas); intercalar aulas expositivas com atividades físicas; propor trabalhos acadêmicos mais curtos, adaptados ao tônus atencional da criança; deslocar as aulas que exigem menos atenção para o fim da jornada escolar; e realizar avaliações periódicas de menor peso na nota global. Permitir tempo adicional para fazer algumas atividades e o uso de calculadoras, vídeos e gravadores também pode ser usado como estratégia.
18. **Seja criativo:** Crie e faça atividades diferentes em sala de aula. Use cores, desenhos, gráficos, vídeos e tudo que sua imaginação permitir para que sua aula seja estimulante. Não só seus alunos com TDAH, mas toda a turma obterá benefícios, afinal, aprende-se mais quando o que está sendo ensinado desperta nosso interesse – e, nesse caso, não há melhor e mais poderoso reforçador do que o conhecimento adquirido!
19. **Mantenha a calma e a esperança:** Muitas vezes, cuidadores (não só educadores) de crianças com o transtorno sentem-se cansados. A criança com TDAH é constantemente energética e recorre em erros sobre os quais vem sendo alertada repetidas vezes. Comportamentos como esse fazem o adulto se sentir desafiado, inferindo que a criança está sendo insolente: "Parece que não aprende!", "Está querendo me deixar maluca!". Nesses momentos, lembre-se de que o TDAH é um transtorno neurocomportamental e que a criança não está "apenas se divertindo" ou "escolhendo incomodar". Ela sofre com os diversos prejuízos associados a esse quadro e precisa ser cuidada.
20. **Novamente, reforce a parceria com a família:** Nunca é demais salientar: a parceria com a família é a chave nesses casos. Discuta estratégias e justifique a necessidade de adaptações, caso exista.
21. **Não descuide da autoestima do aluno:** Frequentemente, alunos com TDAH estão em voga na sala de aula por envolverem-se em situações negativas. A autoestima, em função das frequentes reprimendas e insucessos, está sempre em risco e deve ser observada de perto.

Exemplo de como algumas orientações podem ser aplicadas

Ângelo tem 10 anos de idade e fica bastante agitado no momento de ir da sala de aula para a educação física. No trajeto para as quadras de esportes, costuma sair da fila e correr no corredor e com frequência perturba seus pares em fila (provocações, xingamentos e empurrões). Diante disso, a professora retomou com Ângelo as regras do corredor (manter-se em fila e não correr) e relembrou-o de que a recompensa viria logo em seguida. Falou: "Agora vamos para a aula de educação física. Lembre que vamos descer as escadas em fila até a quadra. Não cutuque o colega nem corra. Será rápido. Logo estaremos na quadra, e você jogará futebol com seus amigos".

A seguir, apresentamos mais algumas dicas para educadores e pais.

Educador

1. Solicite que o aluno se sente próximo.
2. Faça uma lista de materiais de escola e revise-a periodicamente com os alunos.
3. Crie estratégias para que o aluno seja competente em registrar coisas (datas de entrega de trabalhos, tarefas, passeios, etc.)
4. Crie grupos de tarefas – nos quais os deveres são feitos em horários alternativos, como na biblioteca, por exemplo.
5. Se necessário, faça uso de um "cantinho de estudo" para que a criança complete uma tarefa na sala.

Pais

1. Utilizem o reforço positivo.
2. Não supervalorizem falhas.
3. Tenham discussões periódicas sobre tarefas e comportamento (abordem tanto pontos negativos quanto positivos).
4. Encenem e peçam para a criança encenar bons e maus comportamentos.
5. Insistam para que a criança se prepare para a escola à noite.

CONSIDERAÇÕES FINAIS

Não há uma fórmula única ou rígida para o manejo de alunos com TDAH em sala de aula, apesar de haver consenso sobre a eficácia de algumas metodologias que potencializam o aprendizado (American Academy of Pediatrics, 2011), como aquelas baseadas na abordagem comportamental.

O segredo para o sucesso de qualquer programa de mudança comportamental é definir metas específicas e acessíveis e, sistematicamente, recompensar cada pequena realização, até que novos hábitos sejam formados.

Para que esse processo aconteça, um ambiente estruturado é fundamental para guiar e dar apoio ao aluno de maneira positiva. As rotinas de sala de aula devem ser claras e propostas de forma balanceada, com doses de variedade, flexibilidade e humor.

REFERÊNCIAS

AMERICAN ACADEMY OF PEDIATRICS. ADHD clinical practice guideline for the diagnosis, evaluation and treatment of attention-deficit/hyperactivity disorder in children and adolescents. *Pediatrics,* v. 128, n. 5, p. 1007-1022, 2011.

LEITURAS RECOMENDADAS

HODGKINS, P. et al Management of ADHD in children across Europe: patient demographics, physician characteristics and treatment patterns. *Eur J Pediatr,* v. 172, n. 7, p. 895-906, 2013.

PARKER, H. C. *Problem solver guide for students with ADHD:* ready-to-use interventions for elementary and secondary students with attention deficit hyperactivity disorder. Plantation: Specialty Press, 2006.

PFIFFNER, L. J. et al. Educational outcomes of a collaborative school-home behavioral intervention for ADHD. *Sch Psychol Q,* v. 28, n. 1, p. 25-36, 2013.

POWER, T. J. et al. A family-school intervention for children with ADHD: results of a randomized clinical trial. *J Consult Clin Psychol,* v. 80, n. 4, p. 611-623, 2012.

REEVES, G.; ANTHONY, B. Multimodal treatments *versus* pharmacotherapy alone in children with psychiatric disorders: implications of access, effectiveness and contextual treatment. *Paediatr Drugs,* v. 11, n. 3, p. 165-169, 2009.

RIDDLE, M. A. et al. The preschool attention-deficit /hyperactivity disorder treatment study (PATS) 6-year follow-up. *J Am Acad Child Adolesc Psychiatry,* v. 52, n. 3, p. 264-278, 2013.

13
Comportamentos disruptivos na escola

Daniela Ceron-Litvoc
Elisa Kijner Gutt
Patricia Zukauskas
Guilherme V. Polanczyk

O convívio dos professores com crianças e adolescentes que manifestam alterações de comportamento caracterizadas por irritabilidade, oposição e agressividade é desgastante e, muitas vezes, frustrante. Esses comportamentos, por sua vez, causam impacto negativo nos jovens que os apresentam nos diversos ambientes em que estão inseridos, assim como no desempenho acadêmico. Muitas reações agressivas ou opositoras podem ocorrer como expressão de sofrimento, repreensão pela inadequação, julgamentos morais, punições e até mesmo em função da sensação de ameaça ou de vulnerabilidade diante da agressividade do ambiente. A intenção deste capítulo é auxiliar o professor a reconhecer, intervir e auxiliar as crianças e os adolescentes que apresentam esses comportamentos.

Desenvolvimento infantil e aspectos relacionados à irritabilidade e à agressividade

É importante ressaltar que nem todo comportamento caracterizado por irritabilidade ou agressividade deve ser considerado indício da presença de uma condição grave e patológica. Esses comportamentos são comuns a todas as pessoas, especialmente em crianças e adolescentes, e podem estar associados a emoções e sentimentos complexos e estranhos à possibilidade de compreensão da criança, como raiva, medo, insegurança, frustração, ou a sensações físicas, como dor, fome, sede ou mal-estar. Assim, além de comuns, irritabilidade e agressividade são inespecíficas e podem ser manifestações de diferentes situações de sofrimento psíquico, transitório ou persistente.

QUANDO IRRITABILIDADE E AGRESSIVIDADE PODEM SE TORNAR UM PROBLEMA?

O modo de expressão, a intensidade e a duração da reação de irritabilidade ou agressividade são ferramentas para identificação de crianças com maior probabilidade de apresentarem condições psiquiátricas subjacentes. De forma geral, podemos definir os problemas psiquiátricos como situações em que sensações ou sentimentos comuns a todos os indivíduos se caracterizam como diferentes pela intensidade (excessiva), duração (perda de conexão com um estímulo desencadeador e manutenção do comportamento a despeito de os estímulos terem cessado) e forma de apresentação (não esperado pelo contexto). Por exemplo, pode ser considerado normal que um aluno irrite-se ao receber uma repreensão de um professor por um comportamento inadequado, mas será motivo de preocupação se essa irritação for expressa com reações como xingamentos e agressões verbais e se esse comportamento for persistente e não estiver relacionado a apenas uma pessoa ou situação.

Há dois transtornos psiquiátricos principais em crianças e adolescentes que se apresentam por meio de problemas comportamentais que envolvem agressividade, irritabilidade, desrespeito às normas e impacto negativo no desenvolvimento: transtorno de oposição desafiante (TOD) e transtorno da conduta (TC). Não pretendemos que o professor, ao ler este capítulo, saiba identificar e distinguir cada um desses quadros. Nossa proposta é facilitar aos educadores o reconhecimento de situações de risco para o adoecimento psíquico e ajudá-los a estabelecer direcionamentos para essas crianças, ressaltando que uma conduta bem estruturada em sala de aula pode prevenir o aparecimento ou a evolução desses quadros.

O QUÃO FREQUENTES SÃO OS QUADROS DE TOD E TC?

Esses transtornos estão entre os problemas de saúde mental mais comuns na infância e na adolescência e têm grande impacto na vida escolar e social. Estudos epidemiológicos apontam que 5 a 10% das crianças e dos adolescentes têm comportamentos de oposição ou de agressividade de forma persistente. Os meninos têm maior prevalência desses quadros, provavelmente pelo fato de que estão expostos a mais fatores de risco, como, por exemplo, hiperatividade e atraso no desenvolvimento. Além disso, as meninas tendem a manifestar a agressividade de forma indireta, verbal e relacional, por exemplo, pela "difamação de colegas". Esses comportamentos são mais difíceis de perceber e documentar, não são descritos como sintomas de TC ou TOD e, por isso, podem resultar em dificuldades no diagnóstico entre as meninas. Mesmo em crianças na idade pré-escolar, problemas relacionados a agressividade e conduta são comuns, encontrados entre 10 a 25% das crianças. Intervenções realizadas precocemente para esse grupo de crianças podem evitar a cristalização desses comportamentos.

Relação entre TOD e TC

Apesar de serem classificados como transtornos mentais diferentes, atualmente esses dois transtornos são vistos como manifestações pertencentes a um mesmo espectro. O TOD tende a ocorrer em faixas etárias mais jovens e aumenta o risco de futuro TC. O TC é mais grave e acomete um número menor de crianças e adolescentes, já o TOD envolve comportamentos de menor gravidade que ocorrem em mais crianças ao longo do seu desenvolvimento.

Como reconhecer uma criança e um adolescente com TOD?

As crianças diagnosticadas com TOD apresentam de forma persistente desobediência e comportamentos opositores negativistas ou provocativos em relação à figura de autoridade. Costumam violar regras, ter crises de birra e de explosão, envolver-se em discussões e comportamentos provocativos. Ou seja, apresentam comportamentos de oposição, de provocação e de transgressão que levam a conflitos marcantes com o meio (pais, professores, colegas). Na sala de aula, em geral essas crianças persistentemente se contrapõem ao professor de forma agressiva, não respeitam as regras, se recusam a fazer as lições de casa, brigam com os colegas e com os adultos com frequência e provocam tanto colegas como professores.

Como reconhecer uma criança e um adolescente com TC?

As crianças com diagnóstico de TC apresentam um padrão persistente de comportamentos que violam os direitos básicos dos demais e regras sociais importantes. O TC se caracteriza por comportamentos antissociais persistentes na infância e na adolescência, incluindo brigas físicas, roubo, vandalismo, *bullying* e uso de mentira para ganhos pessoais. Essas crianças podem se envolver em atos criminais e têm maior risco de uso de substâncias psicoativas no futuro. A gravidade do TC é variável, dependendo da apresentação clínica: uma criança que fugiu de casa, gazeteia a escola e permanece na rua apresenta um TC leve, enquanto aquela que ameaça os outros, provoca incêndio, utilizou uma arma, arrombou residência, roubou objetos de valor e forçou alguém a ter atividade sexual ou foi fisicamente cruel com pessoas e animais apresenta sintomas graves.

Fatores de risco para TOD e TC

Fatores de risco são aqueles associados ao aparecimento dos sintomas, que, quando presentes, podem predispor um indivíduo a apresentar determinada patologia. O TOD e o TC, como a maioria dos transtornos psiquiátricos, têm múltiplos fatores de risco ambientais e genéticos, que interagem entre si e promovem o início, o agravamento ou a manutenção dos sintomas.

A experiência e a história de vida de cada pessoa, os tipos de relações familiares, o meio social, o fato de ter sofrido abuso e maus-tratos e de apresentar traços de personalidade (a tendência individual de reagir de forma mais ou menos explosiva ou irritada, por exemplo) são aspectos correlacionados à manifestação de TOD e TC. Além disso, como a criança aprende a se comportar socialmente por imitação, o meio ambiente é um importante fator de risco ou de proteção.

De forma geral, apresentamos a seguir alguns fatores de risco para o desenvolvimento de TOD ou TC.

1. **Fatores individuais**
   - **Genéticos:** estudos sugerem que existe uma tendência genética mais evidente para os quadros graves de TC. Já os quadros de TOD estão relacionados a evidências genéticas para outros quadros psiquiátricos.
   - **Complicações perinatais**
   - **Temperamento da criança**
   - **Déficits nas habilidades de expressão verbal e linguagem**
   - **Déficits nas funções executivas**, que são habilidades cognitivas necessárias para se chegar ao objetivo planejado, como aprendizado de regras sociais, raciocínio abstrato, solução de problemas, atenção e concentração, controle inibitório.
   - **Problemas na cognição social** com tendência a interpretação hostil dos atos.

2. **Fatores externos ao ambiente familiar**
   - **Rejeição pelos pares:** crianças mais agressivas são com frequência rejeitadas pelas demais crianças. A rejeição da criança por seus pares contribui para o declínio acadêmico, para o aumento da agressividade e para a associação das crianças agressivas com outras crianças com problemas semelhantes.
   - **Influência pelos pares:** jovens com maior agressividade costumam se atrair, e os comportamentos desviantes de um tendem a reforçar os comportamentos antissociais dos outros. Estudos mostram que, ao se juntar a uma gangue, os comportamentos agressivos de um jovem aumentam.
   - **Vizinhança:** ambientes mais agressivos parecem aumentar o risco de desenvolvimento desses quadros.

3. **Fatores familiares**
   - **Sabe-se que fatores genéticos** influenciam o aparecimento dos transtornos disruptivos; contudo, a influência genética pode ser modificada a partir da interação "ambiente e criança".
   - **Pertencer a famílias de classes socioeconômicas menos favorecidas:** esse efeito é mediado pela presença de brigas entre os pais, presença de disciplina rígida e com pouco cuidado, atenção e supervisão, e qualidade ruim da relação com a criança.

- Qualidade do relacionamento e ligação/apego entre pais e criança
- **Disciplina e habilidade parental:** regras familiares inconsistentes, comandos confusos, respostas paternas baseados mais no humor do que nas características do comportamento da criança, pior monitoramento da criança e neutralidade em relação aos comportamentos positivos das crianças são fatores relacionados a esses quadros.
- **Pais com comportamentos mais hostis**, punitivos, coercivos, agressivos e antissociais.
- **Presenciar violência doméstica entre os adultos em casa.**
- **Ser vítima de maus-tratos.**

Ao nos depararmos com tantos fatores relacionados ao desenvolvimento de TOD e TC, fica evidente a complexidade dos comportamentos agressivos e antissociais na infância e na adolescência. Também fica claro como o ambiente tem um papel relevante tanto protetor quanto desencadeador. Dessa forma, intervenções precoces que abordem os fatores de risco atuam significativamente na prevenção desses quadros.

Para exemplificar, podemos propor um modelo típico de interação de todos esses fatores no desenvolvimento de crianças que são submetidas a um ambiente familiar com agressões físicas e verbais familiares, problemas sociais dos pais, problemas financeiros, níveis educacionais maternos baixos, ausência do pai, depressão materna. Todos esses fatores afetam a qualidade de interação verbal entre os pais e o jovem. A comunicação precária com a criança afeta a aquisição da linguagem oral e expressiva e o desenvolvimento da capacidade de leitura e escrita. Níveis baixos de estimulação e atraso no desenvolvimento da linguagem podem ser precursores de dificuldades escolares devido ao importante papel que a habilidade de linguagem tem na compreensão de textos e no entendimento das informações dadas na sala de aula.

Além disso, estimulação precária pode acarretar atraso no desenvolvimento de funções executivas e habilidade de autocontrole, importantes para o desenvolvimento do aprendizado e do relacionamento social. Problemas no desenvolvimento da função executiva refletem-se em déficit no controle inibitório (capacidade de inibir ou evitar atos ou falas impulsivas), no planejamento, na tomada de decisão e na capacidade de resolução de problemas, o que pode levar ou estar associado à presença de comportamentos agressivos.

Evolução: como serão essas crianças na idade adulta?

Comportamentos agressivos e disruptivos nos anos escolares iniciais são preditores de desempenho escolar abaixo do esperado, inclusão em educação especial e abandono escolar. As dificuldades escolares podem predizer dificuldades sociais que serão enfrentadas por esses indivíduos na idade adulta, como desemprego, problemas financeiros e problemas nas relações interpessoais, maiores problemas de saúde e maior chance de envolvimento em atividades ilícitas. Quando adultos, apresentam maior tendência a hostilidade, violência (física ou verbal) e negligência na família, o que aumenta a chance de seus filhos também apresentarem comportamentos disruptivos, perpetuando o transtorno.

Transtornos mentais associados e diagnósticos diferenciais

Existem outros transtornos psiquiátricos que tendem a ocorrer simultaneamente ao TOD e ao TC e que merecem atenção, pois muitas vezes seus sintomas passam despercebidos diante dos comportamentos agressivos e de violação de regras, os quais tendem a ser mais impactantes aos observadores (pais e professores). Em determinadas situações, a expressão desses transtornos é muito parecida com a dos transtornos disruptivos. Por isso, independentemente de quão difícil seja o aluno em sala de aula, colocar-se como curioso em relação ao comportamento disfuncional, e não em uma posição crítica, é o primeiro passo para compreender melhor a situação da criança ou adolescente e delinear intervenções úteis.

A seguir, listamos os quadros mais comuns relacionados ao comportamento opositor e recomendações práticas na observação.

A não colaboração e o comportamento desafiador de um aluno podem estar relacionados a outros sintomas, como, por exemplo, a necessidade de seguir rituais determinados por um transtorno obsessivo-compulsivo. Observe se o aluno age de forma estranha, dá ênfase exacerbada a alguns detalhes, é meticuloso em algumas áreas e não colaborativo em outras. Como, nesses quadros, a criança ou o adolescente geralmente têm consciência do despropósito das obsessões e da realização de rituais compulsivos, muitas vezes negam o quadro ou tentam mascará-lo. Isso, porém, acrescenta mais um encargo ao aluno: além do sofrimento causado pelos pensamentos intrusivos e rituais, ele se exaspera ao tentar se organizar para realizá-los de forma sutil e não perceptível ao grupo. Esse sofrimento contínuo pode ser expresso em comportamentos agressivos ou opositores.

Crianças e adolescentes com transtorno do espectro autista têm dificuldades em assimilar mudanças e nuanças no contexto social. A possibilidade de reações de adaptação ao meio encontra-se prejudicada pela dificuldade de percepção e, consequentemente, de compreensão. Nesse contexto, crianças com esse tipo de condição podem tornar-se extremamente opositoras quando não compreendem o ambiente.

Alunos que tenham dificuldades de aprendizagem relacionadas, por exemplo, a eficiência intelectual rebaixada, problemas para manter atenção e concentração ou transtornos de aprendizagem, frequentemente manifestam falta de interesse ou recusa ao ambiente escolar e ao processo de aprendizagem. Esse comportamento em geral se intensifica na adolescência, quando a pressão de adequação ao grupo social é mais expressiva. Os fatores cognitivos têm papel importante no impacto da aprendizagem nos anos iniciais, e os fatores sociais e comportamentais têm impacto maior em adolescentes.

TOD E TC NA SALA DE AULA

O papel da escola

A escola tem um papel fundamental na evolução dessas crianças, pois é um ambiente propício ao auxílio da identificação desses sintomas precocemente, sobretudo considerando que muitas dessas crianças têm famílias desestruturadas e que falham na percepção dos sintomas. A escola e a relação aluno-professor podem desempenhar um papel importante no desenvolvimento e na proteção das crianças em risco para o desenvolvimento de TOD ou TC.

O papel do professor

Classes com alto índice de comportamentos agressivos podem desencadear reações rígidas e inflexíveis do professor na tentativa de controle do comportamento. Paradoxalmente, esse tipo de reação, sobretudo quando acompanhado de restrição da relação empática entre aluno e professor, aumenta a resistência dos alunos e piora o comportamento na sala de aula.

Instrumentalizar o professor para manter um clima positivo na sala de aula, mesmo quando confrontado por comportamentos desafiadores e opositores, pode ser uma estratégia de impacto positivo para reduzir a agressividade na classe. Existem várias intervenções no ambiente escolar para esse tipo de condição, com resultados positivos. De forma geral, as estratégias de intervenção foram desenvolvidas a partir do quadro psicopatológico e da tendência ao funcionamento disruptivo dessas crianças e adolescentes. As seguintes premissas foram elaboradas a partir dos dados presentes nos textos de Lee (2012), Moffitt e Scott (2009) e Quy (2012).

Orientações

1. Foque a intervenção no grupo, evitando a estigmatização de um "aluno-problema". Se o grupo for direcionado para um comportamento com tendência a condutas positivas para a socialização e o respeito às regras, e o aluno opositor sentir-se parte desse grupo, a tendência é que os comportamentos disruptivos arrefeçam.
2. Trabalhe com os alunos estratégias de solução de problemas. Problematize uma situação e sugira várias possibilidades de compreensão afetiva, com as possibilidades de perspectivas individuais e desfechos possíveis.

(Continua)

> (Continuação)
>
> 3. Adote atitudes que evitem situações de conflito ou de explosões afetivas. Observe o contexto afetivo em cada situação, treine a autopercepção do grupo e de cada aluno. Ao reconhecer situações de risco eminente, evite um desfecho com excessiva carga afetiva. Retome o tópico em um segundo momento.
> 4. Reconheça e evite a progressão de comportamentos opositores até situações intoleráveis.

Metas a serem seguidas pelo professor, do ponto de vista prático, em sala de aula

1. **Ao realizar as atividades**
   a) Estar seguro de qual estratégia adotar para o grupo em questão. Alunos opositores e desafiadores tentarão questionar ao máximo cada conduta do professor, descredenciando-o e desmerecendo o desfecho proposto.
   b) Garantir que o aluno opositor esteja engajado na atividade, sem permitir brechas para que ele se coloque à margem do grupo. Elaborar atividades motivadoras e participativas, engajar o aluno no grupo, referenciá-lo ao longo da atividade e responsabilizá-lo com o desfecho.
   c) Manter as atividades do dia o mais visíveis possível, de forma a impossibilitar a tentativa do aluno opositor de se colocar como não informado das etapas e regras a serem seguidas.
   d) Deixar claros, desde o início, o desfecho esperado e o comportamento desejado para cada atividade.
   e) Experimentar várias modalidades e formatos para realizar cada atividade. Mudança de espaço físico, uso dos sentidos e favorecimento da exploração podem ajudar no engajamento do grupo.
   f) Dividir a turma em grupos menores e heterogêneos.

2. **Disciplina**
   a) Impor o seguimento das regras de forma persistente e consistente, não permitir brechas ou negociações. Deixar claras as consequências para aqueles que optarem por não seguir as etapas propostas.
   b) Certificar-se de que todos estão cientes dos compromissos e das expectativas antes de iniciar cada atividade.
   c) Evitar que o aluno desafiador tenha tempo livre ou longas pausas entre cada atividade. Deve-se responsabilizá-lo por pequenas metas que se tenha certeza de que ele pode cumprir e que serão observadas de forma positiva para o grupo.

3. **Reforço positivo**
   a) Sempre que possível, elogiar todo o grupo e o aluno em questão pelo comportamento adequado.
   b) Tratar os alunos como pessoas que você admira e gostaria de ser.
   c) Evitar assuntos polêmicos que deem margem a discussões e múltiplas interpretações, principalmente no que concerne às regras. Deixar esse tipo de tópico para momentos mais tranquilos.
   d) Manter o foco das discussões em tópicos positivos.

4. **Evitar disputas de poder**
   a) Evitar disputas, principalmente quando não são necessárias. Não dar argumentos que possam inflamar uma discussão. Deixar claro seu ponto de vista e as regras e mudar de tópico.
   b) Ao sentir que é importante ressaltar um comportamento negativo de um aluno, evitar fazê-lo na sala de aula. Conversar de forma discreta e em particular. Nunca levantar a voz; falar calmamente, repetindo a mesma informação de forma pausada e calma quantas vezes forem necessárias. Não argumentar.

5. **Como proceder em situações de risco de violência física** (adaptado de Packer e Pruitt, 2010)
   a) Manter distância física do aluno. Tentar contê-lo pode aumentar as chances de ele ou o profissional da escola se machucarem.
   b) Evitar estímulos que podem piorar a explosão, como discutir ou argumentar.
   c) Remover as pessoas ao redor. Não tentar remover o aluno em questão.
   d) Manter em mente que as explosões verbais com xingamentos expressam mais uma situação de descontrole do que necessariamente o que está sendo expresso pelo conteúdo.
   e) As explosões geralmente são autolimitadas. Tentar interrompê-las ou encurtá-las geralmente causa o efeito oposto.
   f) Preocupar-se em promover a segurança dos alunos e dos profissionais da escola, e não em interromper o quadro de explosão.

O papel da família

Envolver a família na abordagem dessas crianças aumenta as chances de sucesso. As famílias podem não entender a magnitude do problema que seus filhos apresentam e às vezes até atribuem toda a responsabilidade do comportamento do aluno à escola. Quanto maior o conhecimento dos pais sobre estratégias para a realização de um cuidado efetivo dos filhos (parentalidade), menor é o risco de serem pais disfuncionais. Grupos de discussão com os pais focados no aumento do conhecimento sobre o manejo dos comportamentos agressivos e opositores melhoram a habilidade e a confiança parentais, reduzindo a frequência de comportamentos disruptivos nos filhos.

Encaminhar para uma avaliação de saúde mental

Mesmo com todas as intervenções propostas neste capítulo, algumas crianças não apresentarão mudanças em seu comportamento. Quando não há resposta às intervenções propostas – e também nos casos em que ficar evidente que a agressividade, a oposição ou a violação de regras ocorrem conjuntamente com outros sintomas, podendo, inclusive, ser secundárias a eles –, deve-se pensar em encaminhamento para uma avaliação diagnóstica por psiquiatra infantil.

O psiquiatra pode, após avaliar, trabalhar junto com a escola, criando estratégias possíveis de serem seguidas no ambiente escolar para aquela criança específica.

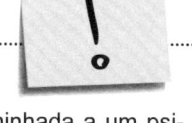

É importante ressaltar que mesmo quando a criança é encaminhada a um psiquiatra, o trabalho de equipe escolar continua sendo imprescindível; o profissional da saúde não tem condições de conduzir as estratégias de intervenção tanto fora quanto dentro da escola sem a parceria com os profissionais da escola.

O acompanhante terapêutico em sala de aula

Uma forma possível de interlocução entre os profissionais da área da saúde e o ambiente escolar é o acompanhante terapêutico (AT). Esse profissional, geralmente um psicólogo com essa especialização, pode ser indicado quando se avalia que a criança precisa de uma atenção individual que o ambiente escolar não é capaz de proporcionar. O AT na escola tem como papel acompanhar o aluno no estabelecimento de relações com colegas, professores e equipe escolar, bem como na realização de atividades individuais ou em grupo, auxiliando no planejamento e identificando suas capacidades. Pode estabelecer, junto ao professor, as melhores estratégias para a inserção do aluno e a promoção de seu aprendizado.

Desse modo, o trabalho do AT na escola propicia o estabelecimento do diálogo entre a educação e a saúde mental, que se faz fundamental para o processo de escolarização de alunos com dificuldades graves e que precisam de assistência para participar e aproveitar o ambiente escolar plenamente. Vale ressaltar que um aluno pode demandar a presença de um AT na escola independentemente de seu diagnóstico.

CONSIDERAÇÕES FINAIS

Comportamentos caracterizados por irritabilidade, oposição e agressividade são comuns entre crianças e adolescentes, principalmente em momentos específicos do desenvolvimento. Esses comportamentos, quando ocorrem de forma persistente e intensa, são sintomas de transtornos mentais. Considerando a frequência desses quadros, os professores invariavelmente irão deparar-se com crianças com esse perfil de comportamento. A identificação de crianças e adolescentes com padrões de comportamento caracterizados por irritabilidade, oposição e agressividade é fundamental para o estabelecimento de intervenções que não somente produzem melhora dos sintomas, mas previnem desfechos negativos futuros. Os professores, além de atuarem na identificação precoce, são fundamentais para o estabelecimento de intervenções consistentes em colaboração com a família e com profissionais da saúde mental.

REFERÊNCIAS

LEE, T. School-based interventions for disruptive behavior. *Child and adolescent psychiatric clinics of North America*, v. 21, n. 1, p. 161-174, 2012.

MOFFITT, T.; SCOTT, S. Conduct disorders of childhood and adolescence. In: RUTTER, M. *Rutter's child and adolescent psychiatry*. 5th ed. [S.l.]: Blackwell Publishing, 2009. p. 543-564.

PACKER, L. E.; PRUITT, S. K. *Challenging kids, challeged teachers:* teaching students with Tourette´s, bipolar disorder, executive dysfunction, OCD, ADHD, and more. Bethesda: Woodbine House, 2010.

QUY, K.; STRINGARIS, A. Oppositional defiant disorder. In: REY, J. M. (Ed.). *IACAPAP e-textbook of child and adolescent mental health*. Geneva: IACAPAP, 2012.

LEITURAS RECOMENDADAS

AMERICAN PSYCHIATRIC ASSOCIATION. *Diagnostic and statistical manual of mental disorders:* DSM-IV-TR. 4th ed. Washington: American Psychiatric Association, 2000.

CRANEY, J. L.; GELLER, B. A prepubertal and early adolescent bipolar disorder – I phenotype: review of phenomenology and longitudinal course. *Bipolar Disord*, v. 5, n. 4, p. 243-256, 2003.

CRICK, N. R.; GROTPETER, J. K. Relational aggression, gender, and social – psychological adjustment. *Child Dev*, v. 66, n. 3, p. 710-722, 1995.

DUMAS, J. E. *Os transtornos do comportamento psicopatologia da infância e adolescência*. 3. ed. Porto Alegre: Artmed, 2011.

ERON, L. D. Understanding aggression. *Bulletin of the international society for research on aggression*, v. 12, p. 5-9, 1990.

FERGUSSON, D. M.; WOODWARD, L. J.; HORWOOD, L. J. Childhood peer relationship problems and young people's involvement with deviant peers in adolescence. *J Abnorm Child Psychol*, v. 27, n. 5, p. 357-369, 1999.

HUESMANN, L.; ERON, L. D.; YARMEL, P. W. Intellectual functioning and aggression. *J Pers Soc Psychol*, v. 52, n. 1, p. 232-240, 1987.

JAFFEE, S. R. et al. The limits of child effects: evidence for genetically mediated child effects on corporal punishment but not on physical maltreatment. *Dev Psychol*, v. 40, n. 6, p. 1047-1058, 2004.

JASPERS, K. *General psychopathology*. 2. ed. Baltimore: Johns Hopkins University Press, 1997.

JOACHIM, S.; SANDERS, M. R.; TURNER, K. M. Reducing preschoolers' disruptive behavior in public with a brief parent discussion group. *Child Psychiatry and Human Development*, v. 41, n. 1, p. 47-60, 2010.

KOKKO, K.; PULKKINEN, L. Aggression in childhood and long-term unemployment in adulthood: a cycle of maladaptation and some protective factors. *Dev Psychol*, v. 36, n. 4, p. 463-472, 2000.

LAHEY, B. B. et al. Higher-order genetic and environmental structure of prevalent forms of child and adolescent psychopathology. *Arch Gen Psychiatry*, v. 68, n. 2, p. 181-189, 2011.

MAUGHAN, B. et al. Conduct disorder and oppositional defiant disorder in a national sample: developmental epidemiology. *J Child Psychol Psychiatry*, v. 45, n. 3, p. 609-621, 2004.

MOFFITT, T. E. et al. A gradient of childhood self-control predicts health, wealth, and public safety. *Proc Natl Acad Sci USA*, v. 108, n. 7, p. 2693-2698, 2011.

MOFFITT, T. E. Genetic and environmental influences on antisocial behaviors: evidence from behavioral-genetic research. *Adv Genet*, v. 55, p. 41-104, 2005.

MOFFITT, T. E.; CASPI, A. Annotation: implications of violence between intimate partners for child psychologists and psychiatrists. *J Child Psychol Psychiatry*, v. 39, n. 2, p. 137-144, 1998.

MORAWSKA, A.; WINTER, L.; SANDERS, M. R. Parenting knowledge and its role in the prediction of dysfunctional parenting and disruptive child behaviour. *Child: care, health and development*, v. 35, n. 2, p. 217-226, 2009.

PIANTA, R. C.; STUHLMAN, M. W. Teacher-child relationships and children's success in the first years of school. *School Psychology Review*, v. 33, p. 444-458, 2004.

SHELLEY-TREMBLAY, J.; O'BRIEN, N.; LANGHINRICHSEN-ROHLING, J. Reading disability in adjudicated youth: prevalence rates, current models, traditional and innovative treatments. *Aggression and Violent Behavior*, v. 12, n. 3, p. 376-392, 2007.

THOMAS, D. E. et al. The influence of classroom aggression and classroom climate on aggressive-disruptive behavior. *Child Development*, v. 82, n. 3, p. 751-757, 2011.

THORNBERRY, T. P. et al. The role of juvenile gangs in facilitating delinquent behavior. *Journal of Research in Crime and Delinquency*, v. 30, n. 1, p. 55, 1993.

WITKIEWITZ, K. et al. Evidence for a multi-dimensional latent structural model of externalizing disorders. *J Abnorm Child Psychol*, v. 41, n. 2, p. 223-237, 2013.

14

Transtornos de aprendizagem

Alessandra Gotuzo Seabra
Natália Martins Dias
Gustavo M. Estanislau
Bruna Tonietti Trevisan

O QUE SÃO TRANSTORNOS DE APRENDIZAGEM?

Aprendizagem refere-se a uma mudança no comportamento conquistada por meio da experiência. Vários fatores podem interferir no processo de aprendizagem. Embora os transtornos de aprendizagem sejam objeto de estudo há muito tempo (o primeiro relato de dislexia data de 1878), aspectos cruciais, como as definições dos termos "transtorno", "distúrbio", "problema" e "dificuldade de aprendizagem", ainda não são consenso. A discussão sobre a forma mais adequada de classificar esses quadros transcende os objetivos deste livro, portanto, utilizaremos aqui os termos **dificuldades de aprendizagem** e **transtornos específicos de aprendizagem** como referenciais de classificação.

- **Dificuldades de aprendizagem:** são o conjunto de causas mais comuns de rendimento acadêmico abaixo do esperado. Podem ser físicas/cognitivas (problemas de visão, rebaixamento intelectual, etc.), psicológicas (falta de interesse, baixa autoestima, transtornos mentais como depressão e transtorno de déficit de atenção/hiperatividade [TDAH], etc.) ou ambientais (falhas na estratégia pedagógica, falta de estimulação dos pais, etc.).
- **Transtornos específicos de aprendizagem:** são transtornos que afetam o funcionamento do sistema nervoso central, levando a desempenhos abaixo do esperado em testes padronizados de leitura, escrita ou matemática e interferindo, assim, no rendimento escolar ou em atividades em que tais habilidades são necessárias. Para serem considerados, devem ser excluídos todos os outros aspectos que possam justificar o mau desempenho, aqui listados entre as dificuldades de aprendizagem. De maneira geral, os transtornos específicos de aprendizagem são herdáveis geneticamente, devem causar prejuízos e são persistentes ao longo da vida.

> Alunos com transtornos de aprendizagem podem ser muito espertos e competentes em diversas atividades. Muitas vezes, falhamos ao concluir que essas crianças com suposto ótimo potencial acadêmico possam ter o mesmo rendimento que os colegas em avaliações padrão.

QUAIS SÃO OS TIPOS DE TRANSTORNOS DE APRENDIZAGEM?

Os transtornos de aprendizagem são o transtorno da leitura, da expressão escrita e da matemática, os quais serão descritos a seguir.

Transtorno da leitura (dislexia)

O que é dislexia?

A dislexia (também chamada de transtorno da leitura, distúrbio de leitura ou transtorno específico de leitura) é um transtorno de origem neurobiológica que geralmente prejudica o processamento fonológico, levando a dificuldades de leitura (decodificação) e de soletração ou escrita (codificação). Essas dificuldades costumam ser inesperadas em relação à idade e ao perfil intelectual da pessoa. Como resultado, o indivíduo tende a evitar ou a reduzir sua experiência de leitura, atitude que interfere no enriquecimento do vocabulário e na aquisição de novos conhecimentos em geral.

A dislexia é considerada um transtorno "do desenvolvimento" do sistema nervoso central e frequentemente começa a ser percebida no início da alfabetização. Ela deve ser diferenciada da dislexia adquirida (também chamada de alexia), na qual a perda da habilidade de leitura é relacionada a uma lesão cerebral específica e que em geral acontece após o indivíduo ter aprendido a ler.

Assim como ocorre com as demais habilidades de aprendizagem e seus respectivos transtornos, a habilidade de leitura é um fenômeno *dimensional*. Assim, pessoas com dislexia podem ser imaginadas como que inseridas em um *continuum* que compreende desde pessoas que leem fluentemente até pessoas com dificuldades leves, moderadas e graves de leitura.

Frequentemente, as pessoas que têm dislexia apresentam habilidades intelectuais e de linguagem oral adequadas. Tal distinção é fundamental para o diagnóstico do transtorno.

Qual é a frequência da dislexia na escola?

A dislexia é o transtorno de aprendizagem mais prevalente na escola, e acredita-se que seja mais frequente em meninos. Os transtornos de leitura e de escrita atingem de forma grave até 10% das crianças em idade escolar. Se forem considerados também os transtornos leves, esse percentual chega a 25% (Piérart, 1997).

Quais são as causas da dislexia?

Os mecanismos que levam à dislexia ainda não são perfeitamente conhecidos. Segundo Frith (1997), a dislexia é resultado da interação entre fatores biológicos (p. ex., genéticos), cognitivos (processamento fonológico) e ambientais (p. ex., exposição a toxinas ou baixa qualidade da nutrição da mãe durante a gestação), que acabam interferindo no desenvolvimento cerebral. Em um segundo momento, essas falhas no desenvolvimento neurológico podem levar a alterações no funcionamento cognitivo. Em um terceiro momento, tais alterações no funcionamento cognitivo poderão gerar padrões alterados de desempenho. Por fim, a resposta da criança diante desse quadro (no caso, se irá desenvolver dislexia ou não) dependerá de fatores como motivação, relações afetivas, habilidades intelectuais gerais, idade, condições sociais, tipo de ortografia e tipo de instrução ao qual a criança está exposta. Por exemplo, um indivíduo com o mesmo risco de outro que desenvolveu dislexia, ao ser exposto a uma ortografia alfabética (como o português), tem grandes possibilidades de não apresentar um quadro disléxico se estiver exposto a uma ortografia como o chinês, visto que, em tal ortografia, o processamento visual (e não fonológico) é predominante.

Em relação aos aspectos genéticos, há fortes evidências de que a dislexia se deve, ao menos em parte, a influências genéticas (Shastry, 2007).

Corroborando com isso, estudos recentes sugerem que o risco de dislexia é de 40% em familiares de primeiro grau (filhos ou irmãos). Em relação aos aspectos neurológicos, diversos estudos têm mostrado alterações cerebrais em indivíduos disléxicos (Hynd; Hiemenz, 1997), e outros têm mostrado que esses sujeitos, quando estão lendo, utilizam áreas cerebrais incomuns aos indivíduos que não têm problemas de leitura.

Achados de estudos de neuroimagem demonstram que, para compensar sua dificuldade de relacionar sons com símbolos, indivíduos disléxicos utilizam mais as áreas do cérebro relacionadas à visão para aprender palavras desconhecidas por meio da memorização. Esse tipo de achado justifica que o educador permita que as atividades propostas sejam cumpridas dentro de um prazo mais flexível pelo aluno.

O papel do ambiente

Novas pesquisas vêm mostrando que os transtornos de leitura têm grande correlação com o ambiente em que a pessoa está inserida. Por exemplo, crianças nascidas em famílias maiores e com pouca cultura de leitura em casa chegam à escola com pouco aporte das habilidades necessárias para a aquisição da leitura.

Estratégias de leitura

Para que se compreenda a dislexia, é interessante que se conheçam as três estratégias utilizadas na aquisição da leitura. Uma estratégia não exclui a outra, e leitores ou escritores competentes podem utilizar até mesmo as três estratégias simultaneamente.

- **Estratégia logográfica:** é a primeira estratégia a se desenvolver na criança. Caracteriza-se pelo uso de pistas contextuais e não linguísticas, como cor, fundo e forma das palavras. A palavra é tratada como um desenho. Um exemplo é a leitura de rótulos comuns.
- **Estratégia alfabética:** com o desenvolvimento da rota fonológica, a criança passa a conhecer a correlação entre letras e fonemas (sons). Portanto, nessa etapa, a palavra não é mais tratada como um desenho, mas como um conjunto de letras ou sons que, unidos, resultam em uma unidade maior (a palavra). É nesse momento que o leitor começa a ser capaz de converter o som em escrita (e vice-versa). Inicialmente, esse processo se dá sem entendimento do que se lê, pois a atenção e a memória estão muito voltadas para a decodificação de

letras, sílabas e, posteriormente, palavras. No momento em que o indivíduo passa a fazer essa decodificação de maneira automática, ele começa a compreender o significado do que lê e está pronto para chegar à estratégia ortográfica.

☞ **Estratégia ortográfica:** essa estratégia caracteriza-se pelo processamento visual direto das formas ortográficas das palavras, portanto dispensa a necessidade de conversão fonológica para que o leitor relacione a palavra escrita diretamente ao seu significado.

Em relação às estratégias de leitura, indivíduos disléxicos frequentemente revelam boa leitura logográfica, mas pobre leitura pelas estratégias alfabética ou ortográfica. Ou seja, como essas pessoas apresentam grande dificuldade com o processamento fonológico, permanecem com um estilo basicamente logográfico de leitura, sem conseguir dominar a leitura alfabética e, consequentemente, avançar para a leitura ortográfica.

A estratégia alfabética parece ser a mais especificamente prejudicada na dislexia (Stanovich; Siegel; Gottardo, 1997).

Teorias cognitivas da dislexia

Entre as cinco principais teorias que abordam os aspectos cognitivos da dislexia, a teoria fonológica é a mais bem aceita. Ela sugere que esse transtorno leva a prejuízos na representação, no armazenamento e na evocação dos sons falados/escutados. Essa falha no processamento fonológico impede a pessoa de correlacionar grafemas (símbolos) com fonemas (sons) que são fundamentais para a aquisição da habilidade de leitura.

Porém, embora essa teoria ofereça a base para a compreensão do tipo de dislexia mais frequente (a dislexia de decodificação), ela não justifica completamente todos os quadros disléxicos.

Tipos de dislexia

- **Dislexia auditiva:** caracterizada por falhas na correlação grafema-fonema levando a erros de leitura e escrita, atraso na linguagem e problemas na fala.
- **Dislexia visual:** caracterizada por confusões entre letras parecidas, inversões de letras, dificuldade de lateralização direita/esquerda, erros ortográficos, etc.
- **Dislexia mista:** caracterizada pela combinação das outras duas formas.

> **Leitores de baixa compreensão** são um grupo específico de pessoas que apresentam bom processamento fonológico, portanto boa leitura, soletração e escrita, porém têm muita dificuldade em interpretar o que leem, bem como apresentam problemas sérios de vocabulário. Atualmente, essa condição é considerada um prejuízo da linguagem, e não uma forma de dislexia.

Como é feita a avaliação de um aluno com suspeita de dislexia?

A dislexia é um diagnóstico clínico que costuma ser realizado depois dos 6 ou 7 anos de idade. Geralmente, a primeira pessoa que suspeita da condição é o professor, na escola (Ver Quadro 14.1).

A avaliação do indivíduo com suspeita de dislexia é complexa e deve ser feita por uma equipe multidisciplinar (fonoaudiólogo, psicólogo, psicopedagogo, terapeuta ocupacional, psiquiatra ou neurologista, entre outros), observando tanto aspectos qualitativos (com a observação clínica do transtorno) quanto quantitativos (com a utilização de instrumentos que verifiquem os déficits).

A **avaliação qualitativa** abrange entrevistas com os responsáveis e com a criança, bem como análise de relatos e de registros escolares. Deve incluir a observação de sinais que podem indicar dislexia, porém tais sinais não são definitivos para o diagnóstico, ou seja, a criança que os apresenta não é necessariamente uma criança disléxica.

A princípio, história familiar de dificuldades para ler e escrever (sobretudo entre pais ou irmãos) e dificuldade para começar a falar de maneira inteligível são fatores de risco que devem ser avaliados em todas as pessoas com suspeita de dislexia.

Os transtornos de aprendizagem podem aparecer inicialmente como problemas de comportamento.

A **avaliação quantitativa** analisa os aspectos específicos da leitura e da escrita, verificando a integridade das três estratégias, bem como outras habilidades cognitivas relevantes. Para tanto, podem ser usados instrumentos padronizados, como a Prova de Consciência Fonológica por Produção Oral (Seabra; Capovilla, 2012), a Prova de Leitura em Voz Alta (Seabra; Capovilla, 2011) e o Teste de Competência de Leitura de Palavras e Pseudopalavras (Seabra; Capovilla, 2010b), o Teste de Desempenho Escolar (Stein, 1994) e o

QUADRO 14.1
Sinais que podem indicar necessidade de avaliação para dislexia

Em crianças pré-escolares

- Frases confusas, com migrações de letras: "A gata preta prendeu o filhote" em vez de "A gata preta perdeu o filhote".
- Uso excessivo de palavras substitutas ou imprecisas (como "coisa", "negócio").
- Nomeações imprecisas (como "helóptero" para "helicóptero").
- Dificuldade para lembrar de nomes de cores e objetos.
- Confusão no uso de palavras que indicam direção, como dentro/fora, em cima/embaixo, direita/esquerda.
- Tropeços, colisões ou quedas frequentes.
- Dificuldade em aprender cantigas infantis com rimas.
- Dificuldade em encontrar palavras que rimam e em julgar se palavras rimam ou não.
- Dificuldade com sequências verbais (como dias da semana) ou visuais (como sequências de blocos coloridos).
- Aptidão para brinquedos de construção ou técnicos (lego, controle remoto, teclados de computadores).
- Prazer em ouvir outras pessoas lendo para ela, mas falta de interesse em conhecer letras e palavras.
- Discrepância entre diferentes habilidades, parecendo uma criança brilhante em alguns aspectos, mas desinteressada em outros.

Em crianças escolares até 9 anos

- Dificuldade especial em aprender a ler e escrever.
- Dificuldade em aprender o alfabeto, as tabuadas e sequências verbais (como meses do ano).
- Confusão de letras com sons semelhantes ("b" com "p").
- Confusão de letras com grafia semelhante ("m" com "n", "u" com "v").
- Omissão de letras ("criaça" por "criança").
- "Chuta" o que está lendo, levando em conta apenas o início da palavra.
- Não lembra de assinalar letras maiúsculas.
- Dificuldade de separar uma palavra falada em sílabas.
- Dificuldade de identificar fonemas (p. ex., não conseguir identificar qual palavra [pato, cola e barro] inicia com o mesmo som de "bola").
- Dificuldade com lateralização (direita e esquerda).
- Reversão de letras e números (15 – 51; b – d).
- Frustração crescente, podendo levar a problemas comportamentais.
- Melhores resultados em testes orais.
- Tendência a ler sem fluência ou sem compreensão.

(Continua)

QUADRO 14.1

Sinais que podem indicar necessidade de avaliação para dislexia (*continuação*)

Em adolescentes e adultos

- Leitura sem entonação ou fidelidade à pontuação.
- Pronúncia com trocas e omissões em palavras mais longas ("lisumine" por "limusine").
- Confusão de palavras que soam parecidas ("vaca" com "faca").
- Escrita incorreta, com letras faltando ou na ordem errada.
- Maior tempo que a média para conseguir terminar trabalhos escritos.
- Dificuldade com planejamento e organização de trabalhos escritos.
- Má soletração.
- Dificuldade na cópia da lousa ou de livros.
- Tendência a confundir instruções verbais, números de telefone, etc.
- Dificuldades severas no aprendizado de línguas estrangeiras.
- Crescente perda da autoconfiança, frustração e baixa autoestima.

Confias – Consciência Fonológica Instrumento de Avaliação Sequencial (Moojen et al., 2003), entre outros.

Problemas ou transtornos concomitantes

Muito frequentemente, a dislexia pode ocorrer em conjunto com outro transtorno de aprendizagem, problemas de linguagem ou outros transtornos psiquiátricos (a correlação com o TDAH chega a até 40% dos casos).

Qual é a trajetória da dislexia ao longo da vida?

Como vimos, os sinais da dislexia podem ser evidentes já na pré-escola, atingindo um pico de identificação dos 8 aos 9 anos de idade. Porém, alguns diagnósticos só são realizados mais tarde na vida escolar, quando o aluno passa a ser exigido de maneira mais intensa e as estratégias compensatórias que o mantinham passam a não ser mais suficientes. O transtorno da leitura costuma ser persistente ao longo da vida e em geral não desaparece sem uma intervenção adequada. Com esta, muitas pessoas podem desenvolver a habilidade de leitura (frequentemente usando estratégias compensatórias), porém com muita dificuldade de encontrar prazer em ler.

DISLEXIA: O QUE FAZER?

ORIENTAÇÕES BÁSICAS

1. Inicialmente, é importante salientar a importância da identificação precoce. Diversos estudos têm mostrado que crianças identificadas mais cedo têm melhores resultados na aquisição da leitura.
2. Em linhas gerais, a condução do professor deve ser embasada na investigação e no investimento nas qualidades e nos potenciais do aluno.
3. Importante atenção deve ser dada à autoestima do aluno, que frequentemente é baixa nesses casos.
4. Informar-se e auxiliar a família a obter informações sobre o transtorno são atitudes que podem reduzir o estigma e desfazer maus entendidos, como a crença de que a criança é "burra" ou "preguiçosa". Também ajuda aos pais, que devem entender que a dislexia não é culpa de ninguém.
5. Orientar a família em relação às estratégias que estão sendo utilizadas na sala de aula pode levar ao reforço de tais estratégias pelos familiares em casa, melhorando os resultados.

O primeiro aspecto a ser considerado ao se desenvolver um plano de ação específico é estabelecer um foco. Depois disso, é importante que as estratégias sejam colocadas em prática de maneira sistemática e contínua, com bastante oferta de tempo ao aluno para a consolidação dos conhecimentos. A repetição, aqui, é fundamental.

Três estratégias podem ser usadas como intervenção em todos os transtornos de aprendizagem: acomodações, que se referem a adaptações do meio ambiente às necessidades do indivíduo; modificações, relativas ao uso de recursos alternativos ou mudança de expectativas para aproximar ao máximo as exigências escolares do potencial do aluno; e remediações, que oferecem instruções voltadas às habilidades de que a criança dispõe, a fim de obter os melhores resultados (Chadha, 2008).

Acomodações e modificações:

- oferecer mais tempo para trabalhos e avaliações que solicitem leitura
- reduzir a quantidade de material a ser lido
- fazer provas orais

Após aprender a ler uma palavra ou ao ser questionado oralmente sobre um texto lido por outra pessoa (professor, colega), o aluno com dislexia tem boas chances de compreender o material.

Remediação:
Dois métodos de alfabetização são especialmente indicados para os indivíduos disléxicos: o multissensorial e o fônico.

O método multissensorial busca combinar diferentes modalidades sensoriais no ensino da linguagem escrita às crianças (Montessori, 1948; Nico & Gonçalves, 2008). Ao unir as modalidades auditiva, visual, cinestésica e tátil, esse método facilita a leitura e a escrita ao estabelecer a conexão entre aspectos visuais (a forma ortográfica da palavra), auditivos (a forma fonológica) e cinestésicos (os movimentos necessários para escrever aquela palavra). A principal técnica desse método é o soletrar oral espontâneo, em que a criança inicialmente vê a palavra escrita, repete sua pronúncia – fornecida pelo adulto – e a escreve, dizendo o nome de cada letra. Ao fim, a criança lê novamente a palavra que escreveu. A vantagem dessa técnica é fortalecer a conexão entre a leitura e a escrita. Algumas variantes do método multissensorial trabalham apenas com os sons das letras, e não com seus nomes.

Embora demande um tempo longo de intervenção, o método multissensorial é muito eficaz e é particularmente adequado para crianças mais velhas, que já apresentaram fracasso escolar.

Já o método fônico baseia-se na constatação experimental de que as crianças disléxicas têm dificuldade em discriminar, segmentar e manipular os sons da fala. Essa dificuldade, porém, pode ser diminuída significativamente com a introdução de atividades explícitas e sistemáticas de consciência fonológica, como identificação do fonema inicial (p. ex., entre várias figuras, selecionar aquelas cujos nomes começam com determinado som), rimas, segmentação fonêmica, entre outras. Quando associadas ao ensino das correspondências entre letras e sons, as instruções de consciência fonológica têm efeito ainda maior sobre a aquisição da leitura e da escrita. Além de ser um procedimento bastante eficaz para a alfabetização de crianças disléxicas, o método fônico também tem-se mostrado o mais adequado ao ensino regular de crianças sem transtornos de leitura e escrita. Mais detalhes sobre o método fônico de alfabetização podem ser obtidos em Seabra e Capovilla (2010a) e em Seabra e Dias (2011).

Transtorno da expressão escrita

Outro tipo de transtorno específico de aprendizagem é o transtorno da expressão escrita (TEE). O TEE caracteriza-se pelo desempenho em escrita abaixo do esperado para idade, escolaridade e nível de inteligência do indivíduo, porém, os critérios que o definem não deixam claro se o transtorno inclui apenas as habilidades motoras necessárias para a escrita ou se também engloba os aspectos ortográficos associados a ela. Utilizando essa diferenciação, o transtorno da expressão escrita pode ser dividido em **disgrafia**, em que há dificuldades sobretudo no aspecto motor da escrita, e **disortografia**, em que as dificuldades são especialmente relacionadas à composição ortográfica das palavras.

A escrita é a forma mais objetiva de comunicação. Dificuldades na expressão escrita, mais especificamente a disgrafia, refletem outras dificuldades, como transferir a informação visual por meio da motricidade fina (Chadha, 2008).

Cavey (2000) cita os três principais subtipos de disgrafia: o primeiro acontece devido às dificuldades de codificação fonológica subjacentes à dislexia; o segundo resulta de déficits de coordenação motora fina; e o terceiro, denominado "disgrafia espacial", é evidente em indivíduos que têm dificuldades de apresentar o trabalho na página de forma organizada.

Já a disortografia tem sido relacionada, por autores como Capellini, Cunha e Batista (2009), ao transtorno de leitura (por falha no sistema fonológico), que levaria à escrita lenta e ineficiente, com confusão de palavras parecidas. No entanto, a classificação da disortografia não é um consenso atualmente.

Avaliação

Alguns sinais podem ser sugestivos do TEE, como (Chadha, 2008):

- manter posição para segurar o lápis ou posição corporal tensa ou desconfortável durante a escrita
- escrever à mão de forma quase ilegível
- evitar atividades de escrever e desenhar
- cansar-se rapidamente quando escreve
- dizer palavras em voz alta enquanto escreve
- frequentemente não finalizar palavras ou as omitir em sentenças
- ter dificuldade de organizar os pensamentos no papel
- ter dificuldade gramatical notável
- apresentar grande diferença entre uso da linguagem oral e desempenho na escrita
- ter dificuldades na formação de parágrafos

> ### ESTRATÉGIAS DE AVALIAÇÃO PROPOSTAS POR WESTWOOD (2004)
>
> 1. **Por meio de observação direta dos alunos:** verificar quais são as estratégias de escrita utilizadas; qual o tempo de atenção; motivação e interesse; persistência diante da dificuldade; automonitoração e autocorreção; dependência de adultos para orientação e direcionamento; uso efetivo do tempo disponível.
> 2. **Por meio de análise das tarefas realizadas:** verificar o conhecimento e as habilidades da criança; quantidade e qualidade da escrita realizada; estratégias utilizadas na escrita; autocorreção.
> 3. **Discussão com os alunos sobre suas estratégias de escrita:** como eles se planejam para escrever; quais as estratégias utilizadas; por que acham difícil escrever; o que consideram ser o problema; de quais tipos de ajuda sentem que precisam; qual foi a melhor tarefa escrita que já produziram e por que eles a consideram a melhor.
> 4. **Testagem:** em alguns casos, é importante avaliar aspectos específicos da escrita separadamente – por exemplo, o conhecimento ortográfico, fônico e caligráfico. No Brasil, há a Prova de Escrita sob Ditado – versão reduzida (Seabra; Capovilla, 2013), um instrumento validado e normatizado disponível para a avaliação de crianças entre 6 e 11 anos.
>
> De modo mais específico, essas estratégias devem permitir investigar aspectos da escrita (ortografia, pontuação, caligrafia); gramática (concordância verbal, pronome, numeral); organização (sequência de conteúdo, parágrafos); conteúdo (relevância, detalhamento, acurácia, amplitude e profundidade, originalidade); e sofisticação (vocabulário, comprimento e complexidade de sentença, variedade) (Westwood, 2004).

Intervenção

A criança com transtorno da expressão escrita poderá ser beneficiada por meio de três níveis de intervenção:

- **Acomodações:** prover alternativas para a expressão escrita, como, por exemplo, usar um processador de texto em vez de escrever à mão; dar ao aluno um adaptador de lápis (para melhor adesão, por exemplo); fornecer mais tempo para completar as tarefas; permitir letra bastão em vez de escrita cursiva; prover um escriba ao aluno.
- **Modificações:** modificar a natureza das tarefas para minimizar as dificuldades, como, por exemplo, reduzir o tamanho da tarefa de escrita; avaliar por meio de múltipla escolha em vez de por questões discursivas; dar ao aluno orientações mais diretas durante a aula.
- **Remediação:** prover instruções claras para aprimoramento da escrita, como as apresentadas a seguir.

> **DICAS PARA PAIS E PROFESSORES DE CRIANÇAS COM DISGRAFIA (CHADHA, 2008; WESTWOOD, 2004; SNOWLING; STACKHOUSE, 2004)**
>
> 1. Corrija a posição do papel.
> 2. Corrija o movimento da mão e do braço da criança.
> 3. Corrija a postura.
> 4. Corrija a preensão do lápis.
> 5. Garanta o conhecimento do alfabeto em relação ao traçado.
> 6. Trabalhe altura, inclinação e espaçamento das letras e palavras.
> 7. Treine o desenho das letras e das palavras a partir de modelos.
> 8. Dê dicas, tais como: "Lembre-se de que a letra 'b' tem uma barriga".
> 9. Aborde diferentes tipos de expressão escrita, como poemas e histórias.
> 10. Permita mais tempo para a realização de avaliações e evite dar nota para caligrafia ou ortografia.
> 11. Concentre a nota das avaliações na originalidade e na riqueza das ideias.
> 12. Incentive o indivíduo a revisar o trabalho realizado após cada período.
> 13. Encoraje a prática da escrita por meio de diários e listas de tarefas, por exemplo.
> 14. Se as dificuldades forem características de disortografia e estiverem ligadas a alterações de processamento fonológico, intervenções fônicas e multissensoriais são úteis.

Transtorno da matemática (discalculia)

O transtorno da matemática (também conhecido como discalculia) é um transtorno de aprendizagem específico, de origem desenvolvimental e caracterizado por dificuldades na aquisição de habilidades aritméticas. Em indivíduos acometidos pelo transtorno, tais habilidades estão bem abaixo do esperado para idade, escolaridade ou nível intelectual. A aritmética, por sua vez, refere-se ao estudo das propriedades dos números e das operações que podem ser realizadas com eles. Um dos modelos cognitivos mais utilizados para a compreensão desse transtorno é o de McCloskey, Caramazza e Basili (1985). O modelo sugere que a competência aritmética envolve dois componentes, que, de acordo com a compreensão de Dias e Seabra (2013), se referem a: **processamento numérico**, que envolve os aspectos de conhecimento e compreensão dos símbolos numéricos e de suas quantidades, como ocorre na leitura, na escrita e na contagem de números e na recuperação de fatos aritméticos básicos; e **cálculo**, que consiste no processamento dos símbolos matemáticos operacionais e na execução de cálculos aritméticos propriamente.

A discalculia tem prevalência estimada entre 5 e 7% (Butterworth; Varma; Laurillard, 2011), e considera-se que seja resultante de déficits em habilidades numéricas básicas (como a comparação entre números), refletindo em um problema na noção de "senso numérico", uma habilidade inata para reconhecer, comparar e manipular quantidades sem a necessidade de contagem. Além disso, o senso numérico envolve a habilidade de representar quantidades em uma linha numérica mental, sendo reconhecido como uma capacidade importante para a competência matemática. Ou seja, apesar de comprometer o cálculo, a alteração primária na discalculia seria em habilidades mais elementares.

Embora não haja, na literatura, consenso acerca dos diferentes subtipos de discalculia, um estudo brasileiro (Santos et al., 2011) identificou três perfis bastante distintos de déficits, envolvendo:

1. leitura e escrita de números
2. memorização de fatos numéricos
3. utilização de procedimentos matemáticos

Com isso em mente, o processo de avaliação e identificação passa a ter maior importância.

Avaliação

A avaliação qualitativa da discalculia envolve a observação de alguns comportamentos considerados indicadores comuns do transtorno. Cabe ressaltar que a presença desses indicadores não implica diretamente o diagnóstico, mas pode sugerir a necessidade de uma avaliação mais pormenorizada a ser realizada por uma equipe multidisciplinar. Alguns desses indicadores são:

1. uso da contagem, frequentemente se utilizando dos dedos, para realizar comparação de números ou tarefas de adição, em uma idade em que isso já não pode ser considerado normal
2. desempenhar tarefas de estimativa ou aproximação com dificuldade, como, por exemplo, questionar-se sobre qual de duas cartas (uma com 8 itens, e outra, com 5) é a maior. Nesse caso, uma criança com discalculia tenderia a contar todos os itens em ambas as cartas (Butterworth; Varma; Laurillard, 2011).

Outros indícios que podem ser observados envolvem:

- dificuldades de memória, como lembrar-se de fatos numéricos
- dificuldades em usar estratégias eficazes que possam levar à resolução de uma tarefa – por exemplo, uso dos dedos na contagem e erros nas técnicas de "vai 1" ou "pegar emprestado"
- dificuldades metacognitivas (relacionadas à autoavaliação), como falhar na verificação de suas respostas
- dificuldades de organização, como estruturar contas matemáticas de forma confusa, prejudicando o processo de resolução

> problemas com o senso numérico que envolvem dificuldades mais básicas, como tamanho e distância, além da própria noção de número e quantidade – por exemplo, indivíduos com discalculia podem apresentar déficits variados em sua habilidade de comparar magnitude numérica

A avaliação quantitativa conta com o recurso de instrumentos de avaliação. Um dos testes que pode ser aplicado por pedagogos, psicopedagogos e outros profissionais ligados à área é a Prova de Aritmética (PA). A PA está disponível em Seabra, Dias e Capovilla (2013), juntamente com dados normativos que permitem a comparação da criança com um grupo de referência em termos de idade, de modo que se pode verificar como está seu desempenho com relação ao que seria esperado. A PA oferece, além de um escore total, índices de desempenho em tarefas de processamento numérico e cálculo. O instrumento pode ser aplicado a crianças com idades entre 6 e 11 anos e apresenta seis subtestes:

1. Leitura e escrita numéricas
2. Contagem numérica
3. Comparação de magnitude
4. Cálculo
5. Cálculo (montagem e solução)
6. Solução de problemas

Assim, a PA possibilita, além do desempenho geral, a avaliação e a identificação de áreas específicas de dificuldades, o que, seja em um caso de discalculia, seja apenas de dificuldade em matemática, pode ser de grande utilidade.

Intervenção

Após uma criteriosa avaliação e o estabelecimento de um foco, desenvolve-se uma intervenção, que pode pautar-se em três níveis, conforme já descrito (Westwood, 2004):

1. **Acomodações:** permitir o uso de calculadora para alunos com dificuldades na velocidade e automaticidade em cálculos; fornecer mais tempo para completar as tarefas.
2. **Modificações:** modificar a natureza das tarefas para minimizar as dificuldades, como, por exemplo, simplificar instruções; prover uma lista ou *checklist* com os passos necessários para solucionar a tarefa; trabalhar em formato de tutoria em sala de aula; checar a compreensão em cada passo da tarefa; prover revisões frequentes; estimular a revisão e a autocorreção; fazer uso de exemplos práticos; prover assistência individual; usar materiais concretos e representações visuais (que podem auxiliar a tornar o conceito de número mais significativo, assim como fortalecer a relação entre fatos aritméticos e seus significados).

3. **Remediação:** prover instruções claras, treinar habilidades e ensinar estratégias e procedimentos.

> ### Algumas dicas, sobretudo para remediação
>
> 1. **Alterações no senso numérico:** atividades que estimulem as noções de tamanho, distância e quantidade. Inicie com tarefas mais concretas e, progressivamente, torne-as mais abstratas. Por exemplo: apresente cartas com conjuntos de figuras, solicite à criança que identifique e categorize: Qual é o maior? Qual tem mais? Por que tem mais? Outra opção seria apresentar figuras que retratem a distância entre dois pontos ou a distância entre objetos na própria sala: Qual está mais longe? Por quê? Permita que a criança verifique concretamente.
> 2. **Alterações no processamento numérico (conhecimento numérico e contagem):** atividades em que a criança deva escrever e/ou identificar números, relacionar números e quantidades.
> 3. **Alterações no cálculo:** dê instruções explícitas sobre a aplicação de procedimentos; a modelagem (demonstração clara e explícita do professor dos passos/procedimentos necessários à resolução de uma tarefa) é uma técnica importante. Estimule a organização/planejamento do espaço para a solução de cálculos. É importante salientar a importância do *feedback* constante, para que esses alunos percebam quais são seus erros e se suas estratégias ou procedimentos são adequados ou não.

Além disso, Butterworth, Varma e Laurillard (2011) ressaltam que jogos adaptativos têm-se mostrado abordagens promissoras para o desenvolvimento de algumas habilidades comprometidas na discalculia. Mencionam, por exemplo, o Number Race, em que a criança deve selecionar o maior entre dois conjuntos de pontos, e o Graphogame-Maths, que envolve comparação de conjuntos de objetos e a identificação da relação entre a quantidade de objetos em um conjunto e o número. Ambos envolvem *feedback*, o que eleva a motivação na tarefa e favorece o ajuste do comportamento em direção ao objetivo almejado.

Cabe lembrar que estas são sugestões que podem ser utilizadas por professores para trabalho em sala de aula; porém, em muitos casos, esse trabalho deve ser complementado pelo acompanhamento psicopedagógico, que destacará também habilidades cognitivas específicas que podem estar comprometidas em cada caso.

CONSIDERAÇÕES FINAIS

Neste capítulo, foram analisados os conceitos de transtorno de aprendizagem e seus três tipos – transtorno da leitura, da expressão escrita e da matemática. Aspectos de caracterização, avaliação e intervenção foram considerados. É fundamental que professores e outros profissionais que trabalham com aprendizagem conheçam tais quadros e possam desenvolver, em suas áreas de atuação, estratégias apropriadas de acomodação, modificação e, quando apropriado, intervenção, de modo a auxiliar crianças, adolescentes e mesmo adultos em seu processo de aprendizagem. Os estudos aqui revisados têm evidenciado que intervenções focais podem ser bastante eficazes nos transtornos de aprendizagem, especialmente quando aplicadas em idades precoces, podendo ajudar a diminuir as dificuldades observadas nesses transtornos.

REFERÊNCIAS

BUTTERWORTH, B.; VARMA, S.; LAURILLARD, D. Dyscalculia: from brain to education. *Science*, v. 332, n. 6033, p. 1049-1053, 2011.

CAPELLINI, S.; CUNHA, V.; BATISTA, A. Disortografia: avaliação e intervenção baseada na semiologia do erro. In: MONTIEL, J.; CAPOVILLA, F. *Atualização em Transtornos de Aprendizagem*. São Paulo: Artes Médicas, 2009.

CAVEY, D. W. *Dysgraphia why Johnny can't write?* A handbook for teachers and parents. Auston: ProEd, 2000.

CHADHA, A. *Child Psychology*. New Delhi: New Delhi APH, 2008.

DIAS, N. M.; SEABRA, A. G. Competência aritmética sob a perspectiva do processamento da informação: compreensão, desenvolvimento e subsídios para a avaliação. In: SEABRA, A. G.; DIAS, N. M.; CAPOVILLA, F. C. (Org.). *Avaliação neuropsicológica cognitiva*: leitura, escrita e aritmética. v. 3. São Paulo: Memnon, 2013.

FRITH, U. Brain, mind and behaviour in dyslexia. In: HULME, C.; SNOWLING, M. (Ed.). *Dyslexia:* biology, cognition and intervention. London: Whurr Publishers, 1997.

HYND, G. W.; HIEMENZ, J. R. Dyslexia and gyral morphology variation. In: HULME, C.; SNOWLING, M. (Ed.). *Dyslexia:* biology, cognition and intervention. London: Whurr Publishers, 1997.

MCCLOSKEY, M.; CARAMAZZA, A.; BASILI, A. Cognitive mechanisms in number processing and calculation: evidence from dyscalculia. *Brain and Cognition*, v. 4, n. 2, p. 171-196, 1985.

MONTESSORI, M. *The discovery of the child*. Madras: Kalakshetra, 1948.

MOOJEN, S. et al. *CONFIAS:* consciência fonológica: instrumento de avaliação sequencial. São Paulo: Casa do Psicólogo, 2003.

NICO, M. A. N.; GONÇALVES, A. M. S. *Facilitando a alfabetização multissensorial, fônica e articulatória*. 2. ed. São Paulo: Associação Brasileira de Dislexia, 2008.

PIÉRART, B. As dislexias do desenvolvimento: uma virada conceptual e metodológica nos modelos dos distúrbios de leitura na criança. In: GRÉGOIRE, J.; PIÉRART, B. (Ed.). *Avaliação dos problemas de leitura:* os novos modelos diagnósticos e suas implicações diagnósticas. Porto Alegre: Artes Médicas, 1997. p. 11-18.

SANTOS, F. H. et al. Discalculia do desenvolvimento: identificação e intervenção. In: CAPOVILLA, F. C. (Org.). *Transtornos de aprendizagem:* progressos em avaliação e intervenção preventiva e remediativa. 2. ed. São Paulo: Memnon, 2011. p. 240-248.

SEABRA, A. G.; CAPOVILLA, F. C. *Alfabetização:* método fônico. 5. ed. São Paulo: Memnon, 2010a.

SEABRA, A. G.; CAPOVILLA, F. C. *Problemas de leitura e escrita:* como identificar, prevenir e remediar numa abordagem fônica. 6. ed. São Paulo: Memnon, 2011.

SEABRA, A. G.; CAPOVILLA, F. C. Prova de consciência fonológica por produção oral. In: SEABRA, A. G.; DIAS, N. M. (Org.). *Avaliação neuropsicológica cognitiva:* linguagem oral. v. 2. São Paulo: Memnon, 2012.

SEABRA, A. G.; CAPOVILLA, F. C. Prova de escrita sob ditado – versão reduzida. In: SEABRA, A. G.; DIAS, N. M.; CAPOVILLA, F. C. (Org.). *Avaliação neuropsicológica cognitiva:* leitura, escrita e aritmética. v. 3. São Paulo: Memnon, 2013.

SEABRA, A. G.; CAPOVILLA, F. C. *TCLPP* – teste de competência de leitura de palavra e pseudopalavras. São Paulo: Memnon, 2010b.

SEABRA, A. G.; DIAS, N. M. Métodos de alfabetização: delimitação de procedimentos e considerações para uma prática eficaz. *Rev. Psicopedagogia,* v. 28, n. 87, p. 1-15, 2011.

SEABRA, A. G.; DIAS, N. M.; CAPOVILLA, F. C. *Avaliação neuropsicológica cognitiva:* leitura, escrita e aritmética. v. 3. São Paulo: Memnon, 2013.

SHASTRY, B. S. Developmental dyslexia: an update. *Journal of Human Genetics,* v. 52, n. 2, p. 104-109, 2007.

SNOWLING, M.; STACKHOUSE, J. *Dislexia, fala e linguagem:* um manual do profissional. Porto Alegre: Artmed, 2004.

STANOVICH, K. E.; SIEGEL, L. S.; GOTTARDO, A. Progress in the search for dyslexics sub-types. In: HULME, C.; SNOWLING, M. (Ed.). *Dyslexia:* biology, cognition and intervention. London: Whurr Publishers, 1997.

STEIN, L. M. *TDE:* teste de desempenho escolar: manual para a aplicação e interpretação. São Paulo: Casa do Psicólogo, 1994.

WESTWOOD, P. *Learning and learning difficulties:* a handbook for teachers. Victoria: ACER Press, 2004.

LEITURAS RECOMENDADAS

FLETCHER, J. M. et al. *Transtornos de aprendizagem:* da identificação à intervenção. Porto Alegre: Artmed, 2009.

15
Esquizofrenia

Tais S. Moriyama
Cristiano Noto
Rodrigo Affonseca Bressan
Gustavo M. Estanislau

Um caso de esquizofrenia na escola

Cláudio está com 15 anos agora, e, apesar de sempre ter sido uma criança mais calada e reservada, nos últimos seis meses, esse isolamento tem-se acentuado. A professora nota que está mais alheio, disperso, "parece estar em outro mundo". No entanto, diferentemente das outras crianças que devaneiam, Claudio parece angustiado. De vez em quando, balbucia consigo mesmo coisas fora do contexto, como "Me deixa em paz!" ou "Sai daqui!". Nos últimos quatro meses, passou a ficar muito cismado com os colegas de classe, acha que todos estão falando mal dele e queixa-se de que existe um complô para prejudicá-lo. Se uma criança ri em um canto qualquer da sala, acha que estão rindo dele. A escola avisou a família que os professores estavam preocupados com o menino, e os pais disseram também estar preocupados, pois achavam que era um problema espiritual. Levaram Cláudio a um centro espírita, mas mesmo lá foram orientados a procurar um psiquiatra. Ainda assim, hesitaram em iniciar um tratamento tão sério e preferiram a ajuda de uma psicóloga. O jovem permaneceu em terapia por três meses, mas foi piorando gradativamente. Há um mês, os pais tiveram de recorrer ao SAMU para levá-lo a um pronto-socorro porque estava agitado, agressivo, gritando coisas sem sentido, referindo ouvir vozes que diziam que iriam matá-lo. De lá para cá, Cláudio vem fazendo um tratamento psiquiátrico e está melhor. No entanto, não é mais o mesmo. Está calmo, não escuta mais vozes nem se sente perseguido, porém parece mais distante e apático. Os pais foram informados da possibilidade do diagnóstico de esquizofrenia e têm tido muita dificuldade de lidar com a ideia.

O QUE É PSICOSE?

"Psicose" é uma palavra usada para descrever situações em que as percepções, os pensamentos ou as emoções estão tão seriamente desordenados que o contato com a realidade é perdido. A esquizofrenia é a principal doença em que os sintomas psicóticos ocorrem, porém eles também podem estar presentes em pessoas com outras doenças, como o transtorno bipolar e a depressão grave. Os sintomas psicóticos incluem alucinações e delírios, que serão detalhados neste capítulo.

A ESQUIZOFRENIA É COMUM?

Histórias como a apresentada são mais frequentes do que se imagina. A esquizofrenia atinge cerca de 1 em cada 100 indivíduos, e seus sintomas geralmente surgem no fim da adolescência e no início da idade adulta, com frequência mais cedo em pessoas do sexo masculino. Apesar disso, infelizmente ainda se fala pouco sobre ela, o que faz as pessoas demorarem muito para perceber quando um jovem é acometido. Essa demora no diagnóstico e no início do tratamento é muito grave, pois, quanto maior o tempo de doença não tratada, maiores as cicatrizes que ela deixa e pior seu prognóstico.

QUAIS SÃO AS CAUSAS DA ESQUIZOFRENIA?

Pesquisadores de todo o mundo vêm estudando a esquizofrenia, tendo desvendando vários aspectos da doença. Atualmente, já está bem estabelecido que se trata de um transtorno com forte componente genético, associado a alterações no desenvolvimento do cérebro, as quais levam a prejuízos em seu funcionamento. Por isso, filhos de pais com a doença estão em maior risco de desenvolvê-la.

Também se sabe que fatores ambientais, como complicações no parto, situações traumáticas e uso de drogas ilícitas – especialmente a maconha –, aumentam a chance de surgimento da doença. Quando esses fatores são somados à predisposição genética, o aumento é ainda mais drástico.

Estudos mostraram claramente que ser vítima de *bullying* pode aumentar a chance de uma criança desenvolver esquizofrenia. Por esse motivo, todo cuidado é pouco para evitar que esse abuso aconteça em sala de aula.

COMO A ESQUIZOFRENIA SE APRESENTA?

A esquizofrenia é caracterizada por uma série de sintomas, que podem variar bastante entre os pacientes. O mais típico é o indivíduo ter surtos psicóticos, caracterizados pela presença de delírios, alucinações e pela desorganização do comportamento, intercalados com períodos sem sintomas. Uma pessoa com esquizofrenia tem, em média, três surtos psicóticos ao longo da vida, os quais ocorrem com mais frequência nos jovens. Alguns indivíduos nunca se recuperam completamente dos surtos, podendo manter algum grau de delírio e alucinações de modo crônico ou, ainda, apresentar alguns sintomas que chamamos de "negativos", ou deficitários.

Sintomas negativos

Os sintomas negativos mais comuns são:

- a perda de iniciativa para fazer coisas
- o desinteresse crescente
- a falta de vontade de estar com outras pessoas (levando ao isolamento social)
- a diminuição da afetividade

Diferentemente de delírios e alucinações, que ocorrem em "surtos" e respondem bem à medicação, os sintomas negativos tendem a ser mais duradouros e respondem mal ao tratamento medicamentoso. Por conta desses sintomas, muitas pessoas são chamadas de preguiçosas, frias, indiferentes, chatas ou irritantes.

Delírios

No delírio, a pessoa passa a ter convicção sobre uma coisa que não é real e começa a acreditar nisso de forma obstinada. A crença mais frequente é a de perseguição (p. ex., "estão tentando me matar"), porém, crenças religiosas (p. ex., "os anjos estão me avisando que o mundo vai acabar"), de grandiosidade (p. ex., eu sou um missionário enviado para mudar o destino da Terra") ou de que seus pensamentos podem ser ouvidos ou "roubados" pelos outros também são comuns. Diferentemente das fantasias, que, em geral, acontecem em momentos de diversão e não têm impacto negativo, os delírios se tornam centrais na vida dessas pessoas. Com frequência, o indivíduo passa a agir exclusivamente em razão do delírio, interpretando tudo o que ocorre ao seu redor de acordo com ele. Em situações como essa, fatos novos são compreendidos de forma distorcida, reforçando o delírio e muitas vezes o expandindo. Por exemplo, no caso de Cláudio, quando os funcionários do SAMU foram buscá-lo, ele teve certeza de que existia uma conspiração para matá-lo e de que os enfermeiros eram sequestradores levando-o para o cativeiro.

Alucinações

As alucinações são sensações irreais, sejam elas visuais, auditivas, táteis, olfativas, sejam gustativas (estas três últimas mais raras). São percepções que a pessoa compreende como reais, a partir de algo que não existe. A alucinação mais comum na esquizofrenia é ouvir vozes. Elas podem ser claras e compreensíveis ou, menos frequentemente, podem apresentar-se como sussurros ou conversas distantes. Em geral, as alucinações fazem parte do delírio e podem xingar, ameaçar ou dar ordens à pessoa. Em nosso exemplo, Cláudio dizia escutar vozes avisando que traficantes estavam vindo e queriam matá-lo.

Desorganização

Outro aspecto importante da doença é a desorganização do pensamento e do comportamento. Quando uma pessoa está psicótica (ou seja, apresenta delírios ou alucinações), é difícil para ela organizar o pensamento de forma lógica e coerente, o que a leva a ficar tão confusa a ponto de, às vezes, tornar-se incompreensível. Nos casos mais graves, o indivíduo não consegue ligar uma palavra com a outra, apresentando um discurso totalmente sem sentido.

Amigos imaginários são criações fantasiosas que fazem parte do desenvolvimento normal e que estão presentes em até 65% das crianças em torno dos 7 anos, podendo acompanhar a pessoa até a adolescência. Eles são a resposta da criança ao tédio, à solidão e a frustrações ou apenas uma forma de expressar a criatividade.

Uma característica que ajuda a diferenciar um amigo imaginário de sintomas da linha psicótica (delírios e alucinações) é que, no caso da esquizofrenia, a criança não tem certeza se o que está acontecendo é real ou imaginário e aparenta ter medo.

CARACTERÍSTICAS NA SALA DE AULA

A esquizofrenia é um transtorno com apresentações diversas, por isso, o que se pode observar na sala de aula é bastante variável. Além disso, alguns comportamentos ou pensamentos podem tornar-se mais ou menos intensos ou serem substituídos por outros ao longo do tempo.

O **isolamento social** é uma das características que, quando presente na infância, podem ser um sinal de que o indivíduo poderá desenvolver esquizofrenia. Note que a grande maioria das crianças mais isoladas não desenvolve a doença e que uma série de outros fatores pode explicar o isolamento social, como, por exemplo, depressão, timidez excessiva, autismo, etc. No entanto, o professor deve se preocupar se uma criança estiver piorando seu padrão de isolamento. Nesse caso, independentemente da causa, vale a pena sugerir aos pais uma avaliação com um psiquiatra da infância e da adolescência.

Do ponto de vista das **capacidades intelectuais,** o início da esquizofrenia pode se apresentar como dificuldade cada vez maior de prestar atenção ou certa lentificação no raciocínio, levando a uma queda generalizada no desempenho escolar. Note que estamos falando de uma piora progressiva dessas habilidades, o que é diferente de uma criança que sempre teve certa dificuldade de prestar atenção, por exemplo. É importante reconhecer que isso se deve à doença, e não a estratégias pedagógicas ruins (nesse caso, é provável que a piora no rendimento ocorra apenas em algumas disciplinas). Os pensamentos da pessoa podem passar a ser mais concretos e pobres em conteúdo.

Em casos mais graves, quando o indivíduo já está em crise, podem aparecer **alterações no discurso**. A criança pode parecer esquisita, respondendo coisas sem sentido, repetindo o que a outra pessoa fala, criando palavras ou apresentando bloqueios que podem chegar ao mutismo. Em algumas situações, a criança mostra disposição para falar apenas sobre um único assunto.

Também há **alterações no afeto**. O aluno pode passar a ter dificuldade de demonstrar afetividade, tornar-se muito sensível e/ou irritável. Por exemplo, um menino pode chorar compulsivamente ao ver um colega comendo um sanduíche de presunto, por estar pensando na morte do animal.

Delírios e alucinações podem surgir em graus variados. Como já citado, os delírios mais comuns são os persecutórios (p. ex., desconfiar de que o inspetor da escola está querendo lhe fazer mal), e as alucinações mais comuns são as auditivas (ouvir vozes que falam coisas ruins e/ou dão ordens). Seja pelos delírios, seja pelas alucinações, o aluno tem muita dificuldade de compreender se essas vivências são reais ou imaginárias e frequentemente não consegue ou tem vergonha de comunicar seus sintomas a alguém.

Podem surgir situações em que há evidência de **redução do senso crítico**, como, por exemplo, falar de conteúdos sexuais explícitos dentro da sala de aula sem perceber a inadequação do ato. Nesses casos, é importante a vigilância cuidadosa da escola, pois alunos acometidos pela doença são facilmente manipuláveis por colegas que podem "utilizá-los" para seu divertimento.

Como resultado dos sintomas citados, é comum que o jovem comece a apresentar desmotivação generalizada, queda no rendimento escolar, recusa para ir à escola e isolamento social.

COMO É FEITO O DIAGNÓSTICO DA ESQUIZOFRENIA?

O diagnóstico da esquizofrenia é clínico e deve ser feito por uma equipe médica. Embora existam muitos avanços científicos nessa área, não existem exames que possam diagnosticar a esquizofrenia. Estes, portanto, só são solicitados em algumas ocasiões, com a finalidade de excluir outras causas para os sintomas, como problemas neurológicos (p. ex., epilepsia), uso de drogas, etc.

O QUE FAZER?

Princípios de manejo da esquizofrenia na sala de aula

Embora não seja responsabilidade do professor diagnosticar ou tratar o aluno, um educador com conhecimentos sobre transtornos psicóticos – entre eles a esquizofrenia – pode ser decisivo no prognóstico de um estudante em risco para esse quadro, seja por meio do encaminhamento precoce, seja no manejo sensível e adequado às capacidades da criança.

Recomendações ao professor

1. **Vínculo com a família e o aluno**
   - A base de qualquer estratégia de condutas com jovens é a parceria entre o estudante, a família, a escola e a equipe de saúde. Uma postura acolhedora, atenta, otimista e focada no bem-estar do aluno (e não apenas no seu desempenho pedagógico) é fundamental para que a parceria aconteça. Aqui, o contato com a equipe de saúde é bastante útil para que, por meio da psicoeducação, haja conhecimento sobre a doença, facilitando o diálogo, atenuando os "pré-conceitos" sobre a doença e estabelecendo metas realistas que servirão de âncoras para os planos pedagógicos e de manejo comportamental do aluno.
2. **Estabelecimento de um plano**
   - A partir da compreensão do quadro do portador é importante reavaliar cuidadosamente seu desempenho pedagógico e psicossocial. De acordo com as reais possibilidades que o aluno apresenta, devem ser feitas adaptações. Estas devem ter como objetivo central estimular o estudante dentro de suas potencialidades, aumentando a motivação e reduzindo a sobrecarga do jovem, já que o estresse aumenta o risco de agravamento do quadro e o surgimento de crises.
3. **Sugestões de adaptações pedagógicas**
   - Devido à desatenção e à desmotivação, ofereça tarefas mais curtas, textos reduzidos, atividades mais dinâmicas e diretas.
   - Reduza a frequência de compromissos (provas, trabalhos), que acumulados geram mais estresse.
   - Reduza a quantidade de estímulos distratores na sala de aula e aproxime o aluno da mesa do professor.
   - Orientações devem ser breves e claras.
   - Auxilie em anotações, na organização com o material e no planejamento de atividades.
   - Utilize interesses do aluno como ferramenta pedagógica (p. ex., aparelhos eletrônicos).

(Continua)

(Continuação)

- Sempre que possível, insira o aluno socialmente (em duplas ou grupos pequenos).
- Estimule a autonomia e a competência do aluno.

4. **Sugestões para lidar com alguns sintomas**
   - Ao lidar com os sintomas na sala de aula, é muito útil identificar quais são os "gatilhos" que geram agudização dos sintomas naquele indivíduo. Esses "gatilhos" podem ser desde uso de drogas, abordagem de assuntos "confusos" para o jovem, conflitos com pais, colegas ou professores até a exigência incompatível com a capacidade do aluno no momento.
   - Identificar os pontos fortes do aluno também é importante, na medida em que, explorando as potencialidades do aluno, se reforça a autoestima e se reduz o estresse. O Quadro 15.1 resume algumas estratégias possíveis.

5. **Plano para crises**
   As crises são episódios agudos de descontrole. O ideal, nessas situações, é agir preventivamente ao perceber que o comportamento do aluno está mais inquieto e/ou irritável. Atuar sobre a fonte de estresse ou distrair o aluno (levando-o para "tomar um ar", por exemplo) são atitudes que podem evitar uma crise. Se isso não for possível, sugere-se que se estabeleça um local seguro e com poucos estímulos para onde o jovem pode se direcionar quando se sente confuso ou se descontrola. Além disso, é interessante que se nomeie uma pessoa na escola que tenha bom vínculo com o jovem para acompanhá-lo nesse tipo de situação.
   Nos períodos em que as crises acontecem com maior frequência, pode ser necessário que o aluno se afaste por alguns dias até que alguma medida (geralmente medicamentosa) seja tomada e o jovem volte ao convívio escolar. Nesses casos, é sugerível que o afastamento seja curto e que, se possível, o jovem siga fazendo algum tipo de atividade (tarefas, trabalhos) em casa, reduzindo o risco de evasão escolar.

6. **Troca de escola**
   Mesmo com todo o esforço das pessoas envolvidas, por vezes a necessidade de uma turma menor para que o aluno receba mais atenção direta do professor, a demanda de diversas adaptações e outros fatores da relação escola-aluno precipitam a necessidade de uma troca de escola. Esta geralmente é uma decisão difícil, porém de suma importância nos casos de desadaptação do aluno.

Se o aluno demonstrar dúvidas sobre algum fato, questionando se ele é real ou imaginário, a estratégia é debater atenciosamente com ele os dados de realidade, ou seja, quais são os fatos que sustentam e quais são os fatos que reduzem as chances de a crença ser verdadeira.

QUADRO 15.1
Estratégias para lidar com sintomas da esquizofrenia em sala de aula

Sintoma	Estratégias possíveis
Alucinações auditivas	Distração: solicitar que o aluno fale rapidamente com o professor, deslocando a atenção das vozes para o diálogo. Ouvir música com fones de ouvido. Pedir para o jovem prestar atenção à sua respiração ou a aspectos ambientais estáveis (p. ex., "a grama segue verde", "o sol segue quente", etc.). Ignorar as alucinações.
Delírios	Debater e, se possível, corrigir as ideias distorcidas quando o aluno mostrar dúvidas. Permanecer em atividades quando possível. Solicitar que uma pessoa de referência fique com o aluno na presença de um "gatilho" (p. ex., aula de religião em que o aluno fica confuso).
Prejuízo social	Incentivar inicialmente o convívio com a família e com os colegas mais sociáveis e prestativos. Reforçar que o aluno seja inserido em trabalhos de grupo e participe.
Comportamento	Técnicas de relaxamento e respiração.

Abordar conceitos religiosos ou metafísicos (vida/morte) pode deixar o jovem mais confuso.

QUAL É A TRAJETÓRIA DA ESQUIZOFRENIA NA VIDA DE UMA PESSOA?

Uma parcela importante dos casos de esquizofrenia evolui muito bem, com os pacientes se recuperando completamente após o surto. No entanto, a esquizofrenia pode ter um curso grave e deteriorante em cerca de um terço dos casos. Sua mortalidade é duas vezes maior do que a encontrada em pessoas sem a doença, sendo que os óbitos acontecem principalmente por suicídio e outros problemas físicos.

Por ter início precoce, ela acomete indivíduos em fase de desenvolvimento, impedindo que atinjam o auge do seu potencial. Por isso, a esquizofrenia é listada pela Organização Mundial da Saúde como uma das principais causas de perda de anos de vida produtivos entre os jovens.

Infelizmente, ainda não se pode falar em cura da esquizofrenia. Pesquisadores do mundo inteiro têm concentrado esforços para compreender melhor seu funcionamento e buscar um tratamento definitivo. Hoje em dia, podemos pensar no tratamento como um controle eficaz da doença, que possibilita à pessoa levar sua vida da melhor forma possível, com bons vínculos familiares, estudando e trabalhando.

COMO É FEITO O TRATAMENTO DA ESQUIZOFRENIA?

O tratamento da esquizofrenia, diante de tamanha complexidade, deve ser feito por uma equipe multidisciplinar, formada por médicos, psicólogos, terapeutas ocupacionais, enfermeiros e assistentes sociais. O uso de medicamentos é a base do tratamento, mas abordagens psicossociais são igualmente importantes para lidar com todas as dimensões da doença.

É importante notar que o tratamento medicamentoso é a melhor forma de prevenir novos surtos e que, quanto mais cedo iniciado, melhor a resposta. Alguns pacientes interpretam erroneamente que os fármacos tratam apenas o surto e, portanto, quando estão melhores, interrompem seu uso, voltando a ter uma nova crise. A cada crise, no entanto, o prognóstico se torna mais complicado, porque o surto psicótico é "tóxico" para o cérebro. A cada episódio podem ocorrer perdas irreversíveis, e, quanto maior o tempo em surto, maiores as perdas. É por isso que quanto antes o tratamento for iniciado, melhor é o prognóstico.

Uma situação bastante comum é que a família, como no caso de Cláudio, busque explicações religiosas para o comportamento do filho. Na maioria das vezes, condutas como essa podem provocar piora dos sintomas (surgimento de novos delírios e agravamento dos já existentes) e descontinuação do tratamento.

Uma nova perspectiva

Recentemente, novas perspectivas têm surgido, expandido horizontes. A partir da percepção de que a esquizofrenia é um processo de adoecimento que ocorre com o desenvolvimento do cérebro, a busca por alterações precoces (em um momento no qual o cérebro ainda não sofreu danos mais graves) tem sido proposta, passando a ser possível pensar em ações *preventivas*, algo até então inimaginável em saúde mental. A Austrália foi a pioneira nesses estudos e, hoje, conta com diversos centros de atendimento para jovens. Seguindo esse exemplo, muitos países, incluindo o Brasil, têm criado centros semelhantes para o atendimento precoce de transtornos mentais graves, como a esquizofrenia, e até mesmo para o atendimento de indivíduos em risco para desenvolver esses transtornos (ou seja, indivíduos com sintomas leves ou passageiros, que não justificam qualquer diagnóstico). A ideia central seria identificar os primeiros sintomas (no caso de Cláudio, a piora do isolamento social) e iniciar o acompanhamento já nesse momento, a fim de evitar o surgimento da doença ou, ao menos, retardar seu início. Para isso, o jovem não vai ser referenciado para o tratamento em uma clínica de adultos, afinal, os primeiros sintomas são muito sutis, e muitos nunca desenvolverão um quadro grave como o de Cláudio. Ele será referenciado para um dos serviços especializados em saúde mental do jovem, clínicas que funcionam mais como um centro de juventude, ao qual os jovens podem ir quando sentem que algo não vai bem.

CONSIDERAÇÕES FINAIS

A esquizofrenia é uma doença grave e muito debilitante. Apesar de o primeiro surto ocorrer normalmente no fim da adolescência, os primeiros sintomas surgem bem mais cedo. O reconhecimento de crianças em risco ou dos primeiros sintomas da doença é um fator muito importante no futuro da pessoa acometida. Pelo contato direto e grande experiência com jovens de cada faixa etária, os professores estão em posição privilegiada para identificar essas crianças e alertar os pais para que elas sejam encaminhadas, o quanto antes, para avaliação.

LEITURAS RECOMENDADAS

BROWN, S. Excess mortality of schizophrenia. A meta-analysis. *Br J Psychiatry*, v. 171, p. 502-508, 1997.

HAFNER, H. et al. The influence of age and sex on the onset and early course of schizophrenia. *Br J Psychiatry*, v. 162, p. 80-86, 1993.

INTERNATIONAL EARLY PSYCHOSIS ASSOCIATION WRITING GROUP. International clinical practice guidelines for early psychosis. *Br J Psychiatry*, v. 187, n. 48, p. 120-124, 2005.

LI, H.; PEARROW, M.; JIMERSON, S. R. Identifying, Assessing, and treating early onset schizophrenia at school. New York: Springer Science, 2010.

MARSHALL, M. et al. Association between duration of untreated psychosis and outcome in cohorts of first-episode patients: a systematic review. *Arch Gen Psychiatry,* v. 62, n. 9, p. 975-983, 2005.

MCGRATH, J. et al, Schizophrenia: a concise overview of incidence, prevalence, and mortality. *Epidemiologic Reviews*, v. 30, p. 67-76, 2008.

MUESER, K. T.; MCGURK, S. R. Schizophrenia. *The Lancet,* v. 363, n. 9426, p. 2063-2072, 2004.

PALMER, B. A.; PANKRATZ, V. S.; BOSTWICK, J. M. The lifetime risk of suicide in schizophrenia – a reexamination. *Arch Gen Psychiatry,* v. 62, p. 247-253, 2005.

PERKINS, D. O. et al. Relationship between duration of untreated psychosis and outcome in first-episode schizophrenia: a critical review and meta-analysis. *Am J Psychiatry,* v. 162, n. 10, p. 1785-1804, 2005.

TAYLOR, M. et al. The characteristics and correlates of fantasy in school-age children: imaginary companions, impersonation, and social understanding. *Dev. Psychol,* v. 40, p. 1173-1187, 2004.

16

Transtornos do espectro autista

Daniela Bordini
Ana Rita Bruni

Um caso de autismo

Sou professora do 1º ano de uma escola municipal e tenho um aluno que me parece muito diferente. Ele passa a maior parte do tempo isolado, não se interessa por conversar nem brincar com as outras crianças. Quando o chamo pelo nome, ele não olha, não responde, parece surdo. Nas aulas, fica avoado, não se concentra na explicação do conteúdo, passa a maior parte do tempo rodando um lápis bem próximo aos olhos e se balançando para a frente e para trás. Estou muito preocupada, pois não sei como agir com ele em sala de aula e como vou alfabetizá-lo. Já conversei com os pais sobre esses comportamentos, mas eles têm dificuldade de enxergar o que eu enxergo. Cobram avanços na parte pedagógica e atenção individualizada, mas tenho-me sentido muito desamparada quanto aos recursos que devo usar com ele. Não conto com mais ninguém para me ajudar em uma sala com 20 crianças da mesma idade.

O QUE SÃO OS TRANSTORNOS DO ESPECTRO AUTISTA?

Os transtornos do espectro autista (TEAs) são transtornos complexos, de início precoce (antes dos 3 anos), que se mantêm ao longo da vida e que frequentemente ocasionam muitos prejuízos ao portador e aos familiares. Até pouco tempo, os TEAs eram chamados de transtornos globais (ou invasivos) do desenvolvimento (TGDs).

Por terem início na infância, é importantíssimo que sejam conhecidos no ambiente escolar. Lá, a convivência entre crianças da mesma idade favorece a observação de comportamentos que estejam fora do esperado para uma determinada faixa etária. Por isso, educadores são parceiros fundamentais dos pais na identificação precoce de comportamentos de risco, no auxílio ao encaminhamento para avaliação e durante o processo terapêutico.

O QUE É O AUTISMO?

Autismo é uma condição que reflete alterações no neurodesenvolvimento de uma pessoa, determinando quadros muito distintos, que têm em comum um grande prejuízo na sociabilidade. O autismo é considerado uma síndrome neuropsiquiátrica, pois é caracterizado por um conjunto de sinais clínicos, nem sempre provocados por uma causa comum.

De maneira esquemática, os TEAs podem afetar as esferas ilustradas na Figura 16.1.

Por muito tempo, o autismo foi considerado uma forma precoce de esquizofrenia. Atualmente, os dois diagnósticos são considerados distintos, sendo que um dos grandes diferenciais entre eles é que a esquizofrenia não costuma ocorrer tão cedo na vida da pessoa.

O QUE É ESPECTRO AUTISTA?

Espectro autista é um conceito que facilita a compreensão de que o autismo é uma condição muito variável de um caso para outro. Ele propõe que o transtorno seja relacionado a uma linha de dificuldades e competências, compreendendo desde quadros mais graves, com maior dependência de outras pessoas (autismo de baixo funcionamento), até quadros mais leves, com

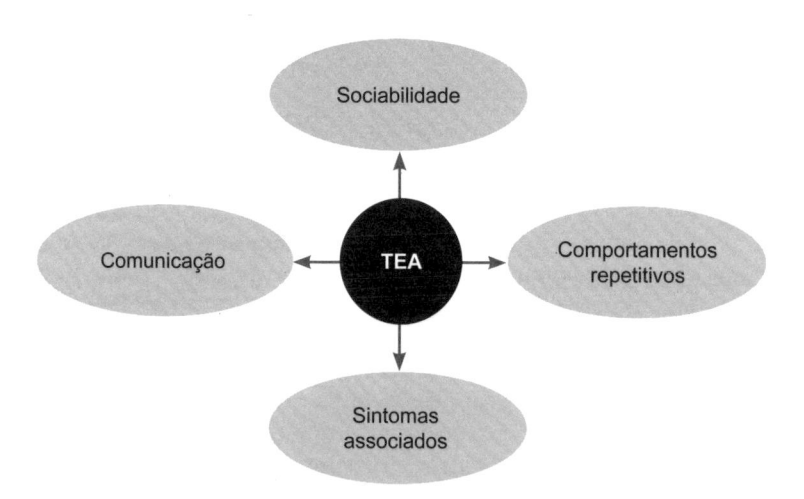

▶ **Figura 16.1** Esferas afetadas pelos TEAs.

alterações mais sutis, muitas vezes nem identificadas ao longo da vida da pessoa (autismo de alto funcionamento).

A **síndrome de Asperger**, por exemplo, é conhecida como um quadro de TEA de alto funcionamento, pois o desenvolvimento da criança é próximo do esperado. A criança não apresenta atraso para falar e tem inteligência normal. Geralmente, os problemas estão relacionados à dificuldade de fazer amigos, a obsessões por alguns assuntos, comportamentos inadequados e um jeito "concreto" de pensar (esses indivíduos levam as coisas ao pé da letra, têm dificuldade de entender piadas). Nesses casos, o diagnóstico acontece mais tarde, pois os sintomas são mais sutis.

QUAL A FREQUÊNCIA DOS TEAs?

Recentemente, devido ao maior conhecimento científico na área (que levou à identificação de casos mais leves) e à difusão de informações sobre autismo na mídia, o que se percebe é que houve um aumento importante na identificação de TEAs. Isso não significa, necessariamente, que o número de casos de autismo tenha aumentado ao longo do tempo na população, e sim que eles passaram a ser mais bem identificados.

Em relação à distribuição entre os sexos, os quadros de TEAs são nitidamente mais frequentes em meninos, em uma proporção de 4 ou 5 meninos para 1 menina. Quando ocorrem em meninas, em geral são mais graves, muitas vezes cursando com deficiência intelectual.

Outros aspectos, como raça ou classe social, parecem não influenciar a ocorrência de casos de autismo.

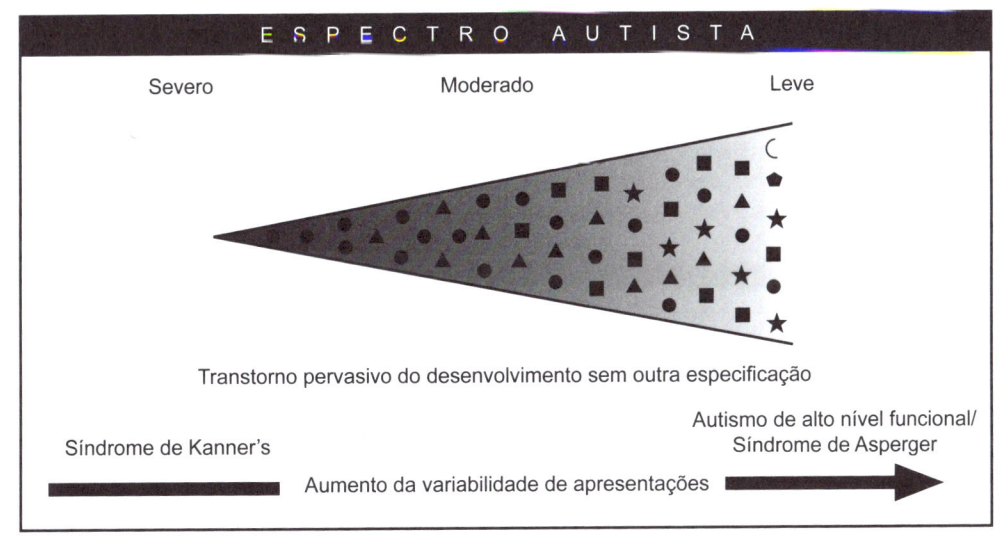

▶ **Figura 16.2** O espectro do autismo.
Fonte: Rosonn (1997).

O QUE CAUSA OS TEAs?

A causa dos TEAs é complexa e depende de diversos fatores. Estudos provaram que cerca de 90% das manifestações clínicas do autismo podem ter influências genéticas. Além disso, quando uma família tem uma criança com um TEA, parece haver uma chance de 3 a 7% de recorrência do quadro em outros filhos, o que é uma possibilidade bem maior do que a da população em geral.

Além da genética, fatores ambientais, como intercorrências no parto e durante a gestação, rubéola congênita, meningite, uso de bebidas alcoólicas, substâncias abortivas e de determinadas medicações durante a gestação, bem como idade paterna avançada, têm sido estudados no desencadeamento de casos de TEA.

Portanto, a interação da genética com fatores ambientais de risco e de proteção é a hipótese mais aceita para a determinação do autismo atualmente.

QUAIS SÃO OS SINAIS DOS TEAs EM UMA CRIANÇA PEQUENA?

Como vimos, os TEAs surgem muito cedo, em alguns casos a partir dos primeiros meses de vida. O Quadro 16.1 mostra alguns sinais que devem chamar a atenção de pais e educadores para a necessidade de avaliação da criança até 3 anos.

QUADRO 16.1
Sinais de alerta de TEA em crianças de 6 meses a 3 anos

Idade	Sinais
6 meses	Não sorri nem demonstra expressões alegres.
9 meses	Não responde às tentativas de interação dos outros nem busca interagir.
1 ano	Não responde ao nome quando chamada; presta mais atenção em objetos do que em pessoas; não aponta para coisas no sentido de mostrá-las a outra pessoa; não segue com o olhar os gestos que os outros lhe fazem.
1 ano e meio	Não verifica para onde o adulto está olhando; não procura mostrar coisas de seu interesse para os outros; fala poucas palavras ("mama", "papa").
2 anos	Não fala ou tem fala difícil de entender; pode ter fala esquisita; interage pouco com outras crianças; não brinca de "faz de conta", por exemplo, não usaria uma colher como se fosse um aviãozinho; nem brinca de casinha.
3 anos	Não busca e até evita a interação com outras crianças; gosta muito de padrões (gosta de colocar brinquedos em fila ou empilhados) e de movimentos em algumas coisas (gosta de ficar olhando a água descer na pia ou a hélice do ventilador girando).

Algumas crianças não demonstram sinais de autismo quando bebês. Elas se desenvolvem razoavelmente bem até cerca de 1 a 2 anos e, então, passam a perder de maneira gradual ou perdem subitamente as habilidades que haviam adquirido. Por exemplo, os pais começam a perceber que a criança está deixando de falar coisas que já falava ou que parou de mandar beijinhos, como fazia.

COMO OS TEAs SE APRESENTAM EM CRIANÇAS E ADOLESCENTES?

Como vimos, os TEAs são muito variáveis e complexos, por vezes muito difíceis de identificar. Há crianças que não falam, que são muito isoladas, com muitos comportamentos repetitivos e contato superdifícil. Essas crianças apresentam o quadro mais clássico, mais reconhecido pelos profissionais da saúde e da educação e geralmente são diagnosticadas mais cedo. Porém, há também crianças com apresentações bem mais sutis e sintomas mais "leves"; estas costumam ser diagnosticadas e iniciar tratamento mais tarde.

Embora os quadros possam ser bastante diferentes, são classificados igualmente como TEAs por apresentarem características centrais a essa condição. Tais características são relacionadas com:

- **Problemas de sociabilidade:** pouca interação ou interesse por pessoas da mesma idade, podendo se relacionar melhor com adultos. Geralmente, evita participar de atividades de dupla ou grupo, não demonstrando iniciativa no contato com os demais nem compartilhando prazer ou interesses, portanto, tem dificuldades em fazer e manter amizades. Frequentemente, essas crianças são vítimas de brincadeiras e *bullying*, o que acaba piorando a interação com os colegas.
- **Problemas na comunicação:** essa esfera é muito variável, pois as crianças podem tanto atrasar bastante como nunca adquirir a linguagem verbal, assim como podem falar de modo "estranho", "diferente". Outras alterações comuns são falar de si na terceira pessoa (p. ex., "O José vai comer o papá" – falando de si mesmo), apresentar vocabulário muito sofisticado para a idade, repetir muito palavras ou frases que ouviu (ecolalia), inventar palavras novas (neologismos), falar frequentemente como um personagem da televisão. Outro aspecto muito importante é o prejuízo da linguagem não verbal. Essas crianças usam menos mímicas ou gestos e não triangulam o olhar com o interlocutor e o objeto de interesse (atenção compartilhada). Tais alterações na comunicação dificultam muito o contato com outras pessoas.

↪ **Comportamentos e interesses restritos e estereotipados:** caracterizam-se pela presença de movimentos repetitivos sem finalidade, como balançar para a frente e para trás, andar na ponta dos pés, ficar girando em torno de si mesmo, movimentar os dedos em frente aos olhos ou ficar fazendo movimentos repetitivos com objetos sem um motivo definido. A criança pode apresentar obsessão por assuntos específicos, como dinossauros, astronomia, números, bandeiras, personagens de desenhos animados, etc. Geralmente, essa predileção é tão intensa que essas crianças podem demonstrar muita dificuldade de falar ou brincar de outras coisas. Elas podem ter também muito apego a rotinas, dificuldade em lidar com mudanças ou imprevistos, podendo ficar muito agitadas ou irritadas quando há mudança nos horários, no lugar de sentar na sala, na programação das aulas, etc.

↪ **Comportamentos associados:** pode haver alterações dos sentidos (tato, visão, audição, olfato), como hipersensibilidade auditiva (incômodo desproporcional com alguns tipos de barulho), hipersensibilidade tátil (incômodo com alguns tipos de tecido ou contato físico), dificuldade em aceitar alguns tipos de alimento, etc. Podem ocorrer também alterações de sono (insônia, sono agitado), automutilação (comportamento autolesivo, como morder as mãos, bater a cabeça na parede, dar socos da cabeça, principalmente em situações de estresse ou quando há dificuldades para comunicar suas necessidades e desejos), oscilações de calmaria e agitação, entre outros comportamentos. Tais condições não são critérios obrigatórios para o diagnóstico, embora sejam bastante frequentes.

Durante a observação, a qualidade (ou seja, a maneira como a criança apresenta) e a frequência de alguns comportamentos são mais importantes do que sua simples presença ou ausência.

QUAL É A TRAJETÓRIA DO AUTISMO?

A trajetória dos TEAs é muito variável e depende de uma série de fatores, como diagnóstico precoce, gravidade dos sintomas, tratamento adequado, adesão ao tratamento, suporte familiar e outros problemas coexistentes (psiquiátricos ou não).

COMO É FEITO O DIAGNÓSTICO?

O diagnóstico de autismo é clínico, feito por profissionais da saúde, com base na história colhida com os pais, no relato da escola e na observação da criança.

Não existem, até o momento, exames capazes de identificar o autismo. Os exames de laboratório e de imagem que às vezes são solicitados só são feitos para descartar outros problemas que podem se manifestar de forma semelhante.

> Não existem, até o momento, exames capazes de identificar o autismo.

Inicialmente, os pais costumam buscar o pediatra com a suspeita de surdez ou porque a criança está demorando para começar a falar. Ao perceberem a suspeita de autismo, é bastante comum que procurem outras opiniões, que podem ser médicas, religiosas ou de amigos. Buscam inconscientemente "explicações alternativas", como diagnósticos de transtorno obsessivo-compulsivo ou transtorno de déficit de atenção/hiperatividade.

Pais que recebem esse diagnóstico vivem o luto do filho que sonhavam. Podem se sentir frustrados, culpados, com raiva e com vergonha. É bastante comum que, nesse período, enfrentem dificuldades como casal, principalmente se não concordarem com o diagnóstico. Essa etapa só se encerra com a aceitação da criança, e para isso precisam de muito apoio dos que os cercam.

> Pais "de primeira viagem" têm mais dificuldade em visualizar as dificuldades do filho, pois não tiveram a oportunidade de conviver com uma criança de desenvolvimento normal.

O PAPEL DAS ESCALAS NO AUTISMO

Com autorização dos pais, algumas escalas podem ser utilizadas como auxiliares no rastreamento de comportamentos que justifiquem uma avaliação especializada, por exemplo:

- Modified Checklist for Autism in Toddlers (M-CHAT): possibilita identificar sinais precoces de autismo em crianças de 1 ano e meio até 3 anos. É de fácil aplicação.
- Childhood Autism Rating Scale (CARS): pode ser usada para crianças com mais de 2 anos. Auxilia na definição da gravidade do autismo e na diferenciação entre autismo e retardo mental. É rápida e fácil de aplicar.

Instrumentos como estes, se utilizados com o consentimento dos pais e com sensibilidade, podem contribuir naqueles casos em que os pais negam as dificuldades do filho. Há outras escalas, não mencionadas neste livro, que também podem ter muita utilidade. Para encontrá-las, visite o *site* da Associação de Amigos do Autista (http://www.ama.org.br/site/escalas.html).

CONDIÇÕES QUE PODEM OCORRER ASSOCIADAS AO AUTISMO

A condição associada mais comum nos casos de autismo é o retardo mental. Porém, estudos têm demonstrado que o número de pessoas com autismo e retardo mental é bem mais baixo do que se imaginava.

Muitos casos de autismo não estão associados a retardo mental.

Além disso, cerca de um terço das crianças com autismo apresenta problemas médicos, como epilepsia (convulsões), síndrome de Down, paralisia cerebral, esclerose tuberosa, fenilcetonúria não tratada, surdez, cegueira, entre outros.

QUE ESTRATÉGIAS OS PROFESSORES PODEM USAR EM SALA DE AULA?

O primeiro passo é lembrar sempre que cada aluno é diferente do outro, principalmente quando se trata de alunos com transtornos do espectro autista. Nem sempre o que funciona para um irá funcionar para outro, mesmo que ambos tenham o mesmo diagnóstico médico. O currículo precisa ser adaptado individualmente, sempre levando em consideração as áreas de potencialidades e as áreas de maior deficiência.

Estratégias básicas para a sala de aula

1. Compare cada aluno apenas com ele mesmo.
2. Não infira que o aluno não pode aprender.
3. Utilize linguagem adequada à criança.
4. Certifique-se de que a criança esteja prestando atenção em você antes de passar uma instrução.
5. Monitore o desempenho do aluno constantemente.
6. Sempre reforce positivamente os bons comportamentos e a aprendizagem adquirida.

(*Continua*)

(Continuação)

7. Promova rotinas: prepare uma cartolina com os horários das atividades diárias; se possível, faça essa construção em sala de aula, com a ajuda dos alunos. Esse material deverá ficar o mais próximo possível do aluno, para orientá-lo.
8. Evite exposição do aluno a situações em que já se sabe ou se imagina que ele terá mais dificuldades que os outros.
9. Esteja atento ao fato de que atividades ou eventos com muito barulho podem desencadear comportamento de desorganização.
10. Respeite o limite do aluno em relação ao tempo das atividades. Às vezes, uma simples volta no pátio ou no banheiro já é suficiente para que ele se reorganize e volte para as atividades.
11. Estabeleça prazos curtos e atividades com número reduzido de exercícios, a fim de facilitar a execução.
12. Utilize recursos visuais como estratégia de ensino. Porém, observe que o excesso de cartazes em sala de aula pode distrair demais.
13. Organize o material de forma que a criança saiba o que tem de fazer.
14. Não ofereça muito material inicialmente (poucos lápis ou tintas, para começar).
15. Se necessário, adapte o material gráfico, por exemplo, com uso de letras de tamanho maior, somente maiúsculas, maior espaço para registro, entre outras adaptações.
16. Faça uso produtivo dos interesses especiais da criança para chamar atenção e poder alfabetizá-la, ensinar cores, números, letras e outros conteúdos.
17. Apresente os conteúdos em ordem crescente de complexidade. Se preciso, antecipe os assuntos com a ajuda dos terapeutas ou auxiliares. Lembre-se sempre de que qualquer mudança repentina ou novidade pode causar estranheza e rigidez no comportamento. A familiaridade traz segurança.
18. Utilize estratégias "passo a passo".
19. Elogie: algumas crianças não se motivam com a forma corriqueira de elogiar. Talvez seja interessante tentar métodos diferentes, como adesivos ou objetos de que elas gostam (um livro ou um brinquedo, por exemplo).
20. Ao término da atividade, demonstre claramente que uma atividade chegou ao fim e o que está por vir (para onde vão e o que vão fazer).
21. Use um termo de uma ou duas palavras significando uma orientação. Por exemplo, "lanche" para o momento das refeições.
22. Forneça imagens que simbolizem opções de escolha para que o aluno demonstre o que quer fazer.
23. Facilite a linguagem conectando palavras com gestos e objetos.
24. Auxilie a compreensão socioemocional, explicando de maneira acessível os pensamentos ou sentimentos dos outros, esclarecendo piadas ou expressões de duplo sentido, etc.
25. Forneça apoio e incentivo para a integração do aluno com as outras crianças tanto nas atividades de aprendizado como nos horários de lazer e brincadeiras.

(Continua)

(Continuação)

26. Peça auxílio para que os colegas de sala ajudem o aluno nas suas dificuldades e necessidades quando puderem e se sentirem à vontade.
27. Se a família permitir, converse abertamente com os colegas de sala sobre a condição especial do aluno, pois isso diminui a sensação de estranhamento e o preconceito.
28. Mantenha contato frequente com a família e com a equipe de profissionais que cuidam do aluno, pois, ao trabalharem em conjunto, a compreensão e o manejo dos comportamentos e do ensino dessa criança terão muito mais sucesso.

O QUE FAZER E NÃO FAZER COM OS PAIS

1. Estimule os pais a buscarem uma rede de apoio e informação.
2. Motive os pais a saírem de casa e evitarem o estigma.
3. Valorize pequenos progressos da criança (e dos pais).
4. Não pressione por um "exame da cabeça". Exames, na grande maioria das vezes, não auxiliam no diagnóstico, ao contrário do que as pessoas pensam. Nessas situações, os pais se sentem incompetentes, com a sensação de que não estão fazendo tudo o que podem por seu filho ou de que estão sendo acompanhados por um médico ruim, bem como criam uma falsa expectativa de que os exames possam ter grande utilidade.
5. Não questione abertamente as atitudes dos profissionais que estão cuidando da criança, pois os pais, em geral, estão muito inseguros, e isso os deixaria mais frágeis. No caso de dúvida, procure fazer contato. O ideal é que todos os envolvidos possam funcionar como uma equipe que se fortalece na união.

QUAL É O TRATAMENTO ESPECÍFICO DO AUTISMO?

Não há um tipo específico de tratamento que seja eficaz para todos os pacientes.

O indicado é a elaboração de um projeto individual de tratamento de acordo com as habilidades e dificuldades de cada criança. Pelo fato de crianças menores apresentarem maior plasticidade cerebral, quanto mais precoce o tratamento, melhor a resposta.

Como o quadro é complexo, o recomedado é que o tratamento seja realizado por uma equipe multiprofissional para acolher e trabalhar nas áreas de linguagem, interação social, aprendizagem e diminuição de comportamentos inadequados, visando ao maior nível de autonomia e desenvolvimento possível. Pais, irmãos e cuidadores também podem (e devem) ser atendidos, individualmente ou em grupo.

Diversas técnicas de tratamento têm sido utilizadas para os TEAs. Atualmente, a linha de tratamento com mais evidência de eficácia é a linha comportamental, embora outras também possam ser eficazes. Duas das técnicas mais utilizadas em termos de educação e tratamento comportamental para crianças com TEA são a Applied Behavior Analysis (ABA) e o Treatment and Education of Autistic and Related Communication-Handicapped Children (TEACCH).

QUAL É O PAPEL DAS MEDICAÇÕES NO AUTISMO?

O tratamento farmacológico não é obrigatório nos TEAs e não trata os sintomas centrais do quadro. Portanto, o uso de medicamentos tem por objetivo o controle de sintomas associados, como, por exemplo, agitação, insônia, impulsividade, irritabilidade, agressão a si ou aos outros, desatenção, ansiedade, depressão, sintomas obsessivos, acessos de ira e comportamentos repetitivos. Na prática, nota-se que quanto mais precoce e adequado for o tratamento não farmacológico visando maximizar a aquisição da linguagem, melhorar as habilidades sociais e comunicativas e diminuir os comportamentos mal-adaptativos, menor é a necessidade e a quantidade de medicamentos.

CONSIDERAÇÕES FINAIS

Com a identificação crescente de casos de autismo e o aumento do número de crianças autistas inseridas em salas regulares, tornou-se evidente a necessidade de troca de experiência e conhecimentos entre profissionais da saúde e da educação para que esses alunos sejam mais bem conduzidos e tratados. Crianças com TEAs têm tanto direito de estar na escola quanto as demais. Mais importante que isso, têm direito a **aprender** da maneira que são capazes, de acordo com suas necessidades e potencialidades. Nesse contexto, educadores são considerados, hoje, parceiros fundamentais na equipe que deve se formar em torno da família no complexo processo de avaliação e cuidados em casos de autismo.

REFERÊNCIAS

ROSENN, D. Autism spectrum severity wedge. *Aspergers:* what we have learned in the '90s conference in Westboro. [Westboro: s.n], 1997.

LEITURAS RECOMENDADAS

AMERICAN PSYCHIATRIC ASSOCIATION. *Diagnostic and statistical manual of mental disorders*: DSM-IV. 4th ed. Washington: American Psychiatric Publishing, 2000.

BARBARO, J.; DISSANAYAKE, C. Autism spectrum disorders in infancy and toddlerhood: a review of the evidence on early signs, early identification tools, and early diagnosis. *J Dev Behav Pediatr,* v. 30, n. 5, p. 447-459, 2009.

BRASIL. Secretaria de Educação Fundamental. *Parâmetros curriculares nacionais:* pluralidade cultural e orientação sexual. Brasília: MEC, 1997. (Parâmetros curriculares nacionais, 10).

CENTER FOR DISEASE CONTROL. Prevalence of autism spectrum disorders – autism and developmental disabilities monitoring network, United States, 2006. *Morbidity and Mortality Weekly Report,* v. 58, p. 1-14, 2009.

FOMBONNE, E. Epidemiology of pervasive developmental disorders. *Pediatric Research,* v. 65, n. 6, p. 591-598, 2009.

GUPTA, A. R.; STATE, M. W. Autismo: genética. *Revista Brasileira de Psiquiatria,* v. 28, n. 203, p. 29-38, 2006.

KLIN, A. Suplemento de autismo. *Revista Brasileira de Psiquiatria,* v. 28, n. 1, 2006.

LEVY, S. E.; MANDELL, D. S.; SCHULTZ, R. T. Autism. *The Lancet,* v. 374, n. 9701, p. 1627-1638, 2009.

MERCADANTE, M. T.; ROSÁRIO, M. C. *Autismo e cérebro social.* São Paulo: Segmento Farma, 2009.

NEWSCHAFFER, C. J. et al. The epidemiology of autism spectrum disorders. *Annu Rev Public Health,* v. 28, p. 235-258, 2007.

PAULA, C. S. et al. Brief report: prevalence of pervasive developmental disorder in Brazil: a pilot study. *J Autism Dev Disord,* v. 41, p. 1738-1742, 2011.

PERISSINOTO, J. *Conhecimentos essenciais para atender bem a criança com autismo.* São Paulo: Pulso, 2003.

REY, J. M. (Ed.). *IACAPAP e-textbook of child and adolescent mental health.* Geneva: International Association for Child and Adolescent Psychiatry and Allied Professions, 2012.

RUTTER, M. et al. *Rutter's child and adolescent psychiatry.* 5th ed. [S.l.]: Blackwell Publishing, 2008.

SÃO PAULO (Estado). Secretaria da Saúde. Secretária dos Direitos da Pessoa com Deficiência. *Protocolo do Estado de São Paulo de Diagnóstico, Tratamento e Encaminhamento de Pacientes com Transtorno do Espectro Autista (TEA).* São Paulo: Secretaria de Estado da Saúde, 2013. Disponível em: <http://www.saude.sp.gov.br/ses/perfil/profissional-da-saude/homepage/destaques/direita/protocolo-do-estado-de-sao-paulo-de-diagnostico-tratamento-e-encaminhamento-de-pacientes-com-transtorno-do-espectro-autista-tea>. Acesso em: 30 mar. 2014.

SUPLINO, M. *Inclusão escolar de alunos com autismo.* São Vicente: Instituto Inclusão Brasil, 2008. Disponível em: < http://inclusaobrasil.blogspot.com.br/2008/08/incluso-escolar-de-alunos-com-autismo.html >. Acesso em: 30 ago. 2012.

VOLKMAR, F. R. (Ed.). *Autism and pervasive developmental disorders.* 2nd ed. Cambridge: Cambridge University Press, 2007.

17

Uso de drogas na escola

Carolina Meneses Gaya
Gustavo M. Estanislau
Patricia Manzolli
Clarice Sandi Madruga

O uso de substâncias psicotrópicas é um dos problemas de saúde pública mais importantes do Brasil. Nosso país tem maiores índices de consumo de drogas comparado a outros países em desenvolvimento, e esse consumo tende a aumentar conforme o crescimento econômico. Entre os jovens, a fiscalização das leis que proíbem a venda de cigarros e bebidas alcoólicas para menores de idade é quase inexistente, enquanto medicamentos e drogas inalantes podem ser comprados sem dificuldade. O fácil acesso, combinado a diversos fatores de risco pessoais e ambientais, estabelece os adolescentes como o grupo mais vulnerável ao uso nocivo dessas substâncias na população.

Nesse contexto, o objetivo deste capítulo é abordar a questão das drogas no ambiente escolar, dando maior ênfase ao álcool, ao tabaco e à maconha, devido a sua utilização mais prevalente, e apresentar alguns princípios da prática preventiva em escolas.

DROGAS

O que é "droga", psicotrópico ou psicoativo?

"Droga" é qualquer substância capaz de atravessar a barreira de proteção do cérebro (conhecida como barreira hematencefálica), causando alterações no nível de consciência, na percepção, no humor, no raciocínio e/ou no comportamento de uma pessoa. De maneira geral, o efeito que as "drogas" causam se dá pela ação aumentada de um neurotransmissor chamado dopamina no circuito de recompensa do cérebro. O circuito de recompensa (ou circuito do prazer) é um sistema cerebral responsável por processar as experiências prazerosas que vivemos. Assim, o potencial de adição de uma substância está diretamente relacionado com a capacidade que essa substância tem de ativar o circuito do prazer.

Considera-se que o indivíduo apresenta um transtorno de uso de substâncias (TUS) quando começa a consumir um psicoativo de forma prejudicial, passando a perder o controle sobre o uso. Nessa situação, a vida da pessoa começa a "girar em torno" da droga, com utilização de quantidades cada vez maiores da substância ou por períodos cada vez mais prolongados. Com o tempo, ela pode começar a ter dificuldades para parar ou reduzir o consumo, afastar-se da família e dos amigos, apresentar queda no rendimento escolar, desenvolver problemas físicos (emagrecimento, rinite crônica, etc.) ou psicológicos (mudanças de comportamento, apatia) ou envolver-se com a polícia. Além disso, ela pode apresentar tolerância e abstinência.

- **Tolerância** é o que leva o usuário a precisar de quantidades cada vez maiores da substância para atingir o mesmo efeito.
- **Abstinência** é o surgimento de diversos sintomas físicos e psicológicos após a interrupção do consumo, na maioria das vezes duradouro, de uma substância.

Conhecer os tipos de drogas existentes, bem como seus efeitos e poder de dependência, é muito importante para profissionais que trabalham com adolescentes.

É possível categorizar as substâncias psicoativas de várias maneiras, como, por exemplo, pelo tipo de ação no organismo, pelo grau de dependência que causa, quanto à origem (natural, sintética e semissintética) e quanto ao *status* legal (lícita ou ilícita). A classificação que utilizaremos neste livro, relativa ao efeito que a substância causa no sistema nervoso central, divide as drogas em quatro grandes grupos, chamados de estimulantes, euforizantes, sedativas ou alucinógenas. A maconha é um exemplo de substância psicotrópica que combina propriedades de cada um desses grupos.

Substâncias estimulantes

Nesta categoria se enquadram substâncias capazes de aumentar a atividade cerebral, como a cocaína, o *crack*, as anfetaminas (*speed* e rebite) e também substâncias lícitas, como a nicotina e a cafeína. As substâncias estimulantes tendem a deixar a pessoa "ativada" ou acelerada e têm grande poder de dependência, afetando o desenvolvimento cerebral de forma drástica. Pessoas que utilizam drogas do grupo estimulante podem desenvolver transtornos do sono, do humor e/ou de ansiedade, problemas de memória e problemas cardíacos. A *overdose* de estimulantes pode causar convulsões, parada cardíaca e morte.

Substâncias euforizantes

Nesta categoria se enquadram as drogas sintéticas, como o *ecstasy* e as metanfetaminas. São substâncias que afetam a percepção do indivíduo, gerando euforia. Muitas vezes, são associadas com substâncias estimulantes. Substâncias euforizantes têm poder de dependência moderado, podendo ser alto quando associadas com estimulantes. O *ecstasy* é, na verdade, uma combinação de drogas sintéticas. Inicialmente, os comprimidos continham cerca de 20% do princípio ativo original, o MDMA, mas, por ter um custo alto, as pílulas de *ecstasy* de hoje raramente contém esse componente; em vez disso, apresentam variações de anfetaminas, metanfetaminas ou alucinogênicos. O uso de tais substâncias na adolescência pode afetar de forma permanente o cérebro, aumentando o risco para o desenvolvimento de doenças psiquiátricas relacionadas com o humor e ansiedade.

Substâncias sedativas

Esta categoria inclui substâncias capazes de lentificar a atividade cerebral, como os ansiolíticos, os hipnóticos, os narcóticos e grande parte dos solventes. Entre elas estão álcool, calmantes, indutores de sono, anestésicos e solventes, como a cola de sapateiro, o loló e o *tinner*. As substâncias sedativas tendem a deixar a pessoa sonolenta e desligada. Têm alto poder de dependência, gerando rápida tolerância e, consequentemente, aumento da dose utilizada. O uso abusivo de ansiolíticos pode levar a distúrbios do sono, déficits cognitivos e transtornos do humor. O uso de inalantes, como a cola de sapateiro, o loló (clorofórmio, éter, etc.), em idade precoce está associado a perdas cognitivas irreversíveis e problemas respiratórios. A *overdose* de inalantes pode causar convulsões, infarto agudo do miocárdio e morte.

Substâncias alucinógenas

Nesta categoria estão drogas que, em vez de acelerarem ou lentificarem a atividade cerebral, geram drásticas distorções perceptivas, podendo causar alucinações (geralmente visuais) e alteração na percepção de tempo e espaço e nos estados emocionais. Entre elas estão o LSD, os cogumelos mágicos, a *Salvia divinorum* e o óxido nitroso. Os efeitos a longo prazo dos alucinogênicos ainda são desconhecidos. Estudos mostram sua capacidade de induzir sintomas psicóticos em pessoas com predisposição genética.

Álcool

Qual é a prevalência do uso de álcool na população adolescente?

Por ter seu uso aceito pela sociedade, a proporção de usuários que têm problemas com o álcool é bem maior do que a de qualquer outra substância. Estudos recentes demonstraram que mais da metade dos adolescentes menores de idade consome bebidas alcoólicas, e, embora tenha sido observada diminuição de consumidores adolescentes do sexo masculino, houve aumento no uso problemático de álcool entre adolescentes do sexo feminino.

Quais são os efeitos do álcool no organismo?

O álcool é classificado como uma droga depressora. Seus efeitos causam redução do juízo crítico; com isso, o adolescente pode ficar desinibido ou passar a tomar decisões de maneira inadequada. Em doses mais altas, pode provocar vômitos, afetar a memória (podendo causar amnésia) e acarretar a "ressaca". Em doses extremas, pode levar a estado de inconsciência, coma e até morte, por problemas cardiorrespiratórios.

Amnésia alcoólica

Pode acontecer quando a pessoa ingere doses elevadas de álcool, pois a substância interfere na formação da memória. O sujeito esquece de fatos que ocorreram enquanto estava intoxicado por um período que pode chegar a até seis horas.

Ressaca

Pode ocorrer quando o nível de álcool no sangue cai muito após grande ingesta de bebida alcoólica. A pessoa pode apresentar problemas gastrintestinais, náuseas, tontura e boca seca, entre outros sintomas, por um período que pode durar de horas até mais de um dia.

Estudos têm demonstrado que adolescentes podem ter dificuldade em detectar sinais que indicam que a pessoa deve parar de beber (náusea, vômito, fala enrolada), perceptíveis aos adultos. Ao mesmo tempo, sentem-se socialmente mais desinibidos. Esses fatores podem contribuir para o estilo de uso de álcool mais complicado na adolescência.

Quais são os padrões mais comuns de uso de álcool?

Existem genericamente três perfis de usuários: os que usam para experimentar, os "usuários sociais" e aqueles com transtorno de uso de álcool (alcoolismo). Estudos afirmam que adolescentes que começam a beber antes dos 15 anos têm quatro vezes mais chances de se tornarem alcoolistas na idade adulta.

> Ao contrário do que se pensa, diversos prejuízos relacionados ao álcool (p. ex., acidentes de carro) também acontecem para as pessoas que bebem menos e esporadicamente.

> Estudos científicos demonstraram que o fato de adolescentes beberem sob a supervisão dos pais não os faz desenvolver, por isso, um hábito de beber responsável. Pelo contrário, esses adolescentes costumam apresentar mais prejuízos relacionados ao álcool ao longo do tempo.

Quais são os prejuízos causados pelo álcool?

Segundo relatório da Organização Mundial da Saúde de 2011, o álcool está relacionado direta ou indiretamente a diversos tipos de prejuízos, entre eles: acidentes, risco de violência física e sexual, queda no rendimento e evasão escolar, problemas psiquiátricos (ressalta-se aqui o risco de suicídio), comportamento sexual de risco, entre outros. Estudos realizados em São Paulo, por exemplo, apontam que motoristas estavam sob o efeito de álcool em quase 50% dos acidentes de trânsito envolvendo vítimas fatais. Particularmente na adolescência, o prejuízo causado pelo álcool é muito intenso, sendo caracterizado por maiores danos de memória e cognição, bem como por maior risco de cirrose e câncer de fígado. A estimativa de vida de uma pessoa se reduz em 15 anos no caso de dependência de álcool.

Cigarro

Qual é a prevalência do uso de cigarro na população adolescente?

Embora o tabagismo no Brasil tenha diminuído sensivelmente nos últimos anos, fruto de uma ampla iniciativa de prevenção, estudos revelaram que cerca de 6% da população de adolescentes ainda fuma cigarros regularmente. Como se sabe que mais da metade dos fumantes experimentais na adolescência será usuário frequente na idade adulta, é evidente que esforços de prevenção devem continuar acontecendo.

Quais são os prejuízos do cigarro?

O tabaco é a principal causa de morte precoce que se pode evitar, interrompendo mais vidas do que o álcool, acidentes de carro, aids, uso de drogas ilegais e homicídios, combinados. A maioria desses prejuízos ocorre na vida adulta, mas os danos do cigarro começam com o início do vício, que ocorre antes dos 18 anos de idade em 90% dos casos.

Estudos demonstram que os psicotrópicos legalizados (álcool e tabaco) são os que causam maiores prejuízos, tanto para a sociedade quanto para o indivíduo.

Tabagismo passivo mata. No mundo, mais de 600 mil não fumantes morrem ou têm doenças graves relacionadas ao contato com a fumaça do cigarro.

Drogas ilegais

Qual é a frequência do uso de drogas ilegais no Brasil?

Quanto às substâncias ilegais, a maconha e a cocaína ainda são as mais acessíveis e que apresentam maior consumo entre a população jovem. Estudos recentes apontam que mais de 5% da população de jovens entre 14 e 24 anos já experimentou maconha, enquanto o uso de cocaína foi referido em 3% dessa população. O uso de *crack* também tem sido bastante polêmico no Brasil. Embora ele seja um derivado da cocaína, o fato de ser fumado faz seu potencial de dependência ser multiplicado. Nos últimos anos, a prevalência de uso dessa droga no País aumentou muito, e o *crack* passou a ser um grave problema social, principalmente nas grandes cidades.

> **Potencial de dependência**
>
> O potencial de dependência de uma droga está relacionado à velocidade com que a substância chega ao cérebro. Por isso, a via de consumo da droga influencia muito nesse potencial.
>
> Vias de administração em ordem crescente de velocidade de ação
>
> (menos dependência) digerida → aspirada (cheirada) → fumada → injetada (mais dependência)

Também cabe aqui salientar a existência de um novo grupo de psicotrópicos, os estimulantes da categoria das anfetaminas. Nessa categoria se encontra a maioria das chamadas drogas sintéticas, que são constantemente redesenhadas em laboratórios clandestinos para que sua formula "drible" a legislação temporariamente e sua venda aumente entre consumidores à procura de novos "baratos". Entre as drogas sintéticas mais populares estão o *ecstasy*, o MDMA puro e o cristal. O uso de tais substâncias parece estar aumentando na população jovem.

Quais são as consequências do uso dessas drogas?

Sabemos que o cérebro só atinge sua maturidade por volta dos 30 anos de idade. Portanto, qualquer interferência (ambiental ou química) que ocorra nesse processo pode causar alterações permanentes em seu desenvolvimento. Dessa forma, o uso de drogas altera precocemente os circuitos envolvidos no controle do humor, da ansiedade e da cognição, podendo afetar de forma definitiva o equilíbrio dessas funções. Como consequência, é sabido que mesmo o uso esporádico de cocaína e *ecstasy* (entre outros) por adolescentes pode aumentar significativamente as chances de desenvolvimento de transtornos do humor e de ansiedade na idade adulta. Além disso, o consumo de substâncias psicotrópicas também aumenta a chance de os jovens se envolverem em atividades criminosas, de violência e de se engajarem em comportamentos de risco, como o sexo desprotegido.

A grande maioria dos adolescentes que experimentam substâncias lícitas ou ilícitas permanece no estágio de experimentação, não desenvolvendo um tipo de uso sistemático, no qual a capacidade de escolha sobre o uso da droga diminui. Todavia, em casos em que existem fatores de predisposição (tanto genéticos como ambientais), essa experiência pode ser o início de um problema a longo prazo.

Maconha

Dados básicos sobre a maconha

A maconha é obtida a partir da planta *Cannabis*, que contém uma série de substâncias psicoativas, sendo a principal o THC. O THC é um alucinogênico sedativo, podendo também ter ação estimulante. Em geral, a planta é desidratada e fumada na forma de cigarro, às vezes misturada com tabaco. Alternativamente, pode ser vaporizada ou ingerida misturada a alimentos. Fumada ou vaporizada, apresenta início de ação em cerca de 2 minutos, ação máxima em 30 minutos e duração de efeito de até 4 horas.

Com que frequência os jovens usam maconha?

Levantamentos recentes apontaram que 3% dos adolescentes brasileiros já utilizaram maconha ao menos uma vez na vida e que mais da metade dos usuários a consome diariamente, levando a índices de dependência que chegam a 10% dos usuários. Além disso, esses mesmos estudos alertam que mais de 60% das pessoas experimentaram a droga pela primeira vez antes dos 18 anos de idade.

Quais são os efeitos procurados na maconha?

O usuário de maconha costuma buscar relaxamento, bem-estar, euforia, sensação de *insight* intelectual, analgesia.

Quais são os efeitos colaterais?

Os efeitos colaterais mais comuns são lentidão de raciocínio, boca seca, aumento do apetite, dilatação vascular (olhos vermelhos), sedação, desmotivação, crises de ansiedade e, em casos de uso mais pesado, abstinência, paranoia e sintomas psicóticos. A longo prazo, e em caso de uso precoce (antes dos 16 anos), a maconha pode ocasionar prejuízos cognitivos mais graves, particularmente na atenção e na memória, podendo afetar também outras habilidades cognitivas, como a flexibilidade mental. A maioria dos estudos sugere que os efeitos cognitivos são reversíveis após longos períodos de abstinência.

Embora não seja alto, o poder de dependência da maconha existe. Além disso, assim como a nicotina e o álcool, o uso frequente de *Cannabis* geralmente é associado ao uso de outras drogas mais pesadas, como a cocaína e o *crack*.

Um jovem que fuma tabaco ou ingere bebidas alcoólicas tem 65 vezes mais chances de utilizar maconha. Por sua vez, um jovem que fuma maconha tem 104 vezes mais chances de usar cocaína do que um jovem que nunca fumou.

O uso de drogas entre os jovens está associado a inúmeros prejuízos, e os tratamentos disponíveis até agora, em grande parte abordagens psicoterapêuticas de linhas comportamentais, ainda não apresentaram a efetividade que se esperava. Nesse panorama, a abordagem que deve ser preconizada é a prevenção.

PREVENÇÃO

Adolescência e risco

A adolescência é um período da vida caracterizado por boa condição de saúde geral e baixa incidência de doenças. Em contrapartida, é nessa fase que os comportamentos de risco representam um dos maiores desafios à saúde. Para adolescentes, fumar, beber, dirigir de modo perigoso ou exercer atividade sexual de risco ou precocemente, muitas vezes, representa:

- a solução encontrada para se sentirem aceitos e respeitados pelo grupo de amigos
- proclamação de autonomia em relação aos pais
- questionamento de regras e valores tradicionais
- meio de lidar com a ansiedade e a frustração relacionadas com a sua mudança de papel ante a sociedade
- fuga das crescentes responsabilidades
- busca de novidades

↪ no caso do álcool e do cigarro, parte do ritual de passagem da infância para a idade adulta

O que são os fatores de risco para o uso de drogas?

Fatores de risco são condições que aumentam as chances de ocorrência de algo negativo a uma pessoa. A compreensão dos fatores de risco para o uso de drogas entre jovens permite identificar quais deles têm maior suscetibilidade para o uso nocivo, possibilitando a prevenção e a intervenção precoce. Nesse sentido, acredita-se que quanto maior o número de fatores que a pessoa apresenta, mais chances ela tem de desenvolver um padrão de uso prejudicial. Diversos fatores de risco relacionados ao uso de drogas são modificáveis e passíveis de intervenção, mas não todos (a genética, por exemplo). Segundo a literatura, fatores ambientais e psicológicos costumam estar mais ligados à experimentação da droga, e os fatores genéticos estão mais ligados ao perfil de dependência. Convém ressaltar que não existe uma relação perfeitamente linear entre os fatores de risco e o uso de substâncias, portanto, não se devem analisar os fatores de risco de forma independente. É necessário analisá-los de maneira ampla, considerando aspectos da vida individual, familiar e social da pessoa.

Quais são os fatores de risco para o uso de drogas?

1. Genética

Estima-se que 40 a 60% do risco de dependência de álcool, por exemplo, provêm da genética. Isso significa que, se um dos pais do jovem é dependente, este tem de 3 a 5 vezes mais chances de desenvolver um padrão de dependência que o resto da população. Esse risco pode ser maior caso existam mais parentes com o problema. A genética altera o funcionamento do circuito de recompensa, a forma como a droga é metabolizada e o perfil de tolerância da pessoa à substância. Novamente, no caso do álcool, filhos de pais dependentes referem sentir-se menos "bêbados", tontos ou sonolentos com as bebidas alcoólicas do que filhos de pais sem história de dependência.

2. Problemas no relacionamento familiar

O contexto familiar é um dos fatores de risco mais importantes para o uso de drogas, pois os padrões de comportamento dos pais e as interações familiares influenciam intensamente as atitudes dos filhos. O comportamento parental serve como exemplo de conduta; dessa forma, é sabido que filhos de usuários apresentam maior risco de envolvimento com drogas. Na família, a permissividade excessiva, a ausência de afetividade, as práticas disciplinares inconsistentes (pais que exigem coisas que não fazem ou que fazem o que proíbem;

pais que ora exigem uma coisa, ora não), a falta de limites definidos, a superproteção, o autoritarismo e os conflitos familiares favorecem o uso de drogas entre crianças e adolescentes. Outro fator de risco acontece quando os pais apresentam transtornos mentais (entre eles a dependência de substâncias) não tratados.

3. Violência doméstica e abuso

A violência doméstica tem, normalmente, consequências graves e duradouras, podendo levar ao uso de drogas. Como mencionado anteriormente, o cérebro humano só atinge sua maturidade aos 30 anos. Dessa forma, experiências ruins que ocorrem na juventude podem interferir nesse processo, afetando o desenvolvimento dos mesmos circuitos cerebrais que estão associados ao abuso de substâncias. Assim, diversos estudos têm constatado que traumas físicos e psicológicos na infância ou na adolescência são importantes preditores de uso de drogas e de desenvolvimento de transtornos psiquiátricos em geral.

4. Fatos estressantes na vida

Situações estressantes, como divórcio dos pais, morte, doenças ou acidentes na família ou entre amigos, podem ser "gatilhos" para o desenvolvimento de uso de substâncias quando combinadas à predisposição genética. Transições, como entrada na adolescência, período do vestibular ou mudança brusca de padrão econômico, também são momentos de maior vulnerabilidade.

5. Influência de amigos

Um dos maiores prenúncios do uso de substâncias é o envolvimento com amigos que usam drogas. Os amigos são considerados, muitas vezes, modelos de comportamento; assim, ter amigos que demonstram tolerância, aprovação ou que consomem drogas representa um fator de risco importante. No entanto, esse envolvimento com jovens usuários pode ser intencional, ou seja, a intenção de usar drogas faz o adolescente buscar amigos favoráveis ao uso.

6. Problemas escolares

Baixo desempenho escolar, repetência, falta de motivação e ausência de compromisso com os estudos representam fatores de risco para o uso de substâncias. Além disso, o ambiente escolar pode exacerbar as condições para o uso de drogas, uma vez que a escola e seus alunos, atualmente, são alvos de traficantes que buscam maneiras de exercer influência entre os jovens.

7. Disponibilidade da droga

A facilidade de acesso às drogas favorece o consumo. No Brasil, os baixos preços, os inúmeros locais de venda, o desrespeito à proibição de venda de drogas lícitas para menores e os inúmeros eventos sociais relacionados ao consumo de álcool (festas com bebida liberada) promovem a experimentação e o uso abusivo de bebidas alcoólicas.

8. Mídia

Adolescentes são consumidores ávidos da mídia. A publicidade os atinge por meio da exposição frequente, da resposta afetiva ao produto e da lembrança, influenciando a tomada de decisão. Diariamente, jovens assistem a propagandas que retratam as drogas como mediadoras de poder, fama, sexualidade e diversão; dessa forma, são estimulados a beber como meio de buscarem interação e adequação.

9. Idade

O abuso do álcool geralmente inicia e/ou aumenta durante a adolescência, seguindo o mesmo padrão de outros transtornos mentais. Diversos estudos apontaram que jovens entre 13 e 15 anos apresentam grande chance de experimentar ou abusar de drogas.

10. Gênero

Pertencer ao sexo masculino é considerado um fator de risco para o uso de substâncias psicoativas, aumentando três vezes as probabilidades de uso em comparação ao sexo feminino. Entretanto, o uso de medicamentos sem indicação médica, especialmente para emagrecer, é preocupante entre as meninas. A valorização da magreza como padrão de estética, o fácil acesso e a elevada prevalência de uso entre os adultos contribuem para o aumento do consumo desses medicamentos entre jovens.

11. Curiosidade

A curiosidade é um dos fatores mais associados ao primeiro uso de drogas. Estudos revelam que ter curiosidade aumenta em até 10 vezes a possibilidade da experimentação. Posteriormente, o prazer que as substâncias produzem, a influência dos amigos e a impulsividade são fatores que favorecem a manutenção do uso entre adolescentes.

12. Exposição e uso gradativo

Exposição gradativa refere-se ao risco de um envolvimento sucessivo com drogas, em uma escalada de drogas menos nocivas para mais nocivas. Dessa forma, o uso de uma droga seria a porta de entrada para consumo de outra.

13. Comorbidades psiquiátricas

Observa-se que jovens que sofrem de transtornos do humor, como depressão, e transtornos de ansiedade apresentam maiores chances de se envolverem com drogas. Um estudo realizado no Brasil verificou que adolescentes com depressão eram duas vezes mais propensos a apresentar transtornos relacionados ao uso de álcool. Jovens com problemas externalizantes (transtorno da conduta, transtorno de déficit de atenção/hiperatividade e com comportamento mais agressivo) também são considerados em maior risco para o uso de álcool.

Existem fatores de proteção?

Sim. São considerados fatores de proteção os elementos que promovem o crescimento saudável e/ou que protegem o indivíduo de ocorrências negativas na sua condição física, psíquica ou social.
Uma pesquisa norte-americana chamada Estudo Longitudinal Nacional sobre a Saúde do Adolescente (tradução livre) estudou os fatores de proteção mais importantes para que crianças evitassem o uso de drogas (cigarro, maconha e álcool) e problemas relacionados à agressividade e à sexualidade. A conclusão foi que dois fatores eram fundamentais: a conexão do jovem com sua família e a conexão do jovem com sua escola. Outros fatores protetores já estabelecidos são um padrão disciplinador claro (mas afetivo) dos pais, sucesso na escola e atividades religiosas. Um conceito fundamental quando se abordam fatores de proteção é a resiliência.

Resiliência

Resiliência é a capacidade que a pessoa dispõe de lidar com problemas ou resistir à pressão e ao estresse. A resiliência está relacionada a fatores protetores pessoais e sociais que possibilitam o desenvolvimento de uma vida saudável e de competências que permitem superar os infortúnios da vida. Crianças e adolescentes resilientes exibem diversos fatores de proteção, como autoimagem positiva, sentimentos de empatia, satisfação com a vida, controle emocional, habilidades sociais e interpessoais e capacidade de criar estratégias de enfrentamento aos problemas. Além desses fatores pessoais, o suporte e o bom relacionamento familiar, associados a experiências positivas na vida, também estão relacionados ao desenvolvimento da resiliência.

> **COMO AUXILIAR NO DESENVOLVIMENTO DA RESILIÊNCIA**
>
> 1. Estabeleça expectativas claras relativas ao comportamento dos jovens.
> 2. Monitore e supervisione os comportamentos.
> 3. Facilite a comunicação e a socialização.
> 4. Auxilie o desenvolvimento das habilidades acadêmicas e sociais.
> 5. Elogie o bom desempenho e o bom comportamento.
> 6. Demonstre afetividade.
> 7. Compartilhe valores, atitudes e crenças.
> 8. Desenvolva o controle e tratos democráticos.
> 9. Incentive o engajamento em atividades escolares e comunitárias.
> 10. Tenha firmeza nas medidas disciplinares e no estabelecimento de limites.
> 11. Apole o processo de autonomia.

Programas de prevenção em escolas

Escolas são ambientes ideais para programas de prevenção em drogas, pois:

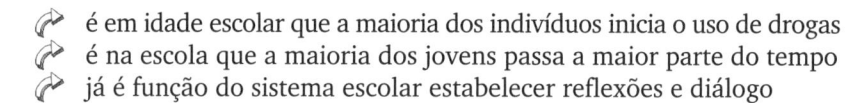

- é em idade escolar que a maioria dos indivíduos inicia o uso de drogas
- é na escola que a maioria dos jovens passa a maior parte do tempo
- já é função do sistema escolar estabelecer reflexões e diálogo

Além disso, não são necessários especialistas para que se criem programas de prevenção em drogas.

A partir da constatação de que jovens psicologicamente saudáveis se expõem menos a riscos desnecessários e tomam melhores atitudes quando se defrontam com eles, os fatores de proteção passaram a ser a base de programas de prevenção atuais. Neles, o desenvolvimento de habilidades pessoais e sociais (além da informação) leva a atitudes positivas, dotadas de espírito crítico, criatividade e postura de autopreservação, que, aliadas, reduzem a influência dos fatores de risco. Por exemplo, um adolescente bem informado, que consegue se posicionar diante de um problema (por meio de estratégias que estimulem o debate) e comunicar seus sentimentos, tem mais chances de desenvolver boas relações de amizade e tomar decisões de maneira mais crítica. Nesse sentido, falar sobre cada droga pode ser útil, mas não é fundamental.

Características de um bom programa de prevenção

1. Ser adaptado à idade, quando direcionado.
2. Ser adequado à realidade da escola (considerar os aspectos sociais do ambiente no qual a escola está inserida).
3. Mobilizar o maior número de pessoas (funcionários, alunos e pais, se possível).
4. Ser duradouro.
5. Ser interativo, levar à reflexão e ao diálogo (ditar o que se deve ou não fazer ou pensar impede o desenvolvimento de autonomia).
6. Estimular o debate.
7. Ser baseado em pesquisas.
8. Visar a fatores de proteção (família, habilidades sociais).
9. Abordar várias drogas em vez de ser específico a apenas uma.
10. Estimular a busca de fontes alternativas de prazer.
11. Auxiliar na identificação de estressores e alternativas para lidar com eles. Aqui, deve haver cuidado com o preconceito e o reforço da solidariedade.
12. Levar à discussão de valores, atitudes e limites.

Informe de maneira imparcial

Inicialmente, os programas de prevenção de uso de drogas em escolas eram baseados no amedrontamento, apresentando apenas os efeitos negativos das substâncias. Esse modelo, proibitivo, pouco interativo e tendencioso, mostrou-se pouco eficiente, uma vez que o adolescente vive um período de onipotência e de questionamentos. Condizente com isso, um relatório do Ministério da Saúde, em 1994, já salientava que a maioria dos estudantes do ensino médio que consumia algum tipo de droga entendia esse consumo como prejudicial à saúde. Dessa forma, constatou-se que é importante fornecer aos jovens informações imparciais sobre as sensações e as consequências físicas, mentais, sociais e legais relacionadas ao uso de drogas, oferecendo espaço para discussões. Assim, os jovens se sentem estimulados a desenvolver senso crítico e a tomar decisões baseadas nos conhecimentos adquiridos. Nesse sentido, devem-se propor debates sobre como a mídia, os ídolos, os amigos e os próprios pais podem influenciar o uso de drogas e fugir de enfoques catastróficos sobre elas (tratando-as como uma epidemia, por exemplo).

Níveis de prevenção

- **Prevenção primária:** visa evitar ou retardar o uso de drogas, é dirigida aos jovens que ainda não experimentaram.
- **Prevenção secundária:** destinada às pessoas que já experimentaram e que fazem uso ocasional de drogas. Tem como objetivo prevenir o uso nocivo e/ou a dependência.

- **Prevenção terciária:** objetiva o tratamento precoce dos transtornos relacionados ao consumo de drogas. Deve ser realizada por profissionais especializados.

Quais são as metas dos programas de prevenção?

- atrasar o início do uso da droga
- reduzir a quantidade de droga consumida
- reduzir os riscos associados ao uso
- detectar precocemente o uso/abuso

CONSIDERAÇÕES FINAIS

O uso de drogas representa um problema de saúde pública muito grave no Brasil, particularmente entre os jovens. Embora índices revelados por grandes levantamentos demonstrem alguns progressos, como a redução no uso de tabaco, os números ainda são alarmantes, sobretudo se considerarmos a tendência do aumento de consumo com o crescimento econômico. Visto que o impacto na população adolescente é quantitativa e qualitativamente maior, a melhor alternativa são os programas de prevenção. Nesse contexto, o sistema escolar representa um papel fundamental, veiculando estratégias que objetivem o desenvolvimento de capacidades e promovendo o bem-estar dos jovens.

LEITURAS RECOMENDADAS

ABDULLAEV, Y. et al. Functional MRI evidence for inefficient attentional control in adolescent chronic cannabis abuse. *Behavioural Brain Research,* v. 215, p. 45-57, 2010.

ALATI, R. et al. Do maternal parenting practices predict problematic patterns of adolescent alcohol consumption? *Addiction,* v. 105, n. 5, p. 872-880, 2010.

ARRIA, A. M. et al. Parental substance use impairment, parenting and substance use disorder risk. *J Subst Abuse Treat,* v. 43, n. 1, p. 114-122, 2011.

BAUS, J.; KUPEK, E.; PIRES, M. Prevalence and risk factors associated with drug use among school students, Brazil. *Rev Saude Publica,* v. 36, n. 1, p. 40-46, 2002.

CENTRO BRASILEIRO DE INFORMAÇÕES SOBRE DROGAS PSICOTRÓPICAS. *VI levantamento nacional sobre o consumo de drogas psicotrópicas entre estudantes do ensino fundamental e médio das redes pública e privada de ensino nas 27 capitais brasileiras.* São Paulo: CEBRID, 2010.

CLARK, D. B. et al. Psychological dysregulation, white matter disorganization and substance use disorders in adolescence. *Addiction,* v. 107, n. 1, p. 206-214, 2011.

COSTELLO, E. J.; COPELAND, W.; ANGOLD, A. Trends in psychopathology across the adolescent years: what changes when children become adolescents, and when adolescents become adults? *J Child Psychol Psychiatry,* v. 52, n. 10, p. 1015-1025, 2011.

DOUGLAS, K. R. et al. Adverse childhood events as risk factors for substance dependence: partial mediation by mood and anxiety disorders. *Addict Behav,* v. 35, n. 1, p. 7-13, 2010.

DUBE, S. R. et al. Growing up with parental alcohol abuse: exposure to childhood abuse, neglect, and household dysfunction. *Child Abuse & Neglect,* v. 25, n. 12, p. 1627-1640, 2001.

DUBOW, E. F.; BOXER, P.; HUESMANN, L. R. Childhood and adolescent predictors of early and middle adulthood alcohol use and problem drinking: the Columbia county longitudinal study. *Addiction,* v. 103, n. 1, p. 36-47, 2008.

DUNCAN, S. C.; DUNCAN, T. E.; STRYCKER, L. A. Risk and protective factors influencing adolescent problem behavior: a multivariate latent growth curve analysis. *Ann Behav Med,* v. 22, n. 2, p. 103-109, 2000.

FOXCROFT, D. R.; TSERTSVADZE, A. Universal school-based prevention programs for alcohol misuse in young people. *Cochrane Database of Systematic Reviews,* v. 5, 2011.

FRIEDMAN, H. L. The health of adolescents: beliefs and behaviour. *Soc Sci Med,* v. 29, n. 3, p. 309-315, 1989.

GRISWOLD, K. S. et al. Adolescent substance use and abuse: recognition and management. *Am Fam Physician,* v. 77, n. 3, p. 331-336, 2008.

HAYATBAKHSH, M. R. et al. Adolescent problem behaviours predicting DSM-IV diagnoses of multiple substance use disorder. Findings of a prospective birth cohort study. *Social Psychiatry & Psychiatric Epidemiology,* v. 43, n. 5, p. 356-363, 2008.

HAYATBAKHSH, M. R. et al. Early childhood predictors of early substance use and substance use disorders: prospective study. *Australian & New Zealand Journal of Psychiatry,* v. 42, n. 8, p. 720-731, 2008.

INSTITUTO NACIONAL DE CIÊNCIA E TECNOLOGIA PARA POLÍTICAS PÚBLICAS DO ÁLCOOL E OUTRAS DROGAS. *II levantamento nacional sobre os padrões de consumo do álcool na população brasileira.* São Paulo: INPAD, 2012.

IVANOV, I. et al. Parental substance abuse and function of the motivation and behavioral inhibition systems in drug-naive youth. *Psychiatry Res,* v. 201, n. 2, p. 128-135, 2012.

JINEZ, M. L.; MOLINA, D. S. R.; PILLON, S. C. Drug use and risk factors among secondary students. *Rev Lat Am Enfermagem,* v. 17, n. 2, p. 246-252, 2009.

KALANT, H. Adverse effects of cannabis on health: an update of the literature since 1996. *Progress in Neuro-Psychopharmacology & Biological Psychiatry,* v. 28, p. 849-863, 2004.

KODJO, C. M.; KLEIN, J. D. Prevention and risk of adolescent substance abuse. The role of adolescents, families, and communities. *Pediatr Clin North Am,* v. 49, n. 2, p. 257-268, 2002.

MADRUGA, C. S. et al. Early life exposure to violence and substance misuse in adulthood – the first brazilian national. *Survey Addictive Behaviors,* v. 36, p. 251-255, 2011.

MADRUGA, C. S. et al. Use of licit and illicit substances among adolescents in Brazil – a national survey. *Addict Behav,* v. 37, n. 10, p. 1171-1175, 2012.

MCMORRIS, B. J. et al. Influence of family factors and supervised alcohol use on adolescent alcohol use and harms: similarities between youth in different alcohol policy contexts. *Journal of Studies on Alcohol and Drugs,* v. 72, p. 418-428, 2011.

MELOTTI, R. et al. Adolescent alcohol and tobacco use and early socioeconomic position: the ALSPAC birth cohort. *Pediatrics,* v. 127, n. 4, p. 948-955, 2011.

MERLINE, A.; JAGER, J.; SCHULENBERG, J. E. Adolescent risk factors for adult alcohol use and abuse: stability and change of predictive value across early and middle adulthood. *Addiction,* v. 103, n. 1, p. 84-99, 2008.

MEYER, M. *Guia prático para programas de prevenção de drogas.* São Paulo: Sociedade Beneficente Israelita Brasileira Hospital Albert Einstein, 2003. Disponível em: <http://apps.einstein.br/alcooledrogas/novosite/imagens/Guia_Prevencao_Albert_Einstein.pdf>. Acesso em: 30 mar. 2014.

MONTEIRO, C. A. et al. Population-based evidence of a strong decline in the prevalence of smokers in Brazil (1989-2003). *Bull World Health Organ,* v. 85, n. 7, p. 527-534, 2007.

MOREIRA, F. G.; SILVEIRA, D. X.; ANDREOLI, S. B. Situations related to drug misuse in public schools in the city of Sao Paulo, Brazil. *Rev Saude Publica,* v. 40, n. 5, p. 810-817, 2006.

NOTO, A. R. et al. Community violence and alcohol abuse among adolescents: a sex comparison. *Jornal de Pediatria,* v. 84, p. 244-250, 2008.

PINSKY, I. et al. Opinions about alcohol control policies among brazilians: the first national alcohol survey. *Contemporary Drug Problems,* v. 34, p. 635-647, 2007.

PINSKY, I.; EL JUNDI, S. A. Alcohol advertising and alcohol consumption among youngsters: review of the international literature. *Rev Bras Psiquiatr,* v. 30, n. 4, p. 362-374, 2008.

RESNICK, M. D. et al. Protecting adolescents from harm: findings from the national study on adolescent health. *JAMA,* v. 278, p. 823-832, 1997.

REY, J. M.; SALTZ, R. F. Preventing and responding to alcohol misuse in specific contexts: schools, colleges, the military. In: SAUNDERS, J. B.; REY, J. M. (Ed.). Young people and alcohol: impact, policy, prevention and treatment. Oxford: Wiley-Blackwell, 2011. p. 105-121.

SCHILLING, E. A.; ASELTINE JUNIOR, R. H.; GORE, S. Adverse childhood experiences and mental health in young adults: a longitudinal survey. *BMC Public Health,* v. 7, n. 30, 2007.

SHUCKIT, M. A. *Vulnerability factors for alcoholism in neuropsychology:* the fifth generation of progress. Philadelfia: Lippincott Williams & Wilkins, 2002.

SOLOWIJ, N. et al. Cognitive functioning of long-term heavy cannabis users seeking treatment. *Journal of American Medical Association,* v. 287, p. 1123-1131, 2002.

SONG, E. Y. et al. Everyone says it's OK: adolescents' perceptions of peer, parent, and community alcohol norms, alcohol consumption, and alcohol-related consequences. *Subst Use Misuse,* v. 47, n. 1, p. 86-98, 2012.

SPEAR, L. P. Alcohol and the developing brain. In: SAUNDERS, J. B.; REY, J. M. (Ed.). *Young people and alcohol:* impact, policy, prevention and treatment. Oxford: Wiley-Blackwell, 2011. p. 66-82.

TURNER, W. C. et al. Co-occurring disorders in the adolescent mental health and substance abuse treatment systems. *J Psychoactive Drugs,* v. 36, n. 4, p. 455-462, 2004.

UNITED NATIONS. *World Drug Report 2010.* New York: United Nations, 2010.

WORLD HEALTH ORGANIZATION. *Tobacco control in developing countries.* Geneva: World Health Organization, 2000.

18
Transtornos alimentares

Manoela Figueiredo
Gizela Turkiewicz
Bacy Fleitlich-Bilyk

A ALIMENTAÇÃO E A RELAÇÃO COM O CORPO NA INFÂNCIA E NA ADOLESCÊNCIA

A preocupação com peso e alimentação pode começar por volta dos 8 anos, em geral se intensifica com a chegada da puberdade e, na adolescência, frequentemente cursa com insatisfação com a imagem corporal.

Essa insatisfação está diretamente associada às mudanças corporais que acontecem em função da puberdade, com o crescimento e o desenvolvimento físico muito intensos (e que não serão necessariamente permanentes, como, por exemplo, o aumento de gordura das meninas). Associadas às mudanças físicas, alterações emocionais também são muito significativas – a "rebeldia", a baixa autoestima e a busca por independência.

Nesse período, acontecem também mudanças importantes no modo de se alimentar. Os jovens passam a ter maior autonomia para escolher o que, quando e como vão comer – bem diferente do padrão alimentar da infância, que é, de certa forma, "imposto" pela estrutura familiar.

A maneira de pensar, sentir e se comportar em relação aos alimentos e às refeições é essencial para o desenvolvimento de um comportamento alimentar saudável. Porém, o que muitas vezes acontece na adolescência é o uso da autonomia recém-adquirida para "pular" refeições (geralmente o café da manhã), substituir refeições principais como almoço e jantar por lanches e aumentar o consumo regular de doces, salgadinhos, frituras e refrigerantes. Com isso, também há baixa ingestão de certas vitaminas e minerais, fibras e água.

Ao mesmo tempo, sobretudo para as meninas, há uma pressão constante da mídia e do meio sociocultural para que se tenha um peso e um corpo "ideais"; um desejo de se sentir mais atraente fisicamente, com o despertar da sexualidade e da feminilidade; uma fragilidade no domínio das informações científicas sobre peso e dieta; e, por fim, um risco aumentado de adolescentes "criarem" modelos ideais de peso, de corpo e de dieta.

A preocupação e o cuidado que se devem ter com os adolescentes em relação às questões de peso e imagem corporal (imagem que temos do nosso próprio corpo e os sentimentos associados a ela) devem-se ao fato de que os adolescentes relacionam a insatisfação ou a estranheza consigo próprios (características da adolescência) com o peso. A autoimagem distorcida passa, então, a ser o grande fator motivador para as alterações da dieta.

As inadequações alimentares representam um risco importante ao desenvolvimento do jovem, podendo causar comprometimentos emocionais e físicos graves.

A adolescência, associada a fatores sociais (como a exaltação da magreza), provavelmente acarretará momentos de estresse para o jovem; porém, na maioria das vezes, esse estresse será superado com recursos do próprio indivíduo. Felizmente, apenas em uma minoria dos casos (sobretudo na ocorrência de fatores de risco associados) o adolescente evolui para o desenvolvimento de um transtorno psiquiátrico.

O QUE SÃO TRANSTORNOS ALIMENTARES?

Os transtornos alimentares (TAs) são condições que se manifestam por meio de alterações do comportamento alimentar e de pensamentos, atitudes, emoções e prejuízos físicos associados a esses quadros. Os pacientes com TA têm em comum a preocupação exagerada com o corpo, que os leva a atitudes extremas para controlar o peso, como a prática de dietas radicais e o uso de comportamentos compensatórios, como atividade física excessiva, uso de medicamentos para emagrecer, laxantes e indução de vômitos. Em decorrência, os jovens afetados enfrentam sérios problemas médicos, sociais e psicológicos.

Quais são os transtornos alimentares existentes?

Os TAs são a anorexia nervosa (AN), a bulimia nervosa (BN), os transtornos alimentares não especificados (TANEs), que incluem quadros de AN e BN parciais ou subclínicos, e o transtorno de compulsão alimentar (TCA).

Qual é a frequência dos transtornos alimentares?

- A AN apresenta maior incidência na faixa etária de 12 a 15 anos e em geral tem início mais precoce. Para a população adulta do sexo feminino, a prevalência de AN varia entre 0,5 e 0,9%.
- A BN tem maior incidência a partir dos 15 anos, e a prevalência em adolescentes é de 1 a 2%.
- Em estudos com crianças e adolescentes, a maior incidência de TAs é de síndromes parciais ou subclínicas (TANEs), com taxas de prevalência que variam de 2,8 a 6,6% para o sexo feminino e de 0,5 a 0,8% para o sexo masculino.
- Como vimos, os TAs são bem mais comuns em meninas.

Problemas relacionados ao peso e à alimentação, como a obesidade e os TAs, são considerados, atualmente, uma das maiores preocupações de saúde pública entre adolescentes devido à sua prevalência e às suas graves consequências para a saúde física e mental.

Qual é a causa dos transtornos alimentares?

Não existe uma causa única para os TAs. Existem, sim, fatores de vulnerabilidade, fatores precipitantes e fatores de reforço do quadro.

Fatores de vulnerabilidade

Os fatores de vulnerabilidade são aqueles que aumentam as chances de um indivíduo desenvolver um TA. Podem ser genéticos (envolvidos em cerca de 50% dos casos), traços de personalidade (como perfeccionismo, perseveração, impulsividade), outros fatores psicológicos (p. ex., baixa autoestima), socioculturais (como *bullying* ou comentários de figuras de autoridade sobre o peso da pessoa) e familiares (p. ex., famílias pouco envolvidas).

Fatores precipitantes

Os fatores precipitantes são eventos que podem desencadear o aparecimento dos sintomas alimentares. Os eventos precipitantes mais comuns na vida do adolescente têm relação com a entrada na puberdade (puberdade precoce, muita alteração de peso, sensibilidade a críticas), brigas com colegas, desilusões amorosas, mudanças de cidade ou escola, perdas na família, figuras de autoridade pressionando por perda de peso, entre outros.

Muitas pessoas que desenvolvem um TA lembram do evento (lugar, época e conteúdo do comentário sobre o peso) que precipitou o quadro alimentar.

Fatores de reforço

O fatores de reforço são aqueles responsáveis pela manutenção do quadro ou piora dos sintomas alimentares depois de instalados, tais como elogios à pessoa pela perda de peso e o desconforto para alimentar-se devido ao jejum prolongado ou aos vômitos.

Resumindo, nos TAs, fatores que predispõem à vulnerabilidade são afetados por fatores precipitantes, que dão origem ao transtorno, o qual se mantém por meio de fatores de reforço.

Como vimos, os TAs podem ser observados sob diversas perspectivas, sustentando a abordagem de tratamento multidimensional, que considera aspectos médicos, nutricionais, psicológicos e sociais.

COMO OS TRANSTORNOS ALIMENTARES SE MANIFESTAM NA VIDA DO ADOLESCENTE?

A **AN** manifesta-se por três critérios essenciais:

1. redução voluntária, duradoura (mais de três meses) e extrema da quantidade de comida ingerida em níveis não saudáveis
2. busca incansável por ser magro ou grande temor de ficar gordo, mesmo com o estado claro de desnutrição
3. problemas médicos decorrentes da desnutrição

Os seguintes critérios também podem estar presentes no diagnóstico:

- irregularidades menstruais
- distorção da autoimagem; excessiva influência do peso ou forma corporais na maneira de se autoavaliar; negação da gravidade do baixo peso

Distorção da autoimagem é comum na AN, porém pode estar ausente em alguns casos.

Dois tipos de AN são descritos:

- **Restritiva:** a restrição alimentar ocorre sem comer compulsivo ou práticas purgativas.
- **Purgativa:** a restrição alimentar é acompanhada de episódios de comer compulsivo e/ou purgação (principalmente vômitos autoinduzidos, porém, pode haver também o uso de laxantes, diuréticos ou enemas).

A **BN** manifesta-se por meio de uma inconstância no comportamento, que se caracteriza por quatro critérios essenciais:

1. vários episódios de comer compulsivo, por um período superior a três meses
2. depois do comer compulsivo, há a sensação de culpa e a busca por alternativas para "eliminar" aquilo que foi ingerido, por meio de dietas, vômitos (atitude mais frequente), exercícios ou uso de medicamentos purgativos (laxantes, diuréticos, remédios para emagrecer)
3. peso não tão baixo quanto na anorexia nervosa
4. busca incansável por ser magro ou grande temor de ficar gordo

Os episódios de comer compulsivo (episódios bulímicos) são abruptos, e a quantidade de comida ingerida é claramente maior do que a maioria das pessoas comeria. Nessas situações, a pessoa tem a sensação de não conseguir parar de comer ou controlar o que e quanto come.

Dois tipos de BN são descritos:

- **Purgativa:** com autoindução de vômitos, uso indevido de laxantes, diuréticos e enemas.
- **Sem purgação:** sem práticas purgativas, mas com a prática de exercícios físicos em excesso ou jejuns.

Os **TANEs** apresentam alguns sintomas de AN ou BN, mas não têm a totalidade dos sintomas para o diagnóstico ou acontecem por um período mais curto do que o esperado para o diagnóstico. Esses casos podem ser tão graves quanto os de anorexia ou bulimia e devem ser tratados da mesma forma, pois podem evoluir para o quadro clínico completo.

Entre os TANEs está o transtorno de compulsão alimentar, em que a pessoa apresenta episódios de comer compulsivo, mas não os comportamentos compensatórios. Esses pacientes podem apresentar peso dentro da faixa da normalidade, sobrepeso ou obesidade.

Embora seja uma doença, a obesidade não é considerada um transtorno alimentar.

COMO IDENTIFICAR OS TAs DENTRO DA SALA DE AULA?

A valorização da magreza e a preocupação com o corpo e com dietas são bastante comuns em nossa cultura, tornando difícil reconhecer o momento em que o comportamento e o pensamento de uma pessoa se modificaram além de um limite considerado saudável.

Quem tem um TA, na maioria das vezes, não reconhece que está doente. Por isso, alguns sinais e sintomas podem ajudar amigos, familiares e educadores a identificar quando existe um problema que merece atenção maior.

Uma pessoa pode ter anorexia nervosa quando

- Está magra e continua a emagrecer ou tem a intenção de emagrecer mais.
- Está sempre de dieta e/ou restringindo determinados alimentos.
- Fala excessivamente sobre peso, comida, dietas e contagem de calorias.
- Passa muitas horas sem se alimentar.
- Se pesa com frequência.
- Pratica exercícios físicos de forma excessiva com a finalidade de emagrecer.
- Se torna isolada socialmente e irritável.
- Usa desculpas para não fazer refeições com outras pessoas.
- Se sente gorda mesmo estando magra ou com peso normal.
- Faz uso de roupas largas para esconder o corpo.

Uma pessoa pode ter bulimia nervosa quando

- Apresenta compulsões alimentares.
- Sente que não tem controle sobre o que come.
- Come escondido ou em horários alternativos.
- Faz compensações para tentar eliminar o excesso de comida ingerida.
- Tem oscilações bruscas e frequentes de peso.
- Mantém o peso apesar de ingerir grande quantidade de comida.
- Vai ao banheiro logo após as refeições.
- Passa muitas horas sem se alimentar.
- Reage a situações de estresse emocional comendo.

"Elefante", "baleia", "rolha de poço", "cadáver", "palito", entre outros nomes podem ser apelidos usados pelos colegas a partir do tipo físico do aluno e podem ser uma forma de *bullying*. Ser vítima de *bullying* pode ser um fator precipitante para o desenvolvimento de um TA.

Adolescentes com TA geralmente escondem seus hábitos para que ninguém descubra o que estão fazendo; por isso, é comum que esses sinais só sejam identificados quando a doença se tornou mais grave. Os educadores, por conviverem diariamente com seus alunos, podem ser fundamentais para a identificação precoce e o encaminhamento propício do aluno para uma avaliação profissional.

É importante ressaltar que os tipos físicos variam muito; assim, sempre existirão alunos com perfil magro e outros com perfil de sobrepeso. O importante é a identificação das variações extremas de peso em espaços de tempo curtos, as quais podem ser sinais de um TA.

Em casos de suspeita de um TA, a escola pode e deve abordar o jovem e seus pais, mesmo que ele peça sigilo. A quebra de sigilo deve ser discutida com o próprio jovem, mas está justificada por tratar-se de um transtorno grave que põe em risco a vida do indivíduo.

Possíveis complicações e consequências clínicas dos TAs

- Desnutrição.
- Desidratação.
- Alterações hormonais: irregularidade menstrual ou interrupção da menstruação, redução da massa óssea, atraso do crescimento e do desenvolvimento, infertilidade.
- Temperatura corporal abaixo do normal.
- Redução da pressão arterial e redução da frequência cardíaca ou arritmias.
- Cáries, perdas dentárias.
- Pele ressecada e cabelos finos.
- Lanugo (penugem fina no rosto e nas costas, como de bebês recém-nascidos).
- Anemia.
- Atrofia cerebral, convulsões.
- Disfunções do estômago e do intestino.
- Distúrbios metabólicos (colesterol alto, etc.).

Além das consequências clínicas citadas, os pacientes com TAs apresentam consequências psicológicas associadas aos sintomas. Entre elas, frequentemente demonstram isolamento social, dificuldades de relacionamento e sintomas depressivos e ansiosos.

COMO É O TRATAMENTO DOS TAs?

Os pacientes com TAs devem ser tratados por uma equipe multidisciplinar que inclua acompanhamento médico com psiquiatra e pediatra, terapia nutricional e acompanhamento psicólogo para o paciente e a família. Independentemente da formação do profissional, é mandatório que ele seja especialista em TAs, mesmo nos casos menos graves. Recomenda-se, inclusive, que, no caso de suspeita de um TA, a primeira avaliação já seja feita por um especialista. Muitas vezes, observamos que o jovem vai a três ou quatro profissionais e, quando chega ao especialista, já tem meses ou até anos de sintomas, atrasando o início do tratamento adequado. Nesse contexto, é bastante comum que o primeiro médico a ser consultado tenha sido um ginecologista, pelas queixas de irregularidades menstruais, ou um gastroenterologista, por queixas digestivas.

Os TAs têm uma trajetória muito variada em termos de gravidade e duração ao longo da vida da pessoa. Em muitos casos, ocorrem transições de um quadro de anorexia para um quadro de bulimia (e vice-versa), e a transição de quadros mais leves para mais graves também, reafirmando que qualquer situação, por mais branda que seja, deve ser considerada.

Os objetivos do tratamento são a recuperação do estado geral de saúde por meio do reestabelecimento do estado nutricional, a interrupção dos sintomas comportamentais e a abordagem das dificuldades emocionais associadas (como a baixa autoestima e o descontrole emocional). Como é bastante comum que existam outros quadros psiquiátricos associados (como quadros depressivos, ansiosos e de transtorno obsessivo-compulsivo), seu tratamento também deve ser contemplado nas estratégias de intervenção dos TAs.

Por fim, considera-se que, quando um adolescente tem um TA, toda a sua família é afetada pelos sintomas; por isso, a orientação e a inclusão da família no tratamento são fundamentais para o sucesso.

COMO AS ESCOLAS PODEM ATUAR NA PREVENÇÃO DE TRANSTORNOS ALIMENTARES E DA OBESIDADE?

Não é possível atuar em todos os fatores de risco envolvidos no desenvolvimento de um TA, mas é possível interferir nos fatores socioculturais, falando sobre alimentação, corpo e saúde de forma positiva.

Recomenda-se que

1. Os adultos repensem suas crenças e atitudes relacionadas à imagem corporal e ao peso, considerando seu papel de modelo para os jovens.
2. Os professores incentivem práticas saudáveis de alimentação e atividade física.

(Continua)

(Continuação)

3. Se esclareça que alimentação saudável significa comer um pouco de tudo, nas horas certas, incluindo doces e carboidratos. Ou seja, alimentação saudável NÃO é comer apenas frutas e verduras.
4. Educadores falem sobre diferentes tipos e formas corporais.
5. Pais e educadores incentivem a percepção das características individuais, independentemente da aparência física.
6. Pais e educadores conheçam o risco de dietas sem acompanhamento clínico.

Alimentação saudável NÃO é comer apenas frutas e verduras!

NÃO SE RECOMENDA QUE

1. Professores falem com jovens sobre os sintomas dos TAs.
2. Se fale sobre peso de forma pejorativa.
3. Se comente sobre o peso ou tamanho das pessoas.
4. Se fale e valorize as dietas da moda.
5. Se classifique os alimentos em bons ou ruins, certos ou errados, calóricos ou não, "engordativos" ou não.

O papel das escolas pode ser crucial na promoção de hábitos alimentares saudáveis e de atividade física para a prevenção dos TAs e da obesidade. Para tanto, é essencial que se desenvolvam abordagens que não sejam voltadas para o peso e para as dietas, e sim para a promoção da saúde, por meio de mudanças positivas dos alunos em relação à alimentação e à vivência do corpo, se possível incluindo a participação da família nesse processo. A ênfase no controle do peso e na aparência física não é recomendada, pois promove o surgimento de comportamentos típicos de TAs.

Nesse sentido, intervenções adequadas devem ter enfoque na promoção da autoestima, na satisfação com o corpo que se tem e no respeito à diversidade de formas e tamanhos corporais. Alguns resultados que podem ser esperados em programas bem-sucedidos são a diminuição do sedentarismo, a melhora do padrão alimentar, a redução de comportamentos não saudáveis para controle de peso e a melhora da autoestima, da autoimagem corporal e da aceitação dos diferentes tipos físicos.

REFERÊNCIAS DE PROJETOS INTERNACIONAIS DE PREVENÇÃO

1. *Everybody's Different – a self steem program for Young adolescents*, de Jennifer O'Dea (2007)
2. *The student body: promoting health at every size*, de Gail McVey ([20--?])
3. *Full of ourselves,* de Catherine Steiner-Aidar ([20--?])
4. *Healthy Body Image: Teaching Kids to Eat and Love Their Bodies Too,* de Kathy Kater ([20--?])
5. *New Moves,* de Dianne Neumark-Sztainer ([2010])

REFERÊNCIAS

KATER, K. *Healthy bodies:* teaching kids what they need to know. [S.l.: s.n.]: [20--?]. Disponível em: <http://bodyimagehealth.org/>. Acesso em: 14 maio 2014.

MCVEY, G. L. *The student body:* promoting health at any size. Toronto: University of Toronto, [20--?]. Disponível em: <http://thestudentbody.aboutkidshealth.ca/>. Acesso em: 14 maio 2014.

NEUMARK-SZTAINER, D. R. et al. New moves – preventing weight-related problems in adolescent girls: a group-randomized study. Am J Prev Med, v. 39, p. 421-432, 2010.

O'DEA J. *Everybody's different:* a positive approach to teaching about health, puberty, body image, nutrition, self-steam and obesity prevention. Sydney: ACER Press, 2007.

STEINER-AIDAR, C. *Full of ourselves:* a wellness program to advance girl power, health, and leadership. [S.l.: s.n]: [20--?]. Disponível em: <http://catherinesteineradair.com/>. Acesso em: 14 maio 2014.

LEITURAS RECOMENDADAS

AMERICAN PSYCHIATRIC ASSOCIATION. *Diagnostic and statistical manual of mental disorders.* 4th ed. Washington: American Psychiatry Association, 2000.

AMERICAN PSYCHIATRIC ASSOCIATION. *Treatment of patients with eating disorders.* 3rd ed. *Am J Psychiatry,* v. 163, n. 7, p. 4-54, 2006.

BRAVENDER, T. et al. Classification of child and adolescent eating disturbances. Workgroup for classification of eating disorders in children and adolescents (WCEDCA). *Int J Eat Disord,* v. 40, p. 117-122, 2007.

FAIRBURN, C. G.; BOHN, K. Eating disorder NOS (EDNOS): an example of the troublesome "not otherwise specified" (NOS) category in DSM-IV. *Behav Res Ther,* v. 43, n. 6, p. 691-701, 2005.

HOEK, H. W.; VAN HOEKEN, D. Review of the prevalence and incidence of eating disorders. *Int J Eat Disord,* v. 34, n. 4, p. 383-96, 2003.

KATER, K. J.; ROHWER, J.; LEVINE, M. P. An elementary school project for developing healthy body image and reducing risk factors for unhealthy and disordered eating. *Eating Disorders,* v. 8, p. 3-16, 2000.

LOCK, J.; LE GRANGE, D. *Ajude seu filho a enfrentar os distúrbios alimentares.* São Paulo: Melhoramentos, 2007.

MCVEY, G. L. et al. Evaluation of a school-based program designed to improve body image satisfaction, global selfesteem, and eating attitudes and behaviors: a replication study. *Int. J. Eat Disord,* v. 36, p. 1-11, 2004.

NATIONAL INSTITUTE FOR HEALTH AND CLINICAL EXCELLENCE. *Eating disorders: core interventions in the treatment and management of anorexia nervosa, bulimia nervosa and related eating disorders: a national clinical practice guideline.* London: NICE, 2004.

NEUMARK-SZTAINER, D. et al. Dietary approaches to healthy weight management for adolescents: the New Moves Model. Adolescent Medicine: State of the Art Reviews, v. 19, n. 44, p. 421-430, 2008.

O'DEA, J. Self-concept, self-esteem and body weight in adolescent females: athree year longitudinal study. *J Health Psychol,* v. 11, p. 599-611, 2006.

ORGANIZAÇÃO MUNDIAL DA SAÚDE. *CID-10 classificação estatística internacional de doenças e problemas relacionados à saúde.* 10. ed. São Paulo: Organização Mundial da Saúde, 1997.

STEINER-AIDAR, C. et al. Primary prevention of risk factors for eating disorders in adolescents girls: learning from practice. *Int J Eat Disord,* v. 32, p. 401-411, 2002.

TURKIEWICZ, G.; PINZON, V.; FLEITLICH-BILK, B. Transtornos alimentares na infância e na adolescência. In: MIGUEL, E. C.; GENTIL, V.; GATTAZ, W. F. (Ed.). *Clínica psiquiátrica.* São Paulo: Manole, 2011.

WEINBERG, C. (Ed.). *Transtornos alimentares na infância e adolescência:* uma visão multidisciplinar. São Paulo: Sá, 2008.

19
Aspectos jurídicos no contexto escolar

Tatiana Freire
Edyleine Bellini Peroni Benczik
Gustavo M. Estanislau

"Não há nada mais desigual do que tratar igualmente os que são diferentes."
Aristóteles

A necessidade de adaptação do sistema escolar às particularidades do aluno é uma questão bastante debatida. Podemos constatar, em um breve histórico, que tal paradigma vem passando por um processo no qual a antiga segregação vem se transformando como tendência mundial, na atual inclusão. Essa nova visão é amparada por novos aspectos da legislação que vêm sendo implementados em diversos países (entre eles, o Brasil), por meio dos quais a ação da educação especial passa a abranger não apenas as pessoas com deficiências ou limitações como também aquelas que apresentam outras condições que dificultam de forma significativa a aprendizagem (como a dislexia e o transtorno de déficit de atenção/hiperatividade [TDAH]). Ou seja, a assistência educacional, que era exclusivamente voltada a *pessoas com necessidades especiais*, foi ampliada, passando a ser destinada a todas as *pessoas com necessidades educacionais especiais*. Esse movimento reflete os princípios da educação inclusiva, em que todos os indivíduos (com deficiência ou não) são considerados seres com potencial de aprendizagem, cabendo à escola utilizar-se de seus saberes para desenvolver um processo educativo baseado na interação e na diversidade.

Nesse contexto, o objetivo deste capítulo é expor alguns aspectos jurídicos relacionados a diversas condições contempladas neste livro, a fim de possibilitar ao leitor raciocinar de forma crítica e adotar atitudes mais seguras no que tange os assuntos dessa natureza.

Atualmente, a educação, tanto pública quanto privada, no Brasil, da educação básica ao ensino superior, é norteada pela **Lei de Diretrizes e Bases da Educação Nacional** (LDBEN 9394/96), de dezembro de 1996 (Brasil, 1996). Essa lei sofreu várias alterações em 17 de setembro de 2008 (Decreto nº 6.571) (Brasil, 2008) e em 4 de abril de 2013 (Lei nº 12.796) (Brasil, 2013). Entre diversas normatizações, a LDBEN estabelece os princípios da educação, salienta o direito popular à educação e os deveres do Estado em relação ao ensino público. Ela determina que a educação no Brasil seja dividida em básica e superior, sendo que a educação básica subdivide-se nas etapas resumidas no Quadro 19.1.

A seguir, apresenta-se uma seleção de trechos da LDBEN (já com os adendos atualizados) que, segundo os autores deste capítulo, têm mais relação com o contexto deste livro.

EM RELAÇÃO AOS PRINCÍPIOS DA EDUCAÇÃO

No título II, "Dos Princípios e Fins da Educação Nacional", a LDBEN define:

> **Art. 3** O ensino será ministrado com base nos seguintes princípios:
>
> I – igualdade de condições para o acesso e permanência na escola;
>
> II – liberdade de aprender, ensinar, pesquisar e divulgar a cultura, o pensamento, a arte e o saber;
>
> III – pluralismo de ideias e de concepções pedagógicas;
>
> IV – respeito à liberdade e apreço à tolerância;
>
> V – coexistência de instituições públicas e privadas de ensino;
>
> VI – gratuidade do ensino público em estabelecimentos oficiais;
>
> VII – valorização do profissional da educação escolar;

QUADRO 19.1
Subdivisões da educação básica

Educação básica	Educação infantil	Ensino fundamental	Ensino médio
Faixa etária	Creche (0 a 3 anos) Pré-escola (4 a 5 anos)	1º ao 5º ano (6 a 10 anos) 6º ao 9º ano (11 a 14 anos)	1º ao 3º ano (15 a 17 anos)
Responsabilidade	Município	Prioridade do município*	Estado
Particularidades	Gratuita Obrigatória**	Gratuito Obrigatório	Gratuito Obrigatório Pode ser técnico ou profissionalizante

* Por lei, os municípios devem colaborar com o Estado para a definição da oferta do ensino fundamental, devendo, aos poucos, assumir sua plena responsabilidade. Porém, no momento, isso só vem acontecendo com o Ciclo I do Fundamental.
** Em 2013, a educação passou a ser obrigatória dos 4 aos 17 anos de idade.

VIII – gestão democrática do ensino público, na forma desta Lei e da legislação dos sistemas de ensino;

IX – garantia de padrão de qualidade;

X – valorização da experiência extraescolar;

XI – vinculação entre a educação escolar, o trabalho e as práticas sociais;

XII – consideração com a diversidade étnico-racial.

EM RELAÇÃO À EDUCAÇÃO BÁSICA COMO UM TODO

Art. 24 A educação básica, nos níveis fundamental e médio, será organizada de acordo com as seguintes regras:

[...] III – nos estabelecimentos que adotam a progressão regular por série, o regimento escolar pode admitir formas de progressão parcial, desde que preservada a sequência do currículo, observadas as normas do respectivo sistema de ensino;

IV – poderão organizar-se turmas com alunos de séries distintas, com níveis equivalentes de adiantamento na matéria, para o ensino de línguas estrangeiras, artes ou outros itens curriculares;

V – a verificação do rendimento escolar observará os seguintes critérios:

a) avaliação contínua e cumulativa do desempenho do aluno, com prevalência dos aspectos qualitativos sobre os quantitativos e dos resultados ao longo do período sobre os de eventuais provas finais;
b) possibilidade de aceleração de estudos para alunos com atraso escolar;
c) possibilidade de avanço nos cursos e nas séries mediante verificação do aprendizado;
d) aproveitamento de estudos concluídos com êxito;
e) obrigatoriedade de estudos de recuperação, de preferência paralelos ao período letivo, para os casos de baixo rendimento escolar, a serem disciplinados pelas instituições de ensino em seus regimentos. (Brasil, 1996).

Comentário

Esse artigo sustenta a flexibilidade no processo avaliativo, que pode assumir uma natureza dinâmica, preconizando a motivação fundamental ao processo de ensino-aprendizagem, e opõe-se diretamente à rigidez dos métodos empregados de maneira quase indiscriminada em nossas escolas, inconcebível em casos de crianças que apresentam algum tipo de condição que desafie sua capacidade de aprender.

EM RELAÇÃO À EDUCAÇÃO ESPECIAL

No Capítulo V, "Da Educação Especial", constam:

> **Art. 58** Entende-se por educação especial, para os efeitos desta Lei, a modalidade de educação escolar oferecida preferencialmente na rede regular de ensino, para educandos com deficiência, transtornos globais do desenvolvimento e altas habilidades ou superdotação.
> § 1º Haverá, quando necessário, serviços de apoio especializado, na escola regular, para atender às peculiaridades da clientela de educação especial.
> § 2º O atendimento educacional será feito em classes, escolas ou serviços especializados, sempre que, em função das condições específicas dos alunos, não for possível a sua integração nas classes comuns de ensino regular.
> § 3º A oferta de educação especial, dever constitucional do Estado, tem início na faixa etária de zero a seis anos, durante a educação infantil.
>
> **Art. 59** Os sistemas de ensino assegurarão aos educandos com deficiência, transtornos globais do desenvolvimento e altas habilidades ou superdotação:
> I – currículos, métodos, técnicas, recursos educativos e organização específicos, para atender às suas necessidades;
> II – terminalidade específica* para aqueles que não puderem atingir o nível exigido para a conclusão do ensino fundamental, em virtude de suas deficiências, e aceleração para concluir em menor tempo o programa escolar para os superdotados;
> III – professores com especialização adequada em nível médio ou superior, para atendimento educacional especializado, bem como professores do ensino regular capacitados para a integração desses educandos nas classes comuns;
> IV – educação especial para o trabalho, visando a sua efetiva integração na vida em sociedade, inclusive condições adequadas para os que não revelarem capacidade de inserção no trabalho competitivo, mediante articulação com os órgãos oficiais afins, bem como para aqueles que apresentam uma habilidade superior nas áreas artística, intelectual ou psicomotora;
> V – acesso igualitário aos benefícios dos programas sociais suplementares disponíveis para o respectivo nível do ensino regular (Brasil, 1996).

Comentário

O paradigma da inclusão é um movimento político, cultural, social e pedagógico, baseado nos princípios dos direitos humanos, que repudiam qualquer tipo de discriminação. Segundo ele, todas as crianças, sem diferenciação, têm o direito de conviver em dado ambiente escolar comum.

---

* Um certificado de conclusão de escolaridade baseado em uma avaliação pedagógica descritiva que demonstre a evolução do aluno com deficiência que não puder atingir o nível mínimo exigido.

Além da LDBEN, existem algumas outras leis importantes no que diz respeito aos direitos das pessoas com necessidades educativas especiais no Brasil. Entre elas, estão:

1. **Constituição da República (1988):** é o recurso jurídico mais importante na defesa dos direitos humanos no Brasil. Define que a escola é um direito de todos e aborda a reserva de vagas em concursos.
2. **Lei nº 7.853/89 (1989):** estabelece que recusar ou suspender a matrícula de um estudante por apresentar uma deficiência é crime, em qualquer nível de ensino, seja público, seja privado. A pena para o infrator pode variar de 1 a 4 anos de prisão, além de multa.
3. **Estatuto da Criança e do Adolescente (ECA) (1990):** reforça a não discriminação, o ensino fundamental obrigatório e gratuito e o atendimento educacional especializado, preferencialmente na rede regular.
4. **Íntegra da Declaração de Salamanca (1994):** salienta que todas as crianças, mesmo aquelas com deficiências graves, devem ser atendidas no mesmo ambiente de ensino que as demais. A Declaração de Salamanca não é considerada uma lei.
5. **Resolução nº 02/2001 do CNE-CEB**: reforça que a escolarização de qualquer pessoa deve ocorrer necessariamente no ensino regular.
6. **Convenção Interamericana da Guatemala (Íntegra do Decreto nº 3.956) (2001):** determina que o ensino fundamental regular é um direito de qualquer pessoa e que a indisponibilidade dessa opção, restando apenas a escolha de escolas ou classes especiais, iria contra os princípios da Convenção e da Constituição. Também proclama que toda diferenciação, exclusão ou restrição baseada em deficiência é passível de punição pela Lei Federal nº 7.853/89.
7. **Política Nacional de Educação Especial na Perspectiva da Educação Inclusiva (2008):** entre outros parâmetros, decreta a inclusão de alunos com outras necessidades educacionais especiais, além dos alunos com deficiência.
8. **Decreto nº 6.571 (2008):** promulga que as escolas públicas regulares que oferecerem atendimento educacional especializado no contraturno das aulas terão financiamento do Fundo da Educação Básica (Fundeb). Alunos matriculados simultaneamente no ensino regular e no atendimento educacional especializado em classes comuns, especiais ou em instituições privadas conveniadas (p. ex., APAE) terão suas matrículas computadas em dobro. O Decreto reafirma a possibilidade de o atendimento educacional especializado ser oferecido também pelas instituições comunitárias, confessionais ou filantrópicas sem fins lucrativos.
9. **Plano Nacional de Educação (2010):** será abordado a seguir.

A inclusão vai muito além da inserção de alunos com deficiência em escolas regulares. Ela significa a universalização da educação, com o reconhecimento e a atenção à diversidade humana, sem discriminações. Por meio dela, planos individualizados de estratégias de ensino e conteúdos pedagógicos são desenvolvidos em prol do aluno, e avaliações passam a ser consideradas dentro de uma perspectiva de progresso individualizada, não comparativa.

PLANO NACIONAL DE EDUCAÇÃO

Em 2010, o Congresso Nacional aprovou o Plano Nacional de Educação (PNE) para o decênio 2011-2020, documento que estabeleceu 10 princípios e 20 metas a serem cumpridos pelo Governo Federal.

Entre as metas do PNE (2011-2020), destacamos as seguintes:

- **Meta 1:** universalizar, até 2016, o atendimento escolar da população de 4 e 5 anos e ampliar, até 2020, a oferta de educação infantil, de forma a atender a 50% da população de até 3 anos.
- **Meta 3:** universalizar, até 2016, o atendimento escolar para toda a população de 15 a 17 anos e elevar, até 2020, a taxa líquida de matrículas no ensino médio para 85% nessa faixa etária.

Comentário

Parece-nos lógico que conhecimentos sobre saúde mental e doenças mentais por parte do sistema educacional sejam de grande importância para que a taxa de evasão se reduza, em busca das metas estabelecidas, visto que se acredita que uma parcela desses jovens seja portadora de algum tipo de transtorno mental.

- **Meta 4:** universalizar, para a população de 4 a 17 anos, o atendimento escolar aos estudantes com deficiência, transtornos globais do desenvolvimento e altas habilidades ou superdotação na rede regular de ensino. Estratégias (Brasil, 2010).

> **Comentário**
>
> Da mesma maneira, parece-nos lógico que, para atingir as metas citadas, conhecimentos em saúde mental sejam fundamentais ao longo desse processo adaptativo de progressiva inclusão dos jovens portadores de necessidades educacionais especiais.

EDUCAÇÃO ESPECIAL

A educação especial é uma modalidade da educação escolar pública ou privada que oferece atendimento educativo especializado, de preferência transitório, em qualquer etapa da educação regular. Na perspectiva inclusiva, a educação especial deixou de ser exclusividade de alunos com deficiências, de modo que qualquer educando que necessite de atenção especial pode ser atendido. Portanto, hoje, o termo "educação especial" deve ser cada vez mais relacionado à natureza especial/diferenciada da atuação, e menos a um público-alvo ao qual se destinaria. Em busca do melhor aproveitamento dos alunos, a educação especial aplica medidas como o atendimento educacional especializado, adaptações curriculares, aceleração da escolaridade, apoio de professores e/ou profissionais especializados alocados em classe comum e terminalidade específica. A equipe de educação especial é potencialmente multidisciplinar, podendo contar com professores, educadores físicos, fonoaudiólogos, psicólogos, terapeutas ocupacionais, etc.

Educação especial é diferente de **escolarização especial**, que é quando o processo educativo acontece em classes ou escolas que atendem apenas alunos com deficiências.

A educação especial deve ser complementar, suplementar e, apenas em raras exceções, substitutiva ao ensino comum (Resolução nº 04/2009 do CNE-CEB). Ela deve ser gratuita e pode acontecer em diversos contextos:

- **Classe regular:** aquela em que o professor atua em parceria com o serviço de apoio pedagógico especializado, dentro da sala de aula.
- **Classe especial:** é uma sala de aula em escola de ensino regular, recomendada para atendimento individual ou em grupos, conforme a necessidade educacional apresentada. É destinada para aqueles

com grandes dificuldades de aprendizagem, que precisam de suporte intenso e contínuo e cujas necessidades especiais não puderam ser atendidas em classes comuns. Nela, o professor da educação especial realiza a complementação e/ou suplementação curricular no contraturno da escola regular. Pode ser associada a outros contextos, como:

- **Sala de apoio pedagógico:** destinada a qualquer aluno que precise de reforço no ensino, seja por dificuldades/problemas de aprendizagem (p. ex., falta de estímulo dos pais), seja por algum tipo de transtorno que desafie a aprendizagem (p. ex., discalculia).
- **Sala de recursos multifuncionais:** adaptada para quem tem deficiência mental, física, sensorial, transtorno global do desenvolvimento ou altas habilidades/superdotação.
- **Escola especial:** são instituições públicas ou privadas voltadas para os alunos com necessidades educacionais especiais que necessitam de atenção individual intensa e contínua nas atividades da vida autônoma e social, bem como adaptações curriculares tão significativas que a escola comum passa a não conseguir executá-las. Sua função é estimular o aluno para o desenvolvimento de habilidades que auxiliem seu aprendizado na escola regular; portanto, deve ser preferencialmente frequentada no contraturno desta. (Brasil, 2009).

ATENDIMENTO EDUCACIONAL ESPECIALIZADO

A Política Nacional de Educação Especial na Perspectiva da Educação Inclusiva, apresentada pelo Ministério da Educação/Secretaria de Educação Especial, reafirmou o direito de todos os alunos à educação no ensino regular, recebendo, quando necessário, o Atendimento Educacional Especializado (AEE), descrito pelo Decreto Federal nº. 7.611/11, de 17 de novembro de 2011, como um conjunto de serviços de apoio especializado voltado a eliminar as barreiras que possam obstruir o processo de escolarização.

O AEE é, portanto, um serviço da educação especial que tem como função administrar recursos pedagógicos que permitam a inclusão de todos. Ele complementa[*] ou suplementa[**] a formação dos alunos e é realizado prioritariamente na sala de recursos da própria escola ou em outra escola de ensino regular, no turno inverso da escolarização, podendo ser feito, também, em centros de atendimento educacional especializado públicos ou privados sem fins lucrativos, conveniados com as Secretarias de Educação.

---

[*] Apoio permanente e limitado ao tempo e à frequência dos estudantes às salas de recursos multifuncionais.
[**] Relativo à formação dos estudantes com altas habilidades ou superdotação.

Até agora, vimos que os quadros de deficiência intelectual, física, visual, auditiva, os transtornos globais do desenvolvimento (como o autismo, o transtorno de Asperger, o transtorno desintegrativo da infância ou a síndrome de Rett), a psicose infantil e as altas habilidades ou superdotação têm direitos legais já firmemente estabelecidos na legislação brasileira vigente, contemplados na política de educação inclusiva. No entanto, os alunos que apresentam prejuízos de um tipo de funcionamento específico, sem demonstrar comprometimento intelectual (indivíduos com transtornos funcionais específicos), ainda carecem do apoio de uma legislação vigente que ofereça suporte a práticas pedagógicas que garantam sua aprendizagem e a plena inclusão escolar.

TRANSTORNOS FUNCIONAIS ESPECÍFICOS

Os transtornos funcionais específicos (TFEs) abrangem uma diversidade de transtornos que levam a necessidades educacionais. Entre eles estão dislexia, disgrafia, disortografia, discalculia, TDAH, problemas perceptivos, emocionais, de memória, cognitivos, psicolinguísticos, psicomotores, motores, de comportamento e ainda aqueles devidos a fatores ecológicos e socioeconômicos, como as privações de caráter sociocultural e nutricional, segundo Parecer nº 17/2001 e Resolução CNE/CEB nº 02.

Sabemos que o sucesso desses alunos envolve modificações curriculares, intervenções e acomodações específicas, critérios de avaliação diferenciados e presença de professores capacitados e de uma administração escolar que apoie as medidas necessárias. Entretanto, a carência de leis específicas para esses alunos e a escassez de treinamentos e de capacitações para educadores, entre outros aspectos, dificultam o desenvolvimento de programas específicos voltados às necessidades educativas especiais desse grupo.

Reconhecendo isso, foram elaboradas as Diretrizes Nacionais para a Educação de Alunos com Transtornos Funcionais Específicos na Perspectiva da Educação Inclusiva (Portaria Ministerial nº 6, de 5 de junho de 2008). Esse documento teve o intuito de propor diretrizes educacionais para a escolarização desses educandos. Ele reconhece que "uma das tarefas das redes de ensino e suas escolas é a de construir um projeto e ambiente escolar que promova o pleno desenvolvimento humano e escolar dos educandos com TFEs" e recomenda a "elaboração de políticas, programas e ações dirigidas especificamente à inclusão dos educandos com TFEs". Ainda assim, uma legislação específica e detalhada é fundamental para um direcionamento. Nesse sentido, atualmente, no Brasil, há uma movimentação positiva no sentido de reunirem-se esforços para legitimar legalmente as necessidades educativas dos alunos com TFEs. No momento da elaboração deste livro, contamos com projetos de leis que estão em tramitação no Congresso Nacional, aguardando promulgação. A seguir, são apresentados alguns recursos jurídicos vigentes e algumas perspectivas iminentes.

DISLEXIA, TDAH E OUTROS TFEs

De forma geral, os direitos dos indivíduos com TFEs podem ser garantidos pela Constituição Federal de 1988 (art. 208), pela Lei de Diretrizes e Bases da Educação Nacional (Lei nº 9.394 – art. 4), pela Resolução CNE/CEB nº 02, de 11 de dezembro de 2001 (art. 3, 5 e 8), e pelo Estatuto da Criança e do Adolescente, de 1990 (art. 53 e 54). Quando há necessidade, essas leis (principalmente se avaliadas em conjunto) apoiam o educando com necessidades especiais a utilizar gravador em sala de aula, fazer provas orais, dispor de mais tempo para a realização de avaliações, etc. Mais recentemente, existem grandes chances de ser reconhecido como lei o Projeto de Lei Federal nº 7.081/10, que estabelece que as escolas devem assegurar aos alunos com TDAH e dislexia (entre outros TFEs) acesso a recursos pedagógicos adequados para o desenvolvimento de sua aprendizagem e que o sistema de ensino garanta aos professores formação própria sobre a identificação e a abordagem pedagógica nesses casos.

OUTRAS SITUAÇÕES

ENEM

Em 24 de maio de 2012, o Instituto Nacional de Estudos e Pesquisa (Inep) publicou a realização da edição do Exame Nacional do Ensino Médio (ENEM), na qual "[...] assegura atendimento diferenciado e atendimento específico aos participantes que deles comprovadamente necessitarem [...]" (Brasil, 2012). O atendimento diferenciado é oferecido a pessoas com baixa visão, cegueira, deficiência auditiva, surdez, deficiência intelectual, dislexia, déficit de atenção, autismo, gestantes, lactantes, idosos e estudantes em classe hospitalar ou outra situação incapacitante. Esse atendimento deve ser solicitado no formulário de inscrição, que tem como opções: prova em braile, prova com letras e figuras ampliadas, tradutor intérprete de Língua Brasileira de Sinais, guia intérprete, auxílio ledor, auxílio para transcrição, leitura labial, sala de fácil acesso e mobiliário acessível. Em todas essas situações, são necessários documentos comprobatórios (laudo médico).

Bullying

No Brasil, o assédio escolar é considerado ilícito por ferir os princípios da Constituição ao ir contra a dignidade da pessoa humana. Além disso, é condenado pelo Código Civil, que define como ilícito qualquer ato consciente que cause dano ao outro. Outras leis que têm sido acionadas em casos de *bullying* são o ECA, o Código Penal e o Código de Defesa do Consumidor. De acordo com o Código Penal brasileiro, a pessoa que exerceu o *bullying* pode ter de cumprir medidas socioeducativas, e os responsáveis pelo infrator podem ser exigidos a pagar indenizações à vítima. Vale lembrar que pessoas que agem de maneira negligente em relação ao *bullying* podem ser consideradas coautoras do delito, passando a ser responsabilizadas também. Embora não exista, até o momento, lei específica para o *bullying* no Brasil, este panorama deve mudar em breve, com municípios e Estados desenvolvendo suas leis, além de projetos de leis federais que vêm tramitando no Congresso.

A questão do laudo médico

A exigência de laudos médicos para a realização de matrícula em qualquer escola é proibida por lei. Portanto, um laudo médico sobre a condição do aluno pode ser fornecido para que se ganhe conhecimento sobre a criança a fim de orientar o planejamento dos professores, mas não deve ser exigido. Porém, o que observamos com frequência é uma valorização descabida do laudo, reducionista ao associar o aluno a uma condição estanque, gerando práticas educativas associadas a rótulos pré concebidos e dependentes de um "poder médico superior", que seria o único capacitado a lidar com um aluno "doente". O laudo médico não deve ser o veredito da capacidade (ou não) de aprendizado de um aluno. Essa constatação deve ser baseada em um julgamento mais amplo, que leve em consideração o máximo de variáveis individuais do aluno possíveis (e não apenas sua condição de saúde ou doença), uma avaliação neutra do sistema educacional no qual o jovem está inserido e os aspectos resultantes da interação do aluno com esse meio.

Autismo

A Lei nº 12.764, de 27 de dezembro de 2012, institui a Política Nacional de Proteção dos Direitos da Pessoa com Transtorno do Espectro Autista (TEA) e estabelece diretrizes para sua consecução. Por meio dela, a pessoa com TEA passa a ter todos os direitos legais de uma pessoa com deficiência; portanto, o gestor escolar que recusar a matrícula de um aluno com TEA (ou qualquer outro tipo de deficiência) poderá ser punido com multa de 3 (três) a 20 (vinte) salários-mínimos, podendo haver a perda do cargo em casos de reincidência. Além disso, a Lei exige atenção integral às necessidades de saúde da pessoa com TEA, objetivando o diagnóstico precoce, o atendimento multiprofissional e o acesso a medicamentos e nutrientes.

Faltas e atividades domiciliares

No caso extradordinário em que o aluno se encontra temporária ou permanentemente impedido de comparecer com regularidade à escola (em momento de crise ou em outras situações particulares), uma alternativa durante o afastamento é a realização de exercícios domiciliares. Essa situação foi instituída pelo Decreto-Lei nº 1.044/69, que promulga que, em compensação à ausência às aulas, devem ser prestados exercícios domiciliares com acompanhamento da escola, compatíveis com o estado de saúde do aluno e conforme as possibilidades do estabelecimento. Essa prática só é concebida com justificativa médica, por meio de atestado médico prospectivo constando o código da CID (Classificação Internacional de Doenças) e o tempo necessário para o afastamento. Embora a legislação educacional brasileira não contemple, de modo geral, o abono de faltas, o caso em que há realização de exercícios domiciliares constitui-se em exceção à regra estabelecida pela LDB. Nessa situação, a aplicação das faltas deverá ser considerada institucionalmente, caso a caso.

CONSIDERAÇÕES FINAIS

Nos últimos anos, acompanhando um movimento universal, o sistema educacional brasileiro vem se aproximando de ideais inclusivos, nos quais a crescente consideração aos alunos com **qualquer** tipo de condição que prejudique a aprendizagem passou a demandar a extinção das práticas educacionais homogêneas e inflexíveis estabelecidas nas últimas décadas, em busca de uma educação que vislumbra a pluralidade, propiciando um processo mais rico de construção coletiva de conhecimento. Sob esse novo paradigma, o aluno não é mais forçado a se adaptar às exigências de uma escola "engessada", cabendo à própria escola, consciente de sua função, e dentro da sua sabedoria, buscar caminhos para viabilizar o alcance das metas educacionais. Paralelamente, o processo de ensino e aprendizagem ganhou um novo *status*, passando a contemplar com mais frequência as competências dos alunos, relativizando seus déficits e evitando o desenvolvimento de atitudes negativas com relação ao sistema escolar, as quais geralmente levam ao agravamento das dificuldades preexistentes, em um círculo vicioso que costuma ter como desfecho o fracasso escolar e seus desdobramentos.

Para que essa nova etapa se materialize, o desenvolvimento e a aprovação de leis e ações públicas que contemplem os direitos do educando, baseadas na diversidade, são fundamentais no sentido de orientar condutas visando ao pleno desenvolvimento físico, mental, moral e social desses alunos. Além disso, nesse paradigma, a garantia do sucesso escolar de alunos com necessidades educacionais especiais passa necessariamente pelo estabelecimento de uma parceria entre o sistema educacional, os serviços especializados (escolas especiais, centros educacionais especializados, etc.) e os serviços de saúde, trabalho e assistência social, sem a sobrevalorização de nenhuma das partes.

REFERÊNCIAS

BRASIL. Constituição da República Federativa do Brasil de 1988. *Diário Oficial [da] República Federativa do Brasil,* Brasília, 5 out. 1988. Disponível em: <http://www.planalto.gov.br/ccivil_03/constituicao/constituicao.htm>. Acesso em: 14 maio 2014.

BRASIL. Decreto nº 3.956, de 8 de outubro de 2001. Promulga a Convenção Interamericana para a Eliminação de Todas as Formas de Discriminação contra as Pessoas Portadoras de Deficiência. *Diário Oficial [da] República Federativa do Brasil,* Brasília, 8 out. 2001.

BRASIL. Decreto nº 1.044, de 21 de outubro de 1969. Dispõe sobre tratamento excepcional para os alunos portadores das afecções que indica. *Diário Oficial [da] República Federativa do Brasil,* Brasília, 21 out. 1969. Disponível em: <http://www.planalto.gov.br/ccivil_03/Decreto-Lei/Del1044.htm>. Acesso em: 01 abr. 2014.

BRASIL. Decreto nº 6.571, de 17 de setembro de 2008. Dispõe sobre o atendimento educacional especializado, regulamenta o parágrafo único do art. 60 da Lei no 9.394, de 20 de dezembro de 1996, e acrescenta dispositivo ao Decreto nº 6.253, de 13 de novembro de 2007. *Diário Oficial [da] República Federativa do Brasil,* Brasília, 17 set. 2008. Disponível em: < http://www.planalto.gov.br/ccivil_03/_ato2007-2010/2008/Decreto/D6571.htm>. Acesso em: 01 abr. 2014.

BRASIL. Decreto nº 7.611, de 17 de novembro de 2011. Dispõe sobre a educação especial, o atendimento educacional especializado e dá outras providências. *Diário Oficial [da] República Federativa do Brasil,* Brasília, 17 nov. 2011. Disponível em: <http://www.planalto.gov.br/ccivil_03/_Ato2011-2014/2011/Decreto/D7611.htm>. Acesso em: 01 abr. 2014.

BRASIL. Instituto Nacional de Estudos e Pesquisas. Edital nº 3, de 24 de maio de 2012. Exame nacional do ensino médio – ENEM 2012. Brasília: INEP, 2012.

BRASIL. Lei nº 7.853, de 24 de outubro de 1989. Dispõe sobre o apoio às pessoas portadoras de deficiência, sua integração social, sobre a Coordenadoria Nacional para Integração da Pessoa Portadora de Deficiência – Corde, institui a tutela jurisdicional de interesses coletivos ou difusos dessas pessoas, disciplina a atuação do Ministério Público, define crimes, e dá outras providências. *Diário Oficial [da] República Federativa do Brasil,* Brasília, 24 out. 1989.

BRASIL. Lei nº 8.069, de 13 de julho de 1990. Dispõe sobre o Estatuto da Criança e do Adolescente e dá outras providências. *Diário Oficial [da] República Federativa do Brasil,* Brasília, 13 jul. 1990.

BRASIL. Lei nº 8.742, de 7 de dezembro de 1993. Dispõe sobre a organização da Assistência Social e dá outras providências. *Diário Oficial [da] República Federativa do Brasil,* Brasília, 7 dez. 1993.

BRASIL. Lei nº 9.394, de 20 de dezembro de 1996. Estabelece as diretrizes e bases da educação nacional. *Diário Oficial [da] República Federativa do Brasil,* Brasília, 20 dez. 1996.

BRASIL. Lei nº 12.764, de 27 de dezembro de 2012. Institui a Política Nacional de Proteção dos Direitos da Pessoa com Transtorno do Espectro Autista; e altera o § 3o do art. 98 da Lei no 8.112, de 11 de dezembro de 1990. *Diário Oficial [da] República Federativa do Brasil,* Brasília, 27 dez. 2012.

BRASIL. Lei nº 12.796, de 4 de abril de 2013. Altera a Lei no 9.394, de 20 de dezembro de 1996, que estabelece as diretrizes e bases da educação nacional, para dispor sobre a formação dos profissionais da educação e dar outras providências. *Diário Oficial [da] República Federativa do Brasil,* Brasília, 4 abr. 2013.

BRASIL. Ministério da Educação e Cultura. *Declaração de Salamanca*. Brasília: MEC, 1994.

BRASIL. Ministério da Educação e Cultura. *Diretrizes do plano nacional de educação, 2010*. Brasília: MEC, 2010.

BRASIL. Ministério da Educação e Cultura. *Política nacional de educação especial na perspectiva da educação inclusiva*. Brasília: MEC, 2008b. Disponível em: <http://abr.io/inclusiva>. Acesso em: 01 abr. 2014.

BRASIL. Ministério da Educação e Cultura. *Portaria Ministerial 6/2008*. Diretrizes Nacionais para a Educação de Alunos com Transtornos Funcionais Específicos na Perspectiva da Educação Inclusiva. Brasília: MEC, 2008.

BRASIL. Ministério da Educação e Cultura. *Resolução CNE/CEB 2/2001*. Institui Diretrizes Nacionais para a Educação Especial na Educação Básica. Brasília: MEC, 2001.

BRASIL. Ministério da Educação e Cultura. *Resolução CNE/CEB 4/2009*. Institui Diretrizes Operacionais para o Atendimento Educacional Especializado na Educação Básica, modalidade Educação Especial. Brasília: MEC, 2009.

BRASIL. Parecer CNE/CEB 17/2001. *Diário Oficial [da] República Federativa do Brasil*, Brasília, 17 ago. 2001. Seção 1, p. 46.

LEITURAS RECOMENDADAS

ASSOCIAÇÃO BRASILEIRA DO DÉFICIT DE ATENÇÃO. *Projetos de lei e ações públicas sobre TDAH*. [S.l.]: ABDA, [20--?]. Disponível em: <www.tdah.org.br>. Acesso em: 01 abr. 2014.

BARKLEY, R. A. et al. *Transtorno do déficit de atenção / hiperatividade:* manual para diagnóstico e tratamento. 3. ed. Porto Alegre: Artmed, 2008.

BENCZIK, E. B. P. Transtorno do déficit de atenção / hiperatividade e as implicações educacionais. *Revista Direcional Educador*, v. 7, n. 81, p. 18-23, 2011.

BLANCO, G. Inovação e recursos educacionais na sala de aula. In: COLL, C.; PALACIOS, J.; MARCHESI, A. *Desenvolvimento psicológico e educaçã:* necessidades educativas especiais e aprendizagem escolar. Porto Alegre: Artmed, 1993. p. 157-168.

BRASIL. Ministério da Educação e Cultura. Conselho Nacional de Educação. Despacho do Ministro em 3/10/2002. *Diário Oficial [da] República Federativa do Brasil*, Brasília, 4 out. 2002. Seção 1, p. 39. Disponível em: <http://portal.mec.gov.br/cne/arquivos/pdf/CEB031_2002.pdf>. Acesso em: 01 abr.2014.

BRASIL. Ministério da Educação e Cultura. Conselho Nacional de Educação. Despacho do Ministro. *Diário Oficial [da] República Federativa do Brasil*, Brasília, 11 jan. 2008a. Disponível em: <http://portal.mec.gov.br/cne/arquivos/pdf/2007/pceb021_07.pdf>. Acesso em: 01 abr. 2014.

BRASIL. Projeto de lei nº 8.035-B, de 2010. *Câmara dos Deputados*, Comissão de Constituição de Justiça e Cidadania, Brasília, 2010b.

CABRILI, M. Projeto de lei nº 7081/2010 e projetos apensados nº 3040/2008 e nº 5700/2009. Brasília: Senado Federal, [20--?].

DUPAUL, G.; STONER, G. *TDAH nas escolas:* estratégia de avaliação e intervenção. São Paulo: M. Books do Brasil, 2007.

PFIFFNER, L. J.; BARKLEY, R. A.; DUPAUL, G. Tratamento do TDAH em ambientes escolares. In: BARKLEY, R. A. et al. *Transtorno do déficit de atenção / hiperatividade:* manual para diagnóstico e tratamento. 3. ed. Porto Alegre: Artmed, 2008. p. 559-601.

SÃO PAULO (Estado). Ministério Público do Estado de São Paulo. *Guia prático:* o direito de todos à educação. Diálogo com os promotores de justiça do estado de São Paulo. São Paulo: Ministério Público, 2012. Disponível em: <http://www.mp.sp.gov.br/portal/page/portal/home/banco_imagens/livdefictre270511_07062011.pdf>. Acesso em: 01 abr. 2014.

IMPRESSÃO:

PALLOTTI
GRÁFICA

Santa Maria - RS | Fone: (55) 3220.4500
www.graficapallotti.com.br